उमंग

बच्चों के लिए नाटक, कहानी और पटकथा

रजत पर्व पर विशेष रूप से प्रकाशित

उमंग

बच्चों के लिए नाटक, कहानी और पटकथा

सम्पादक

अशोक वाजपेयी

राजकमल प्रकाशन

ISBN : 978-81-267-3025-4

मूल्य : ₹995

पहला संस्करण : 2004
चौथा संस्करण : 2023

प्रकाशक : राजकमल प्रकाशन प्रा.लि.
1-बी, नेताजी सुभाष मार्ग, दरियागंज
नई दिल्ली-110 002

शाखाएँ : अशोक राजपथ, साइंस कॉलेज के सामने, पटना-800 006
पहली मंजिल, दरबारी बिल्डिंग, महात्मा गांधी मार्ग, प्रयागराज-211 001
1, अनमोल सोराबजी संतुक लेन, धोबी तलाव, मरीन लाइंस, मुम्बई-400 002
वेबसाइट : www.rajkamalprakashan.com
ई-मेल : info@rajkamalprakashan.com

आवरण : ऋभु वाजपेयी, प्रज्ञा सरीन व संतोष के चित्रों का कोलाज

भीतर के रेखांकन : चंचल

मुद्रक : बी.के. ऑफसेट
नवीन शाहदरा, दिल्ली-110 032

UMANG
Edited by Ashok Vajpeyi

भूमिका

बच्चे खेल-खेल में भी नाटक कर लेते हैं, बिना यह जाने कि वे दरअसल नाटक कर रहे हैं। अपने बजाय कुछ और होना, देखते-देखते दूसरा कोई बन जाना, मनुष्य के बजाय पेड़ या बिल्ली बन जाना उनके लिए रोमांचक अनुभव होता है। दुर्भाग्य यह है कि बचपन और खेल का यह सहकार धीरे-धीरे शिथिल पड़ जाता है। बाल रंगमंच की एक जिम्मेदारी इस सहकार और मेलजोल को, अपने से अलग कुछ बन पा सकने की क्षमता को सजीव बनाए रखने की होती है।

श्रीमती रेखा जैन की पहल पर और उनके निर्देशन में दिल्ली में बाल रंगमंच पर एकाग्र संस्था 'उमंग' अपने अस्तित्व और रंग-सक्रियता के पच्चीस वर्ष पूरे कर रही है। उसने विशेषतः समाज के कमज़ोर बच्चों के साथ थिएटर करने और उनकी रंगप्रतिभा को उजागर करने और माँजने की कोशिश की। उसके रजतपर्व पर हमने हिन्दी के कुछ लब्धप्रतिष्ठ लेखकों से यह आग्रह किया कि वे बच्चों के लिए कुछ लिखने का कष्ट करें। हमें बहुत प्रसन्नता है कि लेखकों ने हमारे आग्रह को स्वीकार किया। नतीजतन इस संचयन में बाल नाटक, कहानियाँ और एक पटकथा शामिल है। यह सुखद संयोग अनूठा है कि शायद ही इससे पहले इतने सारे लेखकों ने एक साथ बच्चों के लिए कुछ लिखा हो। हिन्दी में बड़े लेखक बच्चों के लिए लिखने से प्रायः कतराते रहे हैं जबकि अन्य अनेक भारतीय भाषाओं में मूर्धन्य लेखकों ने बच्चों के लिए लगभग उज्ज्वल परम्परा के रूप में लिखा है। यह संचयन हिन्दी में इस अभाव की किसी हद तक पूर्ति करता है। कम-से-कम वह उसे दूर करने की ओर एक क़दम तो है। हम इन लेखकों के बहुत कृतज्ञ हैं कि उन्होंने हमारे आग्रह का मान रखा और बच्चों के लिए कुछ लिखा। 'उमंग' के रजतपर्व को उनका यह अनुग्रह एक अधिक टिकाऊ और देर तक उपयोज्य उपहार दे रहा है। हम उम्मीद करते हैं कि बाल रंगमंच में सक्रिय लोग इस संचयन में शामिल नाटकों आदि को खेलकर उन्हें बार-बार सजीव करेंगे।

राजकमल प्रकाशन ने कम समय होते हुए भी उत्साहपूर्वक यह संचयन प्रकाशित करने का जिम्मा उठाया जिसके लिए हम उनके कृतज्ञ हैं।

अशोक वाजपेयी

अनुक्रम

आविष्कार जूते का

रवीन्द्रनाथ ठाकुर की कविता *जूता आविष्कार*
पर आधारित

श्रीलाल शुक्ल

पात्र (मंच पर आने के क्रम में)

राजा होबूराय	
दासी	
अंगवस्त्र	
उष्णीश	राजा की पोशाक
अधोवस्त्र	
मुकुट	
रानी	
चोबदार	
विदूषक	
गोबूराय	महामन्त्री
चार मन्त्री	
वैज्ञानिक	राजा का वैज्ञानिक सलाहकार
राजवैद्य	
देश-विदेश के पाँच-छह विशेषज्ञ	
यूटोपिया देश का विशेषज्ञ	
बूढ़ा विशेषज्ञ	
बूढ़ा चौधरी	कारीगरों का मुखिया

झाड़ू लगानेवाले मज़दूर, भिश्ती, चर्मकार-गण, दरबारी आदि

दृश्य एक

(मंच पर राजा होबूराय का सभागार। सभागार धीरे-धीरे रोशनी में आता जा रहा है, पर उसके एक कोने में धुँधलका बना रहता है। यह राजमहल में राजा के निजी कक्ष का हिस्सा हो सकता है जहाँ राजा नहाकर आने के बाद कपड़े पहन रहा है। राजा जल्दबाज़ और कुछ-कुछ गँवार है।)

राजा : दासी, मुकुट!

दासी : महाराज, पहले अंगवस्त्र तो पहन लें।

राजा : *(खीझकर)* क्या पहन लें?

दासी : अंगवस्त्र महाराज, अंगरखा, ट्यूनिक!

राजा : ठीक है! फिर भी बेवकूफ़, पहले मुकुट! अंगरखा पहन लेने से कोई राजा नहीं बन जाता। राजा तभी बनता है जब मुकुट हो।

दासी : मुकुट भी आएगा महाराज। पर पहले अंगवस्त्र! मुकुट पहन लेने पर अंगवस्त्र धारण करने में दिक्कत होगी।

राजा : चल, तेरी ही ज़िद रही! बुला अंगवस्त्र को!

अंगवस्त्र : *(दूर से)* अभी आया महाराज *(हल्के, मखौल भरे वाद्य की पृष्ठभूमि में अंगवस्त्र आर-पार खिंची किसी अदृश्य डोरी पर झूलता, मचलता हुआ आता है। दासी उसे उतारकर राजा को पहनाती है। राजा बुदबुदाता रहता है।)*

राजा : ऐसी बेवकूफ़ी से तो बिना कपड़ा पहने ही रहना अच्छा! पर राजा क्या करे? उसे तो सज-धजकर ही निकलना पड़ता है। तो यही सही... *(चिल्लाकर)* और मेरा मुकुट? वह कहाँ है? और मेरी पगड़ी?

दासी : क्षमा करें महाराज; इसे पगड़ी या पग्गड़ नहीं कहते। इसे कहें उष्णीष! वह आ रहा है! *(डोरी पर झूलता हुआ पग्गड़ आता है।)*

दासी : उष्णीष आ गया महाराज *(राजा के सर पर उसे टोपी की तरह रखती है।)*

राजा : और मुकुट?

रानी : *(प्रवेश करके)* वह बेचारा तो कब से आपके माथे पर चढ़ने को मचल रहा है! *(मत्थे पर मुकुट रखती है।)*

राजा : *(अचानक याद करके)* और मेरी धोती?

दासी : महाराज, धोती तो ग़रीब-शरीब बाँधते हैं। उसे जब आप धारण करते हैं तो वह अधोवस्त्र कहलाती है। *(पुकारकर)* अरे भाई अधोवस्त्र!

अधोवस्त्र : क्या है दीदी? मैं तो पहले से ही महाराज के शरीर पर कमर से लेकर चरणों तक लिपटा हूँ।

राजा : *(कमर और जाँघों को छूकर)* हाँ, यह सच बोल रहा है! तो तू कब आ गया मेरी कमर पर?

अधोवस्त्र : महाराज, मैं तो पहले से ही हूँ। मेरा यही काम है। मैं आपको ढके रहता हूँ।

राजा : शाबाश! तुम तो बड़े काम की चीज़ हो। लो यह इनाम *(गले से एक हार उतारकर हाथ आगे बढ़ाता है जिसे दासी हथिया लेती है!)*

दासी : चक्रवर्ती महाराजाधिराज की जय हो!

रानी : *(सामने आकर)* आप राजसभा में जा रहे हैं न महाराज? तब मेरा एक निवेदन है। आप अपने अधोवस्त्र से भी नीचे, अपने पाँवों को साफ़ करा लें।

राजा : तुम कितनी अच्छी हो महारानी, तुम मेरे पाँवों तक को सुन्दर देखना चाहती हो। पर कई दासियों ने कुछ देर पहले ही मेरे पाँव पोंछे हैं। तुम इनकी चिन्ता क्यों करती हो महारानी?

रानी : क्योंकि महाराज, इन पर अब भी धूल लगी है। अन्तःपुर से बाहर आते ही राजसभा के इस रास्ते में आपके पाँव जिस धरती पर हैं, वहाँ धूल ही धूल है। आप ज़रा खुद झुककर अपने पाँव देख लें।

(राजा झुककर अपने पाँवों को देखता है।)

राजा : *(अचानक चीख़कर)* ओ मोरी अम्मा! ई का है? मेरे पाँव! हाय मेरे चरण-कमल! इन पर इतनी धूल?

रानी : महाराज, आपके दर्जनों मन्त्री हैं। वे क्या आपके पाँवों को इस धूल से बचाने का कोई भी उपाय नहीं सोच सकते?

राजा : *(सभागार में प्रवेश करने के पहले)* अरे निकम्मो, नालायक़ो, तुम्हें शर्म नहीं आती! तुम्हें अपने राजा के पाँव की ज़रा भी फ़िक्र नहीं? धरती पर चलने से उन पर कितनी धूल पड़ती है, इसे तुमने कभी सोचा? तब इतनी मोटी-मोटी तनख़्वाहें तुम क्यों खा रहे हो?

दृश्य दो

(राजसभा। महामन्त्री गोबूराय, चार और मन्त्री, राजवैद्य, राजपुरोहित, विदूषक आदि मौजूद हैं। सभी राजा के आने का इन्तज़ार कर रहे हैं।

चोबदार : *(प्रवेश द्वार से)* सावधान! सभी सभासद सावधान हो जाएँ। सारी पृथ्वी के प्रतिपालक, जन-गन-मन-अधिनायक, कृपासिन्धु-सुन्दर सब लायक महाराजाधिराज...

(चोबदार को एक किनारे ढकेलता हुआ राजा सभा में तेज़ी से आ जाता है, लम्बे डग भरते हुए चहलक़दमी करता हुआ बोलता जाता है :)

राजा : निकम्मो! नालायको! तुम्हें शर्म नहीं आती? अपने राजा के पाँवों की ज़रा भी फ़िक्र नहीं!...

(सभी सकपकाकर खड़े हो गए हैं।)

(पृष्ठभूमि में चोबदार की घोषणा अब भी गूँज रही है। अपनी बकबक रोककर राजा एक जगह ठहरता है और सारे सभासदों पर नाराज़गी की नज़र डालता है। इस वक़्फ़े में चोबदार की घोषणा के अन्तिम शब्द सुनाई दे रहे हैं :)

चोबदार : ...श्रीमन्त होबूराय जू देव सभा में पधार रहे हैं!

(राजा पहले ही सिंहासन पर बैठ चुका है, एक बार फिर पूरी सभा पर बाएँ से दाएँ और दाएँ से बाएँ नाराज़ नज़र डालता है।)

राजा : *(अपने दोनों पाँव उठाकर)* धरती पर पाँव रखते ही इन पर धूल चढ़ जाती है। कभी तुमने इस पर कुछ सोचा है? है कोई उपाय तुम्हारे पास? क्यों महामन्त्री गोबूराय? कुछ सोचा कभी?

(सारे सभासद अपनी-अपनी जगहों पर सर झुकाए खड़े हैं।)

राजा : *(कुछ शान्त होकर)* रात भर मैं यही सोचता रहा, सारी रात नींद नहीं आई। छाती पर एक यही चिन्ता फन फैलाकर बैठी रही कि पाँवों पर पड़नेवाली धूल से छुटकारा कैसे मिले! और हमारे महामन्त्री को देखो, जब मैं करवटें बदल रहा था तो वे खर्राटे

भर रहे होंगे!

(विदूषक, हास्यास्पद व्यक्तित्व के साथ गम्भीर चेहरा बनाए हुए सिंहासन के पास जाता है, पेट के बल लेटकर राजा के चरणों पर अपना सर रखता है, फिर सर हिलाता हुआ धीरे-धीरे खड़ा होता है; 'महाराज की जय' का घोष करता है फिर अपने स्थान पर लौट आता है।)

राजा : *(नाराज़गी)* मेरी ही मिट्टी और चढ़ जाती है मेरे ही पाँव पर! *(दुबारा एक-एक करके पाँव सभासदों को दिखाता है।)* इसका कोई भी इलाज नहीं? कोई भी नहीं?

विदूषक : मगर महाराज, यह मिट्टी—जो मिट्टी आपके पाँव पर पड़ी है—आपकी मिट्टी नहीं है। आप जब सभा में पधारे आपके चरण पूरे तौर से निर्मल थे। सुनें महाराज *(हँसकर)* यह मेरे इस धूल भरे सर का कमाल है। मैंने अभी आपको दंडवत् प्रणाम किया था। उसी समय मेरे बालों और मत्थे की धूल झरकर आपके चरणों में आ गई। *(हँसाने के लिए हँसता है।)*

राजा : *(विदूषक के हँसने पर पहले आदतन हँसता है फिर अचानक गम्भीर हो जाता है; फिर कड़ककर)* क्यों रे विदूषक, जोकर की दुम! मुझे हँसाने के लिए हँस रहा है! शर्म आनी चाहिए तुझे! निकल बाहर!

विदूषक : जो आज्ञा महाराज! पर राजसभा से बाहर निकलकर मेरे कहीं जाने के लिए सिर्फ़ महाराज का अन्तःपुर बचता है। तो, जब आपका आदेश है कि 'निकल बाहर' तो मेरे लिए इसका अर्थ है कि 'भाग अन्दर'! भागता हूँ महाराज, भागता हूँ! *(हँसता हुआ अन्दर जाता है।)*

राजा : *(चिढ़े स्वर में)* जाने किसने इस मसख़रे को विदूषक बना दिया। *(सभा से)* तो, बात साफ़ है! मेरे पाँवों पर जो धरती की धूल पड़ जाती है, उससे बचाव का उपाय निकालो, नहीं तो तुममें से किसी की ख़ैर नहीं। कल तक...ज़्यादा-से-ज़्यादा परसों तक... नहीं तो नरसों तक...।

(गोबूराय धीरे-धीरे सर उठाकर राजा की ओर देखते हैं। चेहरे पर घबराहट है, पसीना चिपचिपा आया है।)

राजा : तुम लोग बाँस की तरह खड़े क्यों हो? राजा के सामने सभ्यता के साथ बैठ क्यों नहीं सकते? *(सभी घबराकर तेज़ी से बैठ जाते हैं। राजा उठ खड़ा होता है।)* याद रक्खो, धूल का इलाज तुम्हीं को निकालना है—कल तक...परसों तक...नरसों तक!

दृश्य तीन

(वही राजसभा, वही पुराने दरबारी, विदूषक भी! एक नया वैज्ञानिक भी उनमें जुड़ गया है। गोबूराय और शेष चारों मन्त्री सर से सर सटाकर कुछ मन्त्रणा कर रहे हैं जिसमें हल्का शोर है, पर शब्द स्पष्ट नहीं हो रहे हैं।)

गोबूराय : कैसी विपत्ति आ पड़ी है सज्जनो! लगता है कि क़िस्मत ही टेढ़ी हो गई है। सारी रात जागते बीत गई! बीवी-बच्चे भूखे ही पड़े रहे।

पहला मन्त्री : जब महामन्त्री का यह हाल है तो सोचिए मुझ जैसे छोटे-मोटे मन्त्री की क्या हालत रही होगी। रसोईघर में पतीली तक नहीं चढ़ी। भूख के मारे सारी रात बिल्ली रोती रही, कुत्ता भूँकता रहा।

दूसरा मन्त्री : हमारे घर में तो रोना-पीटना मचा रहा। ऐसा मन्त्री-पद किस काम का? बीवी मान बैठी है कि आज राजसभा से वापस न लौटूँगा, यहाँ से सीधे फाँसीघर जाऊँगा।

तीसरा मन्त्री : मेरे बूढ़े पिता की तो और भी दुर्गति है। कल से जो उनके आँसू बहने शुरू हुए वे अभी तक थमे नहीं। उनकी सफ़ेद दाढ़ी आँसुओं से गीली हो गई है। आँसू दाढ़ी से होकर धरती पर गिरते हैं। दाढ़ी परनाले जैसी बह रही है!

वैज्ञानिक : हम वैज्ञानिक इतनी आसानी से हिम्मत नहीं हारते, पर हालात अच्छे नहीं हैं। मैं रात भर विज्ञान के ग्रन्थ पढ़ता रहा पर कोई उपाय पकड़ में नहीं आया।

राजवैद्य : *(अचानक राजसभा की ओर चोबदार को आते देखकर)* महाराज, लगता है, आने ही वाले हैं। *(गोबूराय से)* महाराज से क्या कहा जाएगा महामन्त्री?

(गोबूराय ने आँखें मूँद ली हैं, जैसे गहरे विचार में हों। हाथ के इशारे से राजवैद्य को वे चुप करते हैं।)

चोबदार : सावधन, सभी लोग सावधान हो जाएँ! सारी पृथ्वी के प्रतिपालक, जन-गन-मन-अधिनायक, कृपासिन्धु-सुन्दर-सब लायक महाराजाधिराज श्रीमन्त होबूराय जूदेव...।

(राजा घोषणा ख़त्म होने के पहले ही सभा में आकर सिंहासन पर बैठ जाते हैं, चोबदार को झिड़कते हैं।)

राजा : चुप रह! *(गोबूराय से)* अब महामन्त्री जी, सीधे बताइए, निकाला कोई उपाय?

गोबूराय : *(खड़े होकर, हाथ जोड़कर)* महाराज, आपका आदेश हुआ है तो

कोई-न-कोई उपाय निकलेगा ही। वह कोई बड़ी समस्या नहीं है, पर हम लोगों की एक अपनी समस्या है।

राजा : कैसी समस्या?

गोबूराय : महाराज जानते ही हैं कि आपकी सारी प्रजा—हम सब आपके चरणों की धूल अपने माथे पर लगाकर ही सुख-शान्ति से जीते हैं। समस्या यह है कि अगर आपके चरणों पर धूल ही न रही तो हमें आपकी चरण-धूलि मिलेगी कैसे?

(राजा मुस्कुराते हैं, महामन्त्री की बात सुनकर झूम-झूमकर सोचने लगते हैं।)

राजा : बात तो तुमने कही बड़े पते की। पर चरण-धूलि की बात पीछे छोड़ो और आगे की सोचो महामन्त्री जी! मत्थे पर चरण-धूलि लेने की बात बनाते हो और इतनी तनख़्वाह गटकते जाते हो फोकट में! जब किसी समस्या का तुम्हारे पास उपाय ही नहीं तो बड़े-बड़े वैज्ञानिकों को दरबार में क्यों रक्खा जाए? क्यों वैज्ञानिक जी, क्यों नहीं बन्द करते यह विज्ञान का नाटक?

वैज्ञानिक : बहुत बड़ा लिटरेचर है महाराज हमारे पास! कई किलोमीटर लम्बी प्रयोगशालाएँ हैं! कोई-न-कोई वैज्ञानिक तरीक़ा निकलेगा ही।

राजा : कब? कल...या परसों...या नरसों?

विदूषक : महाराज के मन की बात मैं समझ गया उसी को मैंने कविता में कहा है जिसे सुनने की कृपा की जाए। वैज्ञानिक जी, आप भी सुनें :

महाराज के चरणों से जो मिट्टी दूर भगाएगा,
वही चरण-श्री चरण-विभूषण चरणरत्न बन जाएगा।
महाराज के चरणों से जो मिट्टी नहीं हटाएगा,
वह नालायक नरसों तक खुद मिट्टी में मिल जाएगा।"

राजा : वाह मेरे विदूषक! चलो, तीन-चार दिन और सही!

(लम्बा अन्तराल)

दृश्य चार

(राजसभा खचाखच भरी है, देश-विदेश के सैकड़ों विशेषज्ञ और वैज्ञानिक इकट्ठा हुए हैं। उन सबकी आँखों पर चश्मा लगा है जिसकी मदद से वे मोटे-मोटे ग्रन्थों और पत्रिकाओं की धरा-उठाई कर रहे हैं। अलग-अलग गुटों में ज़ोर-शोर की बहस जारी है। अचानक गोबूराय कुछ कहने को खड़े हो जाते हैं।)

गोबूराय : धरती पर पाँव रखते ही उन पर धूल पड़ जाती है। महाराज इस समस्या से छुटकारा चाहते हैं, आप जानते ही हैं। हमारे सभी विशेषज्ञ अब तक इससे बचने का कोई रास्ता नहीं निकाल पाए हैं। तभी हमने विदेशों से आप जैसे महान् विशेषज्ञों को बुलाया है। आपको सोचने की खुली छूट देने के लिए ही महाराज बाहर शिकार पर चले गए हैं...

पहला मन्त्री : आप लोग कल से सेमिनार कर रहे हैं, अलग-अलग ग्रुप डिस्कशन हो रहे हैं। आपकी मेहनत और लगन का एक सबूत यह है कि अब तक पचास हज़ार प्याले चाय-कॉफी और एक लाख कोल्ड ड्रिंक की बोतलें खप चुकी हैं। सिगार के तीस हज़ार पैकेट राख हो चुके हैं। अब कृपया बताइए, कोई उपाय निकला या नहीं?

एक विशेषज्ञ : मैं यूटोपिया से आया हूँ। कल रात मैंने एक सलाह दी थी पर आपके अधकचरे वैज्ञानिक ने उसे नामंजूर कर दिया।

गोबूराय : क्या थी आपकी सलाह?

विशेषज्ञ : यही कि धरती की सारी मिट्टी खोदकर समुद्र में फेंक दी जाए।

गोबूराय : *(सरकारी वैज्ञानिक से)* आपको क्या एतराज़ है वैज्ञानिक जी?

वैज्ञानिक : मैं बताना चाहता हूँ कि खेती मिट्टी पर होती है, हवा में नहीं। अगर धरती की मिट्टी ही खोदकर फेंक दी गई तो खेती कहाँ होगी, अन्न कैसे पैदा होगा, लोग भूखों नहीं मर जाएँगे?

विशेषज्ञ : और लोग मरें या नहीं, आप तो ज़रूर ही मर जाएँगे!

गोबूराय : छोड़िए भी, यह सुझाव तो दफ़न हुआ, अब कोई दूसरा सुझाव?

(कोई चिल्लाता है : "मिल गया, मिल गया।" आँख पर मोटा चश्मा लगाए, कमर झुकाए, एक बूढ़ा विशेषज्ञ गोबूराय के सामने चिल्लाता हुआ आता है।)

गोबूराय : आप क्या कहते हैं महाशय!

बूढ़ा विशेषज्ञ : मेरी पक्की राय है कि धरती को खोदने की ज़रूरत नहीं है। दरअसल, पाँवों में जो धूल लगती है वह कड़ी धरती से नहीं आती, उसकी सतह पर जो धूल के अनगिनत कण और त्रसरेणु मौजूद हैं, यह उन्हीं की शरारत है। इसका इलाज यही है कि सारी धरती पर झाड़ू फेरकर ऊपर की धूल के कणों को पूरा साफ़ कर दिया जाए।

(विशेषज्ञों का एक समूह जोश में "सही बात" "सही बात" चिल्लाता है, ज़ोर से तालियाँ बजाता है।)

गोबूराय : तरकीब तो उम्दा जान पड़ती है। चलिए, इसी का प्रयोग किया जाए! *(अपने मन्त्रियों से)* झटपट! फटाफट! इसी वक़्त सवा लाख झाड़ू खरीदे जाएँ, इतने ही मज़दूर पकड़े जाएँ! धरती पर सब ओर से झाड़ू लगाना शुरू कराओ। देखना, मिट्टी का एक कण भी न बचे! शाबाश!

(मंच के सामनेवाले हिस्से में यह गोष्ठी चल रही है और पीछे के धुँधलके में कई लोग झाड़ू चलाते और ज़मीन बुहारते दीखते हैं। थोड़ी देर में ही ज़मीन से गर्द उड़कर हवा में छा जाती है, पिछला हिस्सा गर्द से ढँक जाता है और मंच के अगले हिस्से में भी गर्द घुस आती है। लोग लगातार छींक रहे हैं, खाँस-खखार रहे हैं। बेचैनी की आवाज़ें। अजीब-सा शोर और कन्फ्यूज़न।)

गोबूराय : *(खाँसते हुए, रुक-रुककर)* यह क्या हुआ? यह क्या हुआ? धरती से धूल मिटाने के चक्कर में तुमने सारी धरती को ही धूल बना डाला! देखो, सूरज धूल में ढँक गया है; दोपहर है पर लगता है कि रात होने जा रही है। चारों ओर धूल के बवंडर उठ

रहे हैं। गर्द के मारे राह खोजना मुश्किल है। पता नहीं राजमार्गों पर कितनी दुर्घटनाएँ हो चुकी होंगी! है कोई जो इसका इलाज निकाले?

एक विशेषज्ञ : *(जोश में तेज़ी से सामने आकर)* है, ज़रूर है। मैं हूँ न! मैं पहले ही कहने जा रहा था कि यह झाड़ूवाली स्कीम बकवास है, पर कोई मेरी सुने तब न!

गोबूराय : तब क्या करें?

वही विशेषज्ञ : पानी! इसका इलाज है पानी। हमें झाड़ू की नहीं, मशक की ज़रूरत है; मज़दूरों की नहीं, भिश्तियों की ज़रूरत है। हमें चाहिए कम-से-कम पचास हज़ार पानी के टैंकर, लम्बे हौज़वाले फ़ायर ब्रिगेड! सारी धरती को पानी से सींच दीजिए। गर्द नीचे बैठ जाएगी, मिट जाएगी। कितना आसान है; शुरू कराइए, अभी बहुत देर नहीं हुई है।

गोबूराय : मन्त्रियो, जल्दी आओ! हम एक नया प्रयोग करेंगे। यह बड़ा कारगर जान पड़ता है।

दृश्य पाँच

(राजसभा। सारे सभासद मुँह लटकाए बैठे हैं। राजा सिंहासन पर बैठे हुए एक तीर को नाक की सीध में लाकर उलट-पुलटकर देख रहा है। सन्नाटा। राजा ने तीर नीचे फ़र्श पर फेंक दिया है।)

राजा : तोड़ दो इस बाण को! *(पास में रक्खे धनुष को भी उठाकर नीचे फेंकता है।)* जला दो इस धनुष को भी! बेकार है यह। जब यह धनुष-बाण धरती पर उड़ते हुए गर्द के बवंडर को नहीं मार सका तो बेकार है यह!

विदूषक : नहीं महाराज. अपने धनुष-बाण की बेइज़्ज़ती न करें! इसकी ताक़त का जवाब नहीं; कल शिकार में इसने कैसा कमाल दिखाया था! हवा की रफ़्तार से उड़ते हुए ख़रगोश को छेदकर टपका दिया!

एक विदेशी विशेषज्ञ : *(कहीं बीच से)* यह कैसा शिकार! हमने सोचा था कि महाराज शिकार से कुछ शेर-चीते मारकर लौटेंगे!

गोबूराय : अजी कौन हो तुम? किस जंगल से आए हो?

वि. विशेषज्ञ : *(विदूषक का नोटिस न लेकर सीधे राजा से रू-ब-रू होकर)* महाराज, मैं श्यामल द्वीप गणतन्त्र से आया हूँ। हमारे यहाँ राजा नहीं होता। इसलिए हो सकता है मेरे शिष्टाचार में कोई ग़लती हो गई हो। क्षमा करें। पर मुझे सचमुच ही हैरत हुई कि इतने ताम-झाम से शिकार शुरू हुआ और मारा गया सिर्फ़ एक

ख़रगोश!

विदूषक : अरे ओ गणतन्त्र की दुम! तुझे कुछ पता भी है! शेर और चीते इतने बड़े होते हैं कि उन पर अनाड़ी भी तीर चला सकता है। पर ख़रगोश को देख! मुट्ठी भर का जानवर, और चलता है हवा की रफ़्तार से! महाराज के सिवाय है कोई दूसरा जो उस पर निशाना साध सके!

गोबूराय : बिल्कुल सही; विदूषक होकर भी आपने बिल्कुल सही बात कही!

राजा : *(अचानक)* महामन्त्री श्रीमान् गोबूराय जी!

गोबूराय : आज्ञा महाराज?

राजा : यह क्या गोलमाल है? धूल से मेरा ध्यान हटाने के लिए तुम यह शिकार की बकवास खींचते जा रहे हो! तुम समझते हो कि मैं असली बात भूल जाऊँगा। यह बताओ कि इन दो दिनों में तुमने क्या किया?

गोबूराय : महाराज जानते ही हैं कि सवा-डेढ़ लाख झाड़ू और मज़दूर लगाकर हमने धरती की झाड़ू-बुहारी कराई। आपके इस सेवक की जानकारी में यह संसार का सबसे बड़ा सफ़ाई-अभियान था। दुर्भाग्य से जब गर्द उड़कर ऊपर पहुँची तो धूल के बवंडरों से जनता के लिए कुछ दिक़्क़तें पैदा हो गईं। पर उन्हें भी जल्दी ही दूर कर दिया गया।

राजा : पर आज शिकार से लौटते वक़्त हमें तो धूल के बवंडर या बादल कहीं दिखे नहीं। उनकी जगह देखा कि सारी धरती में कीचड़ ही कीचड़ भरा है। लगता है कि चौबीस घंटे में ही आप लोगों ने धरती का सारा पानी ऊपर उलीच दिया है।

गोबूराय : हाँ महाराज! गर्द मिटाने के लिए पानी का छिड़काव तो कराया गया था।

राजा : वह भी ऐसा कि सारी नदियाँ बिना पानी हो गईं, तलछट में कीचड़ भर बचा; तालाबों में मछलियाँ और सभी जल-जन्तु बिना पानी तड़प रहे हैं; चारों ओर नए-नए मछली बाज़ार लग गए हैं। शिकायत है कि सारा देश मलेरिया बुख़ार में कँपकँपा रहा है। यह कैसी बेवकूफ़ी हुई? तुम चले थे धूल मिटाने और बदल दिया सारी धरती को कीचड़ में, दलदल में!

गोबूराय : महाराज क्षमा करें, सारी दुनिया को गर्द के बवंडरों और बादलों से बचाने के लिए पानी का सहारा ही सही समझा गया। तभी हमने हज़ारों-लाखों भिश्ती बुलाए, मश्कें ख़रीदी, पानी के टैंकर

लिए, फ़ायर ब्रिगेडों की मदद ली। सब कुछ ठीक चल रहा था, पर लगता है कि किसी छोटे कर्मचारी ने ज़रूरत से ज़्यादा पानी छोड़ दिया। इसी से कुछ गड़बड़ियाँ पैदा हो गईं।

राजा : अरे बेवकूफ़! मलेरिया को पहले देश निकाला दे दिया गया था; उसने फिर से सर उठा लिया है!

गोबूराय : चिन्ता न करें महाराज, आपके ख़िलाफ़ जो भी सर उठेगा उसे कुचल दिया जाएगा! वैसे, जो भी हुआ है उसके कारणों की जाँच के लिए मैंने एक जाँच कमीशन पहले ही बैठा दिया है। जाँच से जिसे भी दोषी पाया जाएगा उसे कभी बख़्शा नहीं जाएगा।

राजा : बोलते अच्छा हो, पर याद रखना तुम्हारा सर धड़ पर रहेगा या ज़मीन पर लोटेगा—इसका फ़ैसला भी तुम्हारा जाँच कमीशन ही करेगा।

(गोबूराय चकित, घबराई मुद्रा में राजा को अपलक देखते रहते हैं।)

दृश्य छह

(अगला दिन। राजसभा। राजा सिंहासन पर बैठे हैं। सभी दरबारी सर से सर भिड़ाए सलाह-मशविरा में लगे हैं। पहले जैसी भीड़ नहीं है। दरबार के पुराने लोग ही दिखाई दे रहे हैं।)

विदूषक : झाड़ू बेकार और धरती पर छिड़काव भी बेकार। कीचड़ सूख गया है और देखिए न, फिर वही धूल!

राजा : विदूषक, चुप रहो। तुम्हारी बात पर हँसी नहीं आ रही है।

विदूषक : यह हँसी की बात है भी नहीं। मैं तो माननीय महामन्त्री जी को शर्मिन्दा करने के लिए...

राजवैद्य : *(अचानक)* मिल गया! मिल गया! महाराज, मुझे सही उपाय मिल गया।

राजा : बकवास!

गोबूराय : नहीं महाराज, वैद्यराज की बात सुन ली जाए! बोलिए वैद्यराज!

राजवैद्य : मेरा सुझाव है कि राजमहल की सारी ज़मीन चटाई से ढँक दी जाए। चटाई में कोई सूराख़ तक न छोड़ा जाए। इस तरह धरती की सारी धूल चटाई के नीचे क़ैद हो जाएगी।

वैज्ञानिक : पर राजमहल के बाहर क्या होगा?

राजवैद्य : कुछ भी नहीं। हम महाराज से निवेदन करेंगे कि जब तक बाहर की धूल मिटाने का कोई उपाय न निकले तब तक वे महल ही में रहें। जब पाँव धूल में पड़ेंगे ही नहीं तो उनमें फिर धूल कैसे लगेगी?

राजा : देखने में तो तुमने बात बड़ी पक्की कही पर वैद्यराज, या तो तुम बेवकूफ़ हो या हो छँटे हुए बदमाश! *(गोबूराय से)* आप कुछ समझे महामन्त्री? अगर मिट्टी के डर से रात-दिन मैं राजमहल में बन्द रहा तो कुछ ही दिन में सारा राज्य मिट्टी में मिल जाएगा! क्यों न वैद्यराज? बौड़मों की तरह ऐसा सुझाव देने के पहले तुम्हें कुछ सोचना चाहिए था।

गोबूराय : उचित कहा महाराज ने।

राजवैद्य : *(अचानक सीधे खड़े होकर)* तो महाराज, मुझे इससे भी अच्छा एक उपाय सूझ रहा है।

राजा : कुछ और बकवास सही; बोलिए।

राजवैद्य : *(गोबूराय से)* महामन्त्री, तब राजमहल के साथ सारी धरती को भी ढँक दिया जाए ताकि महाराज जिधर चाहें जा सकें। पर तब चटाई से नहीं, धरती को चमड़े से ढँका जाए। चटाई में टूट-फूट होती रहेगी। चमड़ा बरसों चलेगा।

राजा : *(अचानक उत्साहित होकर)* लगता है कि हमें सही उपाय मिल गया! वाह वैद्यराज! सही पकड़ा है तुमने!

गोबूराय : *(और भी ज़्यादा जोश में)* मिल गया! मिल गया! सही उपाय मिल गया!

(सारे दरबारी नारा लगाते हैं: मिल गया! मिल गया!)

गोबूराय : मन्त्रियो, राज्य में जितने चर्मकार हैं उन्हें तुरन्त बुला लिया जाए। संसार में जितना चमड़ा है उसे आज ही ख़रीद लिया जाए। योग्य कारीगरों को चुनकर यह काम आज ही शुरू करा दिया जाए!

वैज्ञानिक : *(खड़ा होकर, व्याख्यान देने की तैयारी में)* माननीय महाराज, महामन्त्री जी, राजवैद्य महोदय...आज का दिन हमारे देश के लिए...

राजा : बकवास बन्द करो और वैद्यराज को सम्मानित करने का कोई तरीका सोचो। मुझे लेक्चर नहीं, ठोस काम चाहिए।

(धीरे-धीरे चर्मकार समुदाय के लोग राजसभा में आने लग गए हैं। वे पीछे जाकर खड़े हो जाते हैं। उनकी संख्या बढ़ रही है।)

राजा : कोई बात नहीं वैज्ञानिक, इस मौक़े पर मुँह मत लटकाओ। अपना लेक्चर पूरा कर लो।

वैज्ञानिक : कर लिया महाराज! कुल इतना कहना है कि वैद्यराज के सुझाव पर सारी पृथ्वी चमड़े से मढ़ी जाएगी और तब हमारे महाराज धूल छुए बिना कहीं भी जा सकेंगे।

(सभी दरबारी ज़ोर से ताली बजाते हैं, .ख़ुशी की आवाज़ें निकालते हैं।)

गोबूराय : महाराज, इस समस्या को सुलझाने में वैद्यराज ने जो सूझ-बूझ दिखाई है उसके लिए मेरा एक सुझाव है।

राजा : बताया जाए।

गोबूराय : महाराज, मेरी राय है कि वैद्यराज को चरण-रत्न की उपाधि से सम्मानित किया जाए। हमारे राज्य का वही सबसे बड़ा नागरिक सम्मान है।

(राजा के कुछ कहने के पहले ही आवाज़ आती है)

आवाज़ : पहले मेरी भी अर्ज़ सुन ली जाए, महाराज।

राजा : यह कौन बोला?

(अचानक एक लम्बा, दुबला-पतला बूढ़ा आदमी पीछे की भीड़ से निकलकर सामने आ जाता है और हाथ जोड़कर राजा के आगे खड़ा हो जाता है। राजा उसे खीझ भरी निगाह से देखता है।)

गोबूराय : तुम कौन हो जी? यहाँ कहाँ घुस आए हो? चलो, पीछे चलो!

बूढ़ा : *(हाथ जोड़कर)* महाराज! महामन्त्री जी! धरती को चमड़े से मढ़ने के लिए जो कारीगर यहाँ आ गए हैं, मैं उनका चौधरी हूँ। पर यह काम बड़ा कठिन है। आपके दूत ऐसे कारीगरों को खोज रहे हैं जो यह काम ठीक से पूरा कर लें। पर अच्छे कारीगर मिल नहीं रहे हैं।

गोबूराय : चुप रहो चौधरी, अब बना-बनाया काम मत बिगाड़ो। हमें सही कारीगर मिल जाएँगे।

बूढ़ा : महाराज, मैं काम बिगाड़ने नहीं, बनाने आया हूँ। सारी धरती को चमड़े से ढँकने के बजाय मैं एक सुझाव देना चाहता हूँ।

राजा : क्या है तुम्हारा सुझाव?

बूढ़ा : महाराज, मेरा सुझाव यह है।

(बग़ल में दबी हुई पोटली खोलकर वह राजस्थानी जूतों का एक जोड़ा निकालकर राजा के सामने पेश करता है। लोग उत्सुकता से आगे बढ़कर उसके पीछे और दाएँ-बाएँ से झाँकने लगते हैं।

शोर)

यह क्या है?

यह क्या है?

(बूढ़ा कुछ कहता है पर उसकी आवाज़ शोर में दब गई है।)

राजा : अरे बेवकूफ़ो! ख़ामोश हो जाओ।

(शान्ति। अब लोग साँस रोककर आगे की बातें सुन रहे हैं।)

राजा : यह क्या है चौधरी?

बूढ़ा : यह, महाराज, उसी चमड़े का टुकड़ा है जिससे वैद्यराज सारी धरती को मढ़ देना चाहते हैं। उन्हीं की बात से मुझे सूझा कि सारी धरती को चमड़े से ढँकने के बजाय महाराज अपने पाँवों को ही इस सिले हुए चमड़े से क्यों न ढँक लें। मैं दिखाता हूँ महाराज...।

(वह आगे बढ़कर राजा के पाँवों के पास सिंहासन के नीचे बैठ जाता है और बड़ी मुलायमत से उनके पैरों में जूते पहनाता है!)

बूढ़ा : अब अपने पाँव धरती पर रखकर देखें महाराज।

(सिंहासन से नीचे पाँव रखते ही राजा पहले लड़खड़ाता है, फिर गोबूराय का कन्धा पकड़कर धीरे-धीरे ज़मीन पर खड़ा हो जाता है। अब वह दोनों पाँवों में लगभग दो फुट का फ़ासला देकर धरती पर पैर जमाए मज़बूती से खड़ा है!)

राजा : *(किलकारी भरकर)* कमाल हो गया जी! यह तो चमत्कार है जी! मेरे पाँव ढँके हैं! मैं गिरा नहीं! देखो! देखो!

(बचकाने उत्साह से पहले वह एक टाँग पर उछलता है, फिर दूसरी पर, फिर ऊँचा उछलकर एक साथ दोनों पाँवों पर खड़ा हो जाता है।)

राजा : कमाल है जी! पा लिया! पा लिया!

गोबूराय : मिल गया! मिल गया!

राजा : पा लिया! पा लिया!

वैज्ञानिक : यूरेका! यूरेका!

राजा : *(चौधरी से)* इसका नाम क्या है?

बूढ़ा : पता नहीं महाराज, पर जब मैं इसे सिल रहा था तो मेरी छोटी-सी पोती के मुँह से निकला था : 'जूऽऽऽ ताऽऽऽ'।

राजा : *(उत्साह से, गाने के अन्दाज़ में)* जूऽऽऽ ताऽऽऽ जूऽऽऽ ताऽऽऽ। बड़ा सुन्दर नाम है! चौधरी ने चमत्कार कर दिया! क्यों वैद्यराज? क्यों महामन्त्री?

गोबूराय : चौधरी ने सचमुच ही कमाल किया है महाराज। पर यह भी सच

है, जो तरकीब चौधरी को सूझी उसका कुछ-कुछ आभास मुझे भी पहले से हो रहा था।

राजा : क्यों नहीं! क्यों नहीं! और चौधरी, आज हमने तुम्हें चरण-रत्न की उपाधि दी।

(सभासद 'चरण-रत्न चौधरी ज़िन्दाबाद!' का नारा लगाते हैं। तब तक राजा दो-तीन बार उछलकर ज़मीन पर पैर जमाने का अभ्यास करता है।)

(अचानक राजा एक पाँव से जूता निकालकर दाएँ हाथ में पकड़ लेता है और उसे हवा में लहराता है। एक बार किलकारी भरकर फिर "पा लिया! पा लिया!" की आवाज बुलन्द करता है। उसी जोश में वह दाएँ हाथ में जूता लिए हुए उसे ऊपर उठाकर एक वृत्त में मंच पर दौड़ने लगता है जैसे वह जूता न हो, ओलिम्पिक मशाल हो। गोबूराय भी राजा के पीछे दौड़ने लगता है और सभी दरबारी उस वृत्ताकार दौड़ में शामिल हो "पा लिया! पा लिया! यूरेका! यूरेका!" के नारे लगा रहे हैं।

वे दौड़ते रहते हैं। फिर उनकी आवाज़ें धीमी पड़ने लगती हैं क्योंकि 'पा लिया' 'यूरेका' के साथ पृष्ठभूमि में संगीत के कुछ स्वर उभरने लगते हैं। धीरे-धीरे मंच पर 'पा लिया' आदि की आवाज़ को बिल्कुल दबाकर संगीत ऊँचा होने लगता है; अन्त में संगीत ही रह जाता है, भले ही मंच पर ओलिम्पिक मशाल की तरह जूते को उठाए हुए राजा और दरबारी वृत्त में दौड़ रहे हों। संगीत के साथ गाने के स्वर हैं :)

गीत : जूऽऽऽ ताऽऽऽ
जूऽऽऽ ताऽऽऽ
गर्द से ग़ुबार से
मौसम की मार से
राजा को बचाएगा
जूऽऽऽ ताऽऽऽ
जूऽऽऽ ताऽऽऽ
जूऽऽऽ ताऽऽऽ
राजा जी की शान यह
वक़्त की पहचान यह
खोज है महान, यह
जूऽऽऽ ताऽऽऽ
जूऽऽऽ ताऽऽऽ
जूऽऽऽ ताऽऽऽ
जूऽऽऽ ताऽऽऽ

●●●

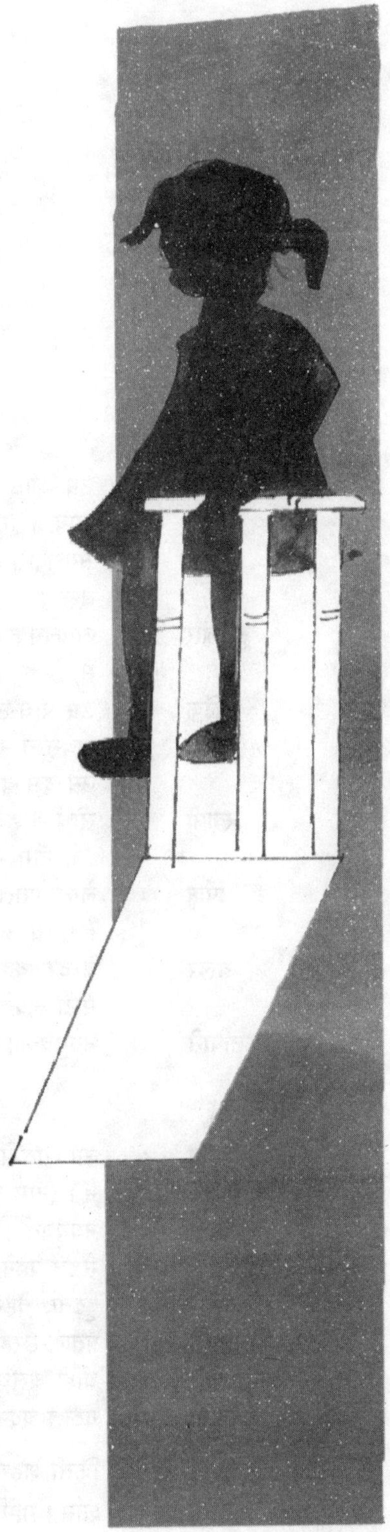

साम-दाम-दंड-भेद

मृदुला गर्ग

पात्र

लड़के

बन्टी : उम्र आठ से दस वर्ष। फुर्तीला, नाटा, गदबदा, बारीक आवाज़ (टीम ए में)

रमण : समझदारी से बात करनेवाला (टीम ए का कप्तान।) उम्र दस बरस।

सुखबीर : आक्रामक। लम्बा-छरहरा। उम्र आठ से दस वर्ष। (टीम ए में)

टिंकू : उम्र पाँच-छह वर्ष, गोल-मटोल। (टीम ए में)

शाहिद : खूबसूरत, गोल चेहरा। भारी आवाज़ (बी टीम का कप्तान।) उम्र दस वर्ष।

स्वामी : सोच में डूबा, धीरे-धीरे बोलनेवाला। उम्र आठ से दस वर्ष (बी टीम में)

पिंकू : लम्बा-पतला, जल्दी-जल्दी बोलता है। जल्दी भावुक हो जाता है। उम्र आठ से दस वर्ष। टिंकू का भाई। (टीम बी में)

बन्दर : बन्दर का मुखौटा लगाए लड़का। उम्र दस वर्ष। मोटा-ताकतवर-फुर्तीला।

कुर्ताधारी : नवयुवक। उम्र क़रीब बाईस-तेइस।

लड़कियाँ

शोभा : उम्र आठ से दस वर्ष। गज़ब की तेज़ी और फुर्ती। सलवार-कुर्ते में। (टीम बी में)

गोमती : नवयुवती। साड़ी में। उम्र बाईस-तेइस। कामकाजी, फ़्लेट सैंडल पहने, एक चोटी बनाए। देखने में सादा, पर चाल में दृढ़ता, चेहरे पर चमक।

जीन्सधारी : पतली-छरहरी, आकर्षक अदाओं वाली युवती।

ट्रेकसूटधारी : थोड़ी थुलथुल अधेड़ महिला।

केलेवाली : गठीले बदन की युवती। सूती साड़ी में।

स्थान : किसी शहर की किसी कालोनी का पार्क।

समय : शाम। गर्मियों की छुट्टी के दौरान।

(पार्क में बच्चे क्रिकेट खेल रहे हैं। आठ से दस बरस की उम्र के। चार-चार बच्चों की टीम है। ज़रूरत और साधनों के अनुसार, बच्चे तीन-तीन या पाँच-पाँच आदि भी हो सकते हैं।

लड़कों के बीच एक लड़की भी है।

बच्चों में एक बच्चा, अन्यों से कमउम्र है, करीब 5-6 वर्षीय।

पीछे फ़िल्मी गाना बज रहा है।

मेरे सामनेवाली खिड़की में
एक चाँद का टुकड़ा रहता है
अफ़सोस कि वह कुछ हमसे
उखड़ा-उखड़ा रहता है...

बीच-बीच में बच्चे उसकी धुन पर थिरकने लगते हैं। स्वामी के हाथ में गेंद है।)

शोभा : मैं गेंदबाज़ी करूँगी।

रमण : तू? तू तो लड़की है!

शोभा : तो? लड़कियों की टीम बाहर जाती है तो जीतकर आती है। लड़कों की फ़िसड्डी! हॉकी में, दौड़ में। हाई जम्प में। शूटिंग में...

पिंकू : चुप बाबा, इतनी ज़बान मत चला।

शोभा : घूँसा चलाऊँ! *(घूँसा तानती है)*

स्वामी : वाह, फूलन देवी!

शोभा : *(एक पंच लगाती है)*
फिर से बोल।
(उसके हाथ से गेंद छीन लेती है)

शाहिद : अच्छा बाबा डाल ओवर। पर बस एक।
शोभा पीछे से दूर तक भागकर गेंद डालती है। बन्टी और सुखबीर बल्लेबाज़ी कर रहे हैं।

बन्टी : *(शॉट लगाकर)* वह मारा चौका!

शोभा : आउट-आउट!

शाहिद : बन्टी, स्टम्प देख, स्टम्प। उखड़ा पड़ा है।
शोभा, शाहिद, स्वामी और पिंकू *(एक साथ)* क्लीन बोल्ड! हाउज़ैट!

(दाईं तरफ़ से गोमती मंच पर आती है।)

गोमती : हल्लो बच्चो! *(शोभा से)*, हल्लो, मेरी कपिला देवी!

सुखबीर : कपिला देवी नहीं, शोएब अख्तरी! बालों की लम्बाई तो देखिए।

शोभा : तू अपने बाल देख!

गोमती : *(बन्टी से)* और यह कौन है, तन्दूलकर?

शोभा : हाँ, पहली बॉल पर आउट हो गया। आजकल इसके ख़राब दिन चल रहे हैं।

बन्टी : देख लूँगा। कल।

(बाकी बच्चे चिढ़ाते हैं) : डक-डक! आज मारा गुल्ला! कल मारेगा ठुल्ला।

(बाईं तरफ़ से औरत आती है, ट्रेकसूट में)

ट्रेकसूटधारी : *(पिंकू से)* घर चलो। टी.वी. पर आस्ट्रेलिया-इंग्लैंड क्रिकेट मैच आ रहा है, वह देखो। यहाँ कपड़े क्यों गन्दे कर रहे हो?

सब बच्चे : सर्फ़ एक्सल है न!

ट्रेकसूटधारी : व्हॉट नान्सेन्स!

सुखबीर : भाड़ में गया सर्फ़ एक्सल! एक बॉल और डाल ना शोभा, दिखा दे इसे!

शाहिद : नहीं कल। अभी लाइट का प्रॉब्लम है।

सुखबीर : वाह, तू ही कप्तान, तू ही अम्पायर!

शोभा : ठीक है, कल सही।

टिंकू व पिंकू : *(गाते हैं)* अच्छा तो हम चलते हैं...

फिर कब मिलेंगे
जब तुम कहोगे
सुबह-सबेरे जब लाइट के प्रॉब्लम न होंगे।

गोमती : अच्छा बच्चो, मेरी भी बाई-बाई।

कल रविवार है। दफ़्तर की छुट्टी। सुबह मिलते हैं।

(बच्चे धौल-धप्पा करते, दाईं तरफ़ से बाहर जाते हैं। गोमती बाईं तरफ़ से जाती है। जीन्सधारी दाईं तरफ़ से, पिंकू-टिंकू को डाँटती-डपटती जाती है। प्रकाश धीमा होता है। फिर धीरे-धीरे तेज़ होता है।)

समय : अगली सुबह

स्थान : वही।

पीछे दूसरा फ़िल्मी गाना बज रहा है। "अम्मा देख, तेरा मुंडा बिगड़ा जाए...

मंच के बीचोबीच, एक मोटा बन्दर बैठा है। यानी, बन्दर का मुखौटा लगाए बच्चा बैठा है। तीनों स्टम्प उसके हाथ में हैं। आठों बच्चे बाएँ कोने में मुँह लटकाए, डरे-सहमे खड़े हैं। बाईं तरफ़ से गोमती मंच पर आती है।

गोमती : *(आते-आते, जोश से)* गुड मार्निंग, बच्चो, ए वेरी गुड मार्निंग।

(बच्चे मुँह लटकाए खड़े रहते हैं, जवाब नहीं देते)

गोमती : क्या हुआ, वीरो, बादशाहो, सुबह-सुबह सूरज डूब गया? *(चारों तरफ देखकर)* पर लाइट का प्रॉब्लम तो है नहीं। एकदम नहीं।

शाहिद : लाइट का करें क्या दीदी? स्टम्प तो बन्दर ले गया! वह देखिए!

शोभा : अरे! *(बन्दर को देख)* ज़रूर पूर्व क्रिकेट कप्तान होगा। जीत नहीं पाया तो स्टम्प ले भागा। *(बच्चे नहीं हँसते)*

रमण : हम क्या करेगा? क्रिकेट कैसे खेलेगा।

शोभा : गेंद मारूँ?

बन्टी : बुद्धू, गेंद भी उसे देगी!

पिंकू : कुछ नहीं हो सकता। घर चलो।

सुखबीर : हाँ! कपड़े गन्दे क्यों करते हो!

पिंकू : तो जा, लड़ बन्दर से।

टिंकू : *(सहसा, गोमती से)* दीदी, आप दिलवा दीजिए न स्टम्प। आप तो इत्ती बड़ी हैं।

स्वामी : और मोटी। बन्दर माफ़िक।

सुखबीर : चुप! इसका मतलब, तगड़ी। है न?

गोमती : काश, मैं दिलवा सकती!

शोभा : आप ज़रूर दिला सकती हैं।

रमण : फूलन देवी हैं?

शाहिद : नहीं, झाँसी की रानी!

सब बच्चे : प्लीज़, दीदी, दिलवा दीजिए। प्लीज़-प्लीज!

(गोमती बन्दर को परखकर, स्वगत : बाप रे! इत्ता मोटा-तगड़ा बन्दर! इससे कौन पंगा ले।)

(बच्चे की तरफ़ देखती है। सबकी आँखें उस पर टिकी हैं। छोटा टिंकू हाथ जोड़े खड़ा है। गोमती फिर बन्दर को देखती है।)

टिंकू : *(आँखें गोल करके)* प्लीज़ दीदी!

रमण और सुखबीर : वो नहीं दिलवा सकतीं!

शाहिद और शोभा : दिलवा सकती हैं। ज़रूर दिलवा सकती हैं।

पिंकू और बन्टी : कभी नहीं।

स्वामी और टिंकू : हाँ-हाँ *(बच्चों में कुछ देर हाँ-हाँ, नहीं-नहीं चलती है।)*

शोभा और टिंकू : हार मान गईं, दीदी?

गोमती : *(स्वगत)* जय बम भोले, रक्षा करना। *(एक क़दम बन्दर की तरफ़ बढ़ाती है। बन्दर ज़ोर से खौखियाता है। गोमती पीछे हट जाती है। बच्चों से आँखें चार होती हैं। वे एक-दूसरे को*

कसकर पकड़े, उसे घूर रहे हैं।)

बच्चे : *(फुसफुसाकर)* दी...दी...?

गोमती : *(बन्दर के सामने, ज़मीन पर बैठ जाती है। अब उसका और बन्दर का क़द एक है। बन्दर की आँखों में आँखें डालकर, धीमी पर निडर आवाज़ में)*

हे बजरंगबली, हनुमान महाराज, नन्हे-मुन्ने बच्चों पर दया कीजिए। इनका खेल मत बिगाड़िए।

(हथेलियों और तलवों पर, बन्दर की तरह उछल-उछलकर आगे बढ़ती हुई)

अतुलितबल धामम् नमामि
स्वर्णशैलभ देहम् नमामि
दनुजबल कृष्णानुम नमामि
सकलगुणनिधानम् नमामि।

(अब गोमती और बन्दर आमने-सामने हैं। बन्दर एकटक गोमती को देख रहा है, पर उसके बोले मन्त्रों पर गर्दन भी हिला रहा है। बच्चे दम साधे, ओठों पर उँगली रखे, खड़े हैं।

ट्रेकसूटधारी औरत के साथ जीन्सधारी औरत, बाईं तरफ से भीतर आती है। जीन्सधारी नाभि-दर्शना टॉप में है। ट्रेकसूटधारी के हाथों में सिगरेट है।)

गोमती : *(उसी तरह)*

वानराणमधीषम् नमामि
ज्ञानीनामअग्रगण्यम् नमामि
रघुपतिप्रियभक्तम् नमामि
वातजातम् नमामि
स्टम्प देयम्, स्टम्प देयम्,
हनुमानदेवम् स्टम्प देयम नमामि।

जीन्सधारी : हाऊ फ़ूलिश! कालिंग अ मंकी, हनुमानदेवम् एंड ऑल देट!

(इस बीच बन्दर गोमती के मन्त्रों की ताल पर मटकता रहा है। ज़्यादा ही मस्ती में आ जाता है।)

गोमती : स्टम्प देयम् बजरंगबली!

(बाँह हिला-हिलाकर) स्टम्प देयम् हनुमान जी!

स्टम्प देयम्! देयम्-देयम्-देयम्!

(मटकते बन्दर की काँख से खिसककर एक स्टम्प धरती पर फिसल आता है। गोमती झट उसे झपटकर, बच्चों की तरह उछाल देती है। शोभा उसे लपक लेती है।)

बच्चे : *(किलकारी भरकर)* वह मारा!

(बन्दर ज़ोर से खौखियाता और उछलता है। बच्चे सहम जाते हैं। बन्दर बाकी के दोनों स्टम्प, एक-एक हाथ में जकड़कर, गुर्राता है।

बच्चे डरकर पीछे हटते हैं। शोभा अपना स्टम्प पीठ के पीछे छिपा लेती है। टिंकू उसके पीछे दुबक जाता है।

बाईं तरफ़ से कुर्ते-पाजामे में एक स्मार्ट पुरुष अन्दर आता है।)

कुर्ताधारी : *(आते-आते)* अब बन्दर इसे काटेगा।

ट्रेकसूटधारी : लेट्स गो। पिंकू-टिंकू, चलो घर फ़ौरन *(बच्चे ध्यान नहीं देते)*

जीन्सधारी : पिंकू-टिंकू, ममी इज़ कॉलिंग यू। नाऊ!

(बच्चे ध्यान नहीं देते)

ट्रेक और जीन्सधारी : कम ऑन!

(बन्दर उनकी तरफ़ देखकर खौखियाता है। फुसफुसाकर, डरी आवाज़ में) प्लीज़ कम।

जीन्सधारी : *(धीमे सुर में)* मूव। लेट्स गेट आऊट!

(पर कोई टस से मस नहीं होता। वह भी खड़ी रहती है।)

कुर्ताधारी : *(गोमती से)* देवी जी, आप भी पधारिए, घर जाइए।

(ज़रा ज़ोर से) काट खाएगा तो पता चलेगा।

(उसकी आवाज़ सुनकर, बन्दर ज़ोर से खौखियाता है।)

जीन्स, ट्रेक और कुर्ताधारी : *(दाईं तरफ़ भागते हुए)* मूव! मूव! भागो। काट खाएगा। फ़ूलिश वुमन! सबको मरवाएगी। मूव! *(एक-दूसरे को धकियाते हुए भागते हैं। पर मंच से बाहर नहीं जाते।*

बाईं तरफ से सिर पर केलों की टोकरी रखे एक औरत आती है।)

केलेवाली : केले लो, केले! एक रुपए में दो। दो रुपए में पाँच, पाँच रुपए में पूरे दर्जन।

कुर्ताधारी : चुप! बन्दर-बन्दर! *(हाथ से दिखलाता है)*

जीन्स और ट्रेक सूटधारी : शटअप!

(केलेवाली बन्दर को देख, वहीं बाईं तरफ़ खड़ी रह जाती है।)

गोमती : *(केलेवाली के पास जाकर)* दो केले। जल्दी। *(स्वगत)* साम हो लिया, अब दाम।

(केलेवाली टोकरी से दो केले निकाल, उसे पकड़ाती है। एक का सिक्का लेती है। पर टोकरी सिर से नीचे नहीं उतारती)

कुर्ताधारी : वाह, गुड सेल्समेनशिप!

जीन्सधारी : व्हाट्स इज़ द फ़ूलिश वुमन अप टू नाऊ?

ट्रेक सूट. : लेट्स गो।

(पर सब वहीं खड़े रहते हैं। गोमती एक-एक केला, एक-एक हाथ में पकड़ती है। फिर बन्दर के सामने खड़ी होकर, दोनों केलेवाले हाथ घुमा-घुमाकर कत्थक-सा नाच नाचने लगती है। बन्दर की नज़र कभी इस केले पर, कभी उस केले पर। मौका देखकर उछलता है और दोनों हाथों से दोनों केले झपटता है। दोनों केले बन्दर के हाथ आ जाते हैं। पर स्टम्प नीचे गिर जाते हैं। एक स्टम्प सुखबीर उठा लेता है। दूसरा स्टम्प, ठीक सुखबीर की नकल करता हुआ, बन्दर उठा लेता है।)

कुर्ताधारी और केलेवाली : *(एक साथ)* वाह, वाह बहन जी!

बच्चे : याहू, सुपर वुमन दीदी, याहू।

जीन्सधारी : सुपर वुमन? हाःअ! सुपर सिली!

ट्रेक सूट. : हे, व्हाइट अबाउट द थर्ड स्टम्प?

जीन्सधारी : नो गेम विदाउट इट!

शाहिद : हाँ यार, तीन स्टम्प नहीं तो क्रिकेट नहीं।

रमण : कौन बोला? हम दो से खेलेगा।

सुखबीर : सतबचन! पर पहले बन्दर तो हटे यहाँ से।

बन्टी : *(शोभा से)* बाउंसर फेंक, हट जाएगा।

शोभा : (बन्टी से) तू छक्का मार, भाग जाएगा।

टिंकू : *(गोमती से)* प्लीज़, सुपर दीदी, तीसरा भी दिलवा दो।

गोमती : *(स्वगत, हाथ झाड़ते हुए)* साम, दाम हो लिया। अब बारी है दंड की। *(एक क़दम आगे बढ़ाती है। बन्दर ज़ोर से गुर्राता है)* बाप रे! दंड तो यह मुस्टंडा मुझे देगा। ना रे ना, तो...फिर से दाम चलाऊँ। *(केलेवाली को इशारे से पास बुलाती है। दो केले का इशारा करती है। केलेवाली टोकरी कोने में छोड़कर उसके पास आकर, दो केले उसे देती है। गोमती रुपया देती है तो मना करती है)*

केलेवाली : ना, परसाद मानकर लो। बजरंगबली सहाय हों।

जीन्सधारी : स्टूपिड वुमन...!

ट्रेक सूट. : धर्म अफ़ीम होता है।

कुर्ताधारी : ओह, चुप करें आप दोनों।

(गोमती फिर से केले हाथों में लेकर नचाती है। उसकी नकल में बन्दर स्टम्प नचाता है और यूँ गुर्राता है जैसे हँस रहा हो। बच्चे कभी डरते हैं तो कभी हँस पड़ते हैं। बन्दर, एक हाथ में स्टम्प जकड़े-जकड़े, दूसरे हाथ से केलों पर झपट्टा मारता है। गोमती के एक हाथ पर उसका चाँटा पड़ता है। एक केला नीचे गिर जाता है। दर्द से तिलमिलाई गोमती, दूसरा केला खुद नीचे गिराकर, चाँटा खाया हाथ, दूसरे हाथ से दबाती है। ऊँ-ऊँ करती है। देखती है, बन्दर मज़े से केला उठाकर खा रहा है। पर इस व्यापार में, स्टम्प का एक सिरा उसके हाथ में थमा है तो दूसरा नीचे को लटक आया है।

जीन्सधारी और ट्रेकसूटधारी औरतें ज़ोर-ज़ोर से हँसती हैं।

गोमती को गुस्सा चढ़ता है।

बन्दर एक केला चट करके दूसरा खाता है।

जीन्स और ट्रेकसूटधारी, एक-दूसरे को पकड़, हँसी से लोट-पोट होती हैं।)

गोमती : *(गुस्से से)* जय हो, बजरंगबली! *(भागकर स्टम्प का नीचे गिरा सिरा पकड़ लेती है और अपनी तरफ़ खींचती है। बन्दर खौखियाता है पर केला खाता जाता है। गोमती ज़ोर लगाकर खींचती है। बन्दर केला खत्म करके, मखौल उड़ाता-सा, दूसरा सिरा खींचता है। दोनों के बीच स्टम्प को लेकर रस्साकशी चलती है। बच्चे सहमकर एक-दूसरे को थाम लेते हैं। जीन्सधारी और ट्रेकसूटधारी की हँसी रुक जाती है। मुँह खुला का खुला रह जाता है। बन्दर दाँत दिखलाकर ज़ोर से खौखियाता है।)*

केलेवाली : जाने दीजिए बहनजी, बजरंगबली गुस्साए गए हैं। काट लेंगे।

जीन्सधारी : बजरंगबली! ओह शिट!

ट्रेक सूट. : ओह, शट अप!

कुर्ताधारी : आग जलाओ, आग। बन्दर भाग जाएगा।

बन्टी : नहीं! भागेगा तो स्टम्प ले जाएगा।

सुखबीर : जाने दो। हम दो स्टम्प से खेलेंगे।

टिंकू : *(रोकर)* दीदी को काट खाया तो?

स्वामी : छोड़ दो दीदी, काट लेगा।

कुर्ताधारी : पटाखे छोड़ो, पटाखे। बन्दर डर जाएगा।

पिंकू : *(गुस्से से)* ओ चुप! उपदेश मत दो। खुद छोड़ो न पटाखे, जलाओ आग।

जीन्सधारी : हाऊ रूड!

ट्रेक सूट. : रूड? रूड? माइ सन इज़ एबसोल्यूटली राइट!

केलेवाली : बहन जी, जाने दीजिए। हनुमान जी का काटा पानी नहीं माँगता।

सारे बच्चे : छोड़ दो, दीदी, छोड़ दो!

जीन्सधारी : स्टॉप शोइंग ऑफ़!

ट्रेक सूट. : खींचिए बहन जी, खींचिए। ज़ोर लगाकर। हाई शा वा।

कुर्ताधारी : मेरी बेट, बहन जी पर! बहन जी को स्टम्प मिलेगा। ज़ोर लगाकर।

जीन्स और कुर्ताधारी एक साथ : ज़ोर लगाकर। हाई शा वा।

ट्रेक सूट. : स्टॉप इट, स्टॉप!

(बन्दर उनकी तरफ़ देखकर ज़ोर से गुर्राता है। जीन्स और ट्रेक सूटधारी डरकर, केलेवाली के पीछे दुबक जाती हैं। कुर्ताधारी ज़मीन पर बैठकर, सिर घुटनों में छिपा लेता है।)

बच्चे : जाने दो दीदी। हमें स्टम्प नहीं चाहिए।

(शोर के बीच, बन्दर ज़ोर से स्टम्प खींचता है। गोमती धड़ाम से ज़मीन पर गिरती है। सब लोग चुप साधे डरकर पीछे हट जाते हैं। गोमती साड़ी से धूल झाड़कर खड़ी होती है। बन्दर भी उसकी नकल में, अपने बदन से, उसकी तरह, धूल झाड़ता है।)

गोमती : *(हाथ सिर पर मारकर)* दंड फ़ेल!

(बन्दर भी उसकी नकल में हाथ सिर पर मारता है)

गोमती : *(बन्दर की नकल देखती है। चुटकी बजाकर)* आइडिया!

(बन्दर भी चुटकी बजाता है)

गोमती : *(हाथ लहराकर)* सबसे मारक हथियार, भेद! जय भेद! *(बच्चों से)* बच्चो, छोड़ो इसे। हम खुद तीसरा स्टम्प बनाएँगे।

पिंकू : आपको आता है बनाना?

गोमती : बिल्कुल!

जीन्सधारी : लायर!

रमण : पर बन्दर?

टिंकू : सुपर वुमन दीदी!

शाहिद : पर बन्दर?

गोमती : सीक्रेट! (ओठों पर उँगली रखती है। बन्दर भी नकल में मुँह पर हाथ रखता है)

सुखबीर : बनाएँगी किससे?

गोमती : ऐसा करो, तुम सब पार्क से लकड़ियाँ बीनकर लाओ। मोटी-मोटी।

(सब बच्चे इधर-उधर दौड़कर, लकड़ियाँ ढूँढ़ते-बीनते हैं।)

केलेवाली : *(कुर्ताधारी से)* बाबूजी, ज़रा मेरी टोकरी देखिए। मैं जानती हूँ,

मोटी लकड़ी कहाँ मिलेगी। (टोकरी कुर्ताधारी के पास छोड़, लकड़ी ढूँढ़ने में बच्चों की मदद करती है।)

जीन्सधारी : *(कुर्तेधारी को एक रुपया देकर)* टू प्लीज़।

कुर्ताधारी : *(पहले गुस्से से उसे देखता है। फिर हँस पड़ता है, रुपया लेकर)* ज़रूर। *(एक केला उसे पकड़ाता है।)*

जीन्सधारी : टू! शी सेड टू फ़ॉर वन।

कुर्ताधारी : *(हँसकर)* डिड शी? मैं कहता हूँ एक का एक। *(डाँटकर)* समझीं!

जीन्सधारी : जी!

कुर्ताधारी : *(ट्रेकधारी से)* आप! दो रुपए निकालिए।

ट्रेक सूट. : *(झट दस का नोट उसे पकड़ाकर)* आठ वापस कर दीजिए।

कुर्ताधारी : छुट्टा नहीं है। पाँच केले लेने होंगे।

ट्रेक सूट. : पर दस के दस हुए न?

कुर्ताधारी : दाम बढ़ गए। अब दो का एक है।
(पाँच केले पकड़ाता है, डाँटकर) लीजिए और जाइए!

ट्रेक सूट. : *(डरकर लेती है, जीन्सधारी से)* इसे क्या हुआ?

जीन्सधारी : बहन जी वाइरस!

ट्रेक सूट. : बनाना सिंड्रोम!
(दोनों हँसती हैं। कुर्ताधारी उन्हें घूरता है। वे चुप हो जाती हैं।) चलो खेला खाएँ। *(दोनों केले छीलती हैं। फ़ौरन बन्दर उछलकर सारे केले झपट लेता हैं। दोनों ज़ोर से चीखती हैं। बन्दर केले लेकर नाचता है। कुर्ताधारी हँसता है।*
इस बीच लकड़ी ले-लेकर बच्चे मंच के एक तरफ इकट्ठा होते रहे हैं।
केलेवाली और गोमती भी मोटी लकड़ियाँ पकड़े आती हैं।)

कुर्ताधारी : *(केलेवाली को दस रुपए का नोट देकर)* बाकी दो रुपए, मेरा कमीशन।

केलेवाली : इत्ते रुपए। पर केले तो बिके कुल छह!

कुर्ता : इसे कहते हैं बेचने की कला!
(इस बीच गोमती ने चार बच्चों को बन्दर के दाईं तरफ़ और चार को बाईं तरफ खड़ा कर दिया है। खुद सामने खड़ी है)

बच्चे : पर बन्दर? बन्दर का क्या?

गोमती : *(मुँह पर उँगली रखकर)* सीक्रेट! सवाल नहीं। अपनी-अपनी लकड़ी तानो। यूँ। *(सब लकड़ी तानते हैं। गोमती भी। बन्दर केला खाते-खाते देखता है। स्टम्प तानता है)* अब एक-एक करके, खूब घुमाकर फेंको। जितनी दूर जा सके, उतनी दूर।

पहले टिंकू और स्वामी।

(दाईं तरफ़ से टिंकू और बाईं तरफ़ से स्वामी लकड़ी फेंकते हैं। ज़्यादा दूर नहीं जाती। बन्दर देखता है, फिर हौले से, खाए केले के छिलके फेंकता है।)

अब पिंकू और रमण।

(दाईं तरफ़ से रमण और बाईं तरफ़ से पिंकू लकड़ी फेंकते हैं। पहले से ज़्यादा दूरी पर गिरती है। बन्दर चौंकता है। अब उसके एक हाथ में चार केले, एक में स्टम्प है। वह गप से दो केले मुँह में ठूँसता है। बाकी के दो घुमाकर फेंकता है। वे लकड़ियों से ज़्यादा दूरी पर गिरते हैं। गोमती ताली बजाती है। बच्चों को इशारा करती है। वे भी बजाते हैं। देखा-देखी बन्दर भी ताली बजाता है।)

गोमती : अब शोभा और बन्टी। दम लगा के। तुम बाउंसर और तुम, छक्का।

(शोभा और बन्टी लकड़ी फेंकते हैं। तेज़ी से। दोनों की लकड़ियाँ मंच (पार्क) से बाहर निकल जाती हैं।)

जीन्स और ट्रेकधारी : *(एक साथ)* छक्का! हाउज़ैट!

(बन्दर अपना स्टम्प घुमाकर फेंकता है। वह भी मंच (पार्क) से बाहर हो जाता है।)

गोमती : अब भागो! जल्दी! तेज़-तेज़! सुखबीर, तुम स्टम्प उठाओ। बाकी सब भागो, भागो बाहर।

(सब बच्चे बाहर भागते हैं। तेज़-तेज़। बन्दर भी नकल में बाहर भागता है। मंच से बाहर हो जाता है।)

केलेवाली : जय बजरंगबली।

कुर्ताधारी : जय बहन जी।

जीन्स और ट्रेकधारी : कांग्रेट्स! कांग्रेट्स! यू आर ग्रेट!

गोमती : *(धीरे-धीरे ज़मीन पर बैठती है। फिर लेट जाती है।)* लाज रह गई।

(बच्चे बाईं और दाईं तरफ़ से भीतर झाँकते हैं। एक-एक करके वापस आते हैं।)

सब : *(अन्दर आते-आते)* सुपर बहन जी, ज़िन्दाबाद!

(गोमती उठकर खड़ी होती है।
सब लोग दर्शकों को नमस्कार करते हैं।)

(परदा गिरता है)

●●●

टिम्बकटू

रमेशचन्द्र शाह

पात्र

टिम्बकटू
नारदजी
डिक्की, टीनू
बिन्नी, दामू
अहमद, भोलू
मुक्कू, लच्छू
रीना, गोटू
टॉम
गोलू
चंदामामा
प्रिंसिपल जोशी
गणित के अध्यापक शर्मा जी
अंग्रेजी के अध्यापक ज़कारिया साहब
संस्कृत के पंडित जी
हिन्दी अध्यापक सक्सेना जी
कामर्स के अध्यापक गुप्ता जी
आकाशवाणी का स्वर

पहला दृश्य

(मंच पर प्रकाश के घेरे में खड़ा टिम्बकटू। अपने चारों ओर सोए पड़े बच्चों को देख रहा है। नेपथ्य से धीरे-धीरे क्रमशः तेज़ होती आवाज़...

बहुत दिनों की बात है बच्चो
बूढ़ा एक शहर था
उसके बीचोबीच हमारा
फटा-पुराना घर था।

फटा-पुराना घर था, लेकिन
हम सब नए-नए थे
अल्लादिया चचा लड़कों के
नेता नए-नए थे।

आवाज़ थोड़ी देर को चुप हो जाती है। टिम्बकटू चौंकता है...इधर-उधर घूम-घूमकर देखता है। फिर अचानक अकुलाकर चिल्ला पड़ता है)

टिम्बकटू : फिर क्या हुआ *(कान लगाकर सुनता है और दर्शकों को भी ध्यान से कान लगाकर सुनने का इशारा करता है। नेपथ्य से फिर वही आवाज़ गूँजती है)*

उनके हाथ में जादू था
क्या-क्या नहीं बनाते!
अल्लादिया खिलौनेवाले
थे वे यूँ कहलाते।...

टिम्बकटू : अल्लादिया! खिलौनेवाले! *(खुश होकर उछलने और ताली बजाने लगता है)*। अरे हाँ, मैं तो भूल ही गया, मुझे यहाँ भगवान जी ने ही तो भेजा था। कहाँ से? परीलोक से। अरे हाँ, परीलोक से ही तो आया था मैं। कब? पता नहीं, कितने दिन हो गए! अरे...दिन चाहे जितने हुए हों, रात तो एक ही हुई ना? अभी पिछली रात को ही तो उतरा था मैं ज़मीन पर। *(सहसा उछलकर, आगे आ जाता है और गाने लगता है)*

नाम है मेरा—टिम्बकटू
काम है मेरा—टिम्बकटू

परियों का मैं मेला हूँ
नारद जी का चेला हूँ।

(इसी बीच नारद जी मंच के एक कोने से इकतारा छेड़ते हुए प्रगट होते हैं और 'नारायण-नारायण' करते हुए धीरे-धीरे मंच पार करके दूसरे कोने से भीतर चले जाते हैं। टिम्बकटू उनकी ओर इशारा करता हुआ मुस्कराता है और फिर चालू हो जाता है।)

अल्लाजी हैं आसमान में
लल्ला जी ये भू पर
फिर भी, देखो करते रहते
उनको नीचे-ऊपर

बुरा न मानो तो, बस, भय्या
बड़ा काम है मेरा
इसीलिए तो सपनों में
बच्चों के डाला डेरा

(गाते-गाते एकाएक टिम्बकटू रुक जाता है, कान लगाकर सुनने की कोशिश करता है। नेपथ्य से पहले 'मालगुडी डेज' की धुन उभरती है...ता नाना-नाना ना ऽऽऽ, ...ता नान-नाना-नाना नाऽऽऽ...। फिर वही कविता सुनाई देती है।)

हमें खिलौने बेच, हमारे ही पैसों की आई।
खुश होते हैं चचा हमारे, हमको खिला मिठाई।।

पहिए पर जम जाते आकर, लगा शहर की फेरी।
क़िस्से-कहानियों की फिर तो, लगती जाती ढेरी।।

"दुनिया बदल रही है बच्चो!" कभी-कभी वे कहते।
दुनिया बदल गई है बच्चो! मेरे रहते-रहते।।

(कविता रुक जाती है। दो क्षण घनघोर सन्नाटा। टिम्बकटू आसमान की ओर ताकता दोनों हाथ ऊपर उठाता है, मानो आसमान से दुआ कर रहा हो। कविता की आवाज़ फिर से उभरती है।)

बारह बच्चों के चाचा की, सालगिरह जब आई।
पहुँचे उन्हें बधाई देने, बनारसी हलवाई।
आगे-आगे बहन जलेबी, पीछे लड्डू भाई।
और, बीच में रसगुल्लों के, बैठी रबड़ी माई।

(टिम्बकटू जीभ होठों पर फिराता हुआ रबड़ी-रसगुल्ले उड़ाने का स्वाँग करता है। वही आवाज़ फिर से....)

कितनी बार किया मुँह मीठा, हमने उनका अपना।
अब तो हम ख़ुद बुढ़ा गए हैं, देख रहे हैं सपना।।

(टिम्बकटू चौंक पड़ता है और आखिरी दो पंक्तियों को दुहराते

हुए बोल पड़ता है)

टिम्बकटू : कौन बुढ़ा रहा है भई? हम तो अच्छे-खासे जवान धरे हैं। तो ...तो क्या बच्चे बुढ़ा गए हैं? अरे हाँ, याद आया—एक परी मुझसे कुछ ऐसा ही रोना रो रही थी।...यही कि, आजकल के बच्चों को जाने क्या हो गया है! बुड्ढों जैसी चाल-ढाल, और बुड्ढों जैसी ही हरकतें हो गई हैं उनकी। दूसरी तरफ जो बड़े-बूढ़े सयाने समझे जाते हैं, वे हद दर्जे की बचकानी हरकतें करने लगते हैं।...तो, क्या यह सच्ची बात है? सचमुच ऐसा हो रहा है? *(सोचते हुए, माथा ठोकते हुए)* पता लगाना पड़ेगा। तो...चलो, पहले इन्हीं के सपनों में सेंध लगा के घुसा जाए। देखें तो सही, माजरा क्या है?

(ठिठककर बड़े भेद-भरे अन्दाज़ में श्रोताओं के सामने आकर फुसफुसाते हुए बताता है)

टिम्बकटू : भाइयो! बहनो! किसी से कहना मत जो मैं तुमको, सिर्फ तुमको बताने जा रहा हूँ। हुआ ये, कि जब मैं आसमान से नीचे उतर रहा था परसों, नहीं...कल, तो मैंने एक अजब तमाशा देखा। चन्दामामा का हेलीकॉप्टर सूरजदादा के ताँगे से चिपका-सा उतर रहा था। मैंने नमस्कार किया बारी-बारी से दोनों को। मगर दोनों में से किसी ने भी न तो सुना, न मेरी तरफ़ देखा। अनहोनी बात थी। मैं तो चकरा गया। पर पीछे लगा रहा उनके। वे आपस में बतिया रहे थे, उस बातचीत के कुछ टुकड़े मेरे कानों में भी पड़ ही गए। बच्चों के बारे में ही बात कर रहे थे वे। देखता हूँ, याद करता हूँ क्या कह रहे थे वे।

(पीछे पलटता है। फिर सामने आता है और फिर गाने लगता है—राधेश्यामी तर्ज में)

इस नाटक में सब बच्चे हैं, जो आते हैं, फिर जाते हैं।
सपना ही सही, मगर देखो, सपने भी कैसे आते हैं।

(टिम्बकटू तेज़ी से भागकर नेपथ्य में चला जाता है और परदा गिरा देता है।)

दृश्य दो

(पीठ पर भारी बस्ता लादे डिक्की, मुक्कू, अहमद, टॉम, बिन्नी, रीना भागे चले आ रहे हैं। टिम्बकटू एक कोने में छुपा उन्हें देख रहा है।)

डिक्की : जल्दी करो भई, बस छूट जाएगी।

बिन्नी : ये बस हमको हमारे घर से क्यों नहीं ले जाती? कितना चलना पड़ता है? मैं तो थक गई।

अहमद : ला बिन्नी, अपना बस्ता मुझे दे दे। सच में कहीं आज भी बस उसी दिन की तरह छूट गई तो?

मुक्कू : छूटने दे अहमद, कल इतवार है। दोनों दिन छुट्टी।

रीना : और, मार पड़ेगी घर में, सो?

डिक्की : अरे, नहीं छूटेगी यार। अभी साढ़े छह कहाँ बजे?

टॉम : इससे अच्छा, हम लोग ऑटो क्यों नहीं कर लेते?

अहमद : बिन्नी, तेरा बस्ता इतना भारी क्यों है?

टीनू : टाइम-टेबल ही ऐसा बनाया है, तो क्या करें?

डिक्की : ये लोग एक दिन में एक ही सब्जेक्ट पढ़ाया करें तो बस्ता अपने आप हल्का हो जाएगा।

मुक्कू : वाह, क्या आइडिया है? प्रिंसिपल तो तुझी को होना था।

बिन्नी और टॉम : ठीक तो कह रहा है।

टिम्बकटू : *(अचानक दौड़कर सामने आकर)* राम-राम डिक्की *(डिक्की नहीं सुनता। कोई नहीं सुनता।)*

टिम्बकटू : गुड मार्निंग टॉम *(टॉम नहीं सुनता। कोई नहीं सुनता।)*

टिम्बकटू : आदाब अर्ज अहमद साब! *(अहमद नहीं सुनता। कोई नहीं सुनता।)*

टिम्बकटू : अरे, बहरे हो क्या सबके सब? हद हो गई। *(बस स्टॉप पर कोई नहीं है, बस जा चुकी है।)*

अहमद : *(माथा पीटते हुए)* अब क्या होगा?

रीना : अरे, वो देखो। मैडमवाली मैटाडोर आ रही है। रोको, रोको।

अहमद : डाँट खानी है क्या? *(सारे बच्चे उसी तरफ़ लपककर भागते हैं। बिन्नी रास्ते में गिर*

पड़ती है। डिक्की और अहमद पीछे मुड़के देखते हैं और वहीं रुक जाते हैं। बाकी बच्चे मैटाडोर रुकवाकर उसमें लद जाते हैं।)

अहमद : बिन्नी। लग गई क्या? चल तुझे तेरे घर छोड़ आएँ।

बिन्नी : *(सिसकती हुई)* नहीं। मम्मी मारेगी।

अहमद : मम्मी क्यों मारेगी? *(कुछ सोचता हुआ)* मारेंगे तो अब्बू भी। अब क्या किया जाए?

(घरघराहट होती है। विमान उड़ाते हुए गोलू का प्रवेश।)

गोलू : क्यों? तुम्हारे बाकी साथी कहाँ गए? हम तो तुम लोगों को देखके ही नीचे उतरे हैं।

अहमद : तुम कौन हो? कहाँ पढ़ते हो?

गोलू : लो, सुनो, अरे मुझे नहीं पहचाना? तुम्हारे आनन्द विहार में ही तो पढ़ता हूँ।

बिन्नी और डिक्की : तो तुम क्या रोज़ विमान में चढ़के स्कूल जाते हो?

गोलू : और नहीं तो क्या? चलो बैठो झटपट। *(पायलट से)* मामा, इन्हें भी बिठा लो ज़रा।

मामा : *(जो चन्दामामा हैं)* कैसे बिठा लूँ गोलू? सिर्फ पाँच के बैठने की जगह है मेरे विमान में। तेरे भोलू, मोटू, दामू, लच्छू सब राह देख रहे होंगे।

गोलू : रहने दो उनको। अपनी बेर में कैसा करते हैं। चिढ़ाते रहते हैं मुझे।

टिम्बकटू : *(जाने कहाँ से उछलकर बीच में टपक पड़ता है)* बिठा लो, बिठा लो गोलू के मामा। बेचारों की बस छूट गई है आज। मुझे पहचाना नहीं? अरे मैं टिम्बकटू।

गोलू के मामा : *(अचरज से चिल्लाते हुए)* अरे टिम्बकटू! तुम यहाँ कैसे? कहीं मैं सपना तो नहीं देख रहा?

(बिन्नी, अहमद और डिक्की को हाथ पकड़कर विमान में बिठा लेते हैं)

टिम्बकटू : और नहीं तो क्या?

गोलू के मामा : मैं समझा नहीं।

टिम्बकटू : *(धीरे-से फुसफुसाते हुए)* तुम क्या समझोगे? *(जोर से)* समझाऊँ?

गोलू के मामा : समझाओ। मगर, ज़रा जल्दी। दिनदहाड़े इस तरह मैं यहाँ कभी नहीं उतरा। पता नहीं, सूरज दादा को आज क्या सूझी। हम साथ-साथ आगे-पीछे उतर ही रहे थे कि ये भानजेराम जाने कहाँ से आ टपके। बातों-बातों में मुझे अपने साथ उड़ा ले गए। अब मैं दादा को कहाँ ढूँढ़ने जाऊँ?

टिम्बकटू : अरे, यहीं कहीं होंगे मामा! फिकर क्यों करते हो? लो सुनो। बात ये है कि...

तुम भी सपना, मैं भी सपना
और भला क्या काम है अपना?
आसमान को छोड़ यहीं अब
धरती पर दिन-रात भटकना।

चन्दामामा : तुम क्या कह रहे हो भाई? मैं समझा नहीं।

टिम्बकटू : तुमको क्या समझाऊँ मामा
बच्चे हमको भूल रहे हैं

चन्दा मामा : *(झल्लाकर)* क्या बकते हो तुम, टिम्बकटू?
बच्चे हमको भूल रहे हैं?
हम, जो उनकी ख़ातिर कबसे
आसमान में झूल रहे हैं!

अहमद : *(बीच में ही)* वाह वाह! क्या ख़ूब! बिन्नी, तुम्हारे पापा भी तो शायर हैं। उस दिन चाँद पर कितनी अच्छी चीज़ सुनाई थी उन्होंने। क्या नाम था उस कविता का?

बिन्नी : *(थोड़ा झेंपती हुई, मगर जोर से)* 'गोलू के मामा'।

गोलू : *(बुरी तरह चौंकता हुआ)* क्या कहा? गोलू के मामा? तुम्हारे पापा को मेरा नाम कैसे पता चला?

बिन्नी : अरे, हमारे पापा को हर चीज का नाम पता रहता है। *(सहसा हड़बड़ाकर)* अरे, चलो भई, जल्दी स्टार्ट करो। कहीं प्रार्थना शुरू हो गई तो मैडम मुर्गा बनाके धर देंगी सबके सामने।

अहमद : *(घबड़ाकर)* चलो...चलो, जल्दी चलो।

(चन्दा मामा इंजन स्टार्ट करते हैं। टिम्बकटू को झटपट चढ़ने का इशारा करते हैं)

टिम्बकटू : आप चलिए। मैं वहीं पहुँचता हूँ आनन्द विहार। है ना? मेरा अपना 'ऑटो' है। मुझे इसके दोस्तों को लादकर पहुँचाना है। क्यों गोलू? *(सहसा, जैसे कुछ याद आ गया हो)* अरे, बिन्नी! वो तुम्हारे पापा की कविता तो रह ही गई।

अहमद : *(भागते हुए हेलीकॉप्टर से सिर बाहर निकालते हुए)* कविता-फविता अब वहीं होगी। आनन्द विहार में। आप लोग पहुँचिए वहाँ जल्दी से।

(टिम्बकटू हेलीकॉप्टर को उड़ते देखता रहता है। गर्दन इतना पीछे मोड़नी पड़ती है कि उसकी टोपी गिर पड़ती है। वह जल्दी से उसे उठाकर मंच के एक ओर ग़ायब हो जाता है।)

दृश्य तीन

(आनन्द विहार के प्रिंसिपल का कमरा। प्रिंसिपल के सामने गणित, अंग्रेजी, हिन्दी, संस्कृत, कामर्स के अध्यापक या अध्यापिकाएँ बैठे हैं।)

प्रिंसिपल जोशी : हाँ, तो मैंने आप सबको इसलिए बुलाया कि कुछ गार्जियन्स की कम्पलेन्ट आई है कि इधर बच्चों को 'होमवर्क' बहुत कम दिया जा रहा है। आप लोग 'होमवर्क' पर ही ध्यान दें। जितना अभी देते हैं, उससे दुगुना तो कम-से-कम कर ही दें।

गणित के मास्साब शर्माजी : मगर सर, अभी पिछले महीने आपने जो बैठक बुलवाई थी, उसमें 'होमवर्क' आधा कर देने को कहा था। शायद आप भूल गए हैं।

अंग्रेजी के अध्यापक ज़कारिया साहब : जी हाँ। तब भी आपने एक 'गार्जियन' की ही कम्पलेन्ट पढ़के सुनाई थी।

संस्कृत के पंडितजी : बड़ी हृदयविदारक चिट्ठी थी।

हिन्दी अध्यापक सक्सेना जी : किसी लेखक की लिखी लगती थी।

प्रिंसिपल जोशी : *(मुस्कराते हुए व्यंग्यपूर्वक)* हाँ, थी तो लेखकनुमा ही। असल में, ये लेखक लोग ज़रा ज्यादा ही 'सेंटीमेंटल' होते हैं। समझते हैं उनको लड़कपन में स्कूल अच्छा नहीं लगता था तो किसी को भी अच्छा नहीं लगना चाहिए। अरे, क्या हमारे

ज़माने में 'होमवर्क' नहीं होता था? होमवर्क न हो, तो कौन बच्चा घर में पढ़ने को तैयार होगा? स्कूल की पढ़ाई से क्या होता है?

हिन्दी के मास्साब : आपका कहना ठीक है प्रिंसिपल साहब। मगर तब से कोर्स कितना बढ़ गया है? बच्चे आखिर बच्चे हैं। होमवर्क का मतलब यह तो नहीं कि खेलें-कूदें कुछ नहीं, दिन-रात, बस, होमवर्क करते रहें।

गणित के मास्साब : बेचारों को खेलने को भी कहाँ मिलता है। हमारे ज़माने की बात और थी। पहले दादा-दादी हुआ करते थे। अब ले-दे के वही एक ठो पापा, एक ठो मम्मी—जिन्हें न कहानी सुनाने की फुरसत है, न सबक़ पढ़ाने की।

ज़कारिया साहब : कहाँ से मिलेगी फुरसत बेचारों को! दोनों को नौकरी करनी पड़ती है। महँगाई की मार जो है। खुद नहीं पढ़ा सकते, इसीलिए तो ट्यूशन लगाते हैं।

हिन्दी के मास्साब : मेरा बस चले तो मैं ये ट्यूशन का धन्धा आज और अभी बन्द करवा दूँ।

कॉमर्स मास्टर गुप्ता जी : *(व्यंग्य से मुँह बिचकाते हुए)* क्यों नहीं, क्यों नहीं!...हिन्दी में, वैसे भी कौन ट्यूशन लगवाएगा?

हिन्दी के मास्साब : जी हाँ, हिन्दी, सच पूछिए, तो पढ़ाने की भी क्या ज़रूरत है? वह तो मातृभाषा ठहरी। अपने आप आ जाएगी। कॉमर्स की बात अलग है। तभी तो कॉमर्स बिना ट्यूशन के नहीं आता। क्यों?

कॉमर्स के मास्साब : *(गुस्से से हकलाते हुए)* आप...देखिए...आप ज़रा....आपको मेरे ऊपर टौण्ट करने का कोई हक़ नहीं। माइंड योर टंग प्लीज़...

(इतने में हेलीकॉप्टर का शोर नज़दीक जाता है। प्रिंसिपल साहब अपनी कुर्सी से उछल पड़ते हैं।)

प्रिंसिपल साहब : कब से ये घर्र-घर्र सुन रहा हूँ। देखिए ज़रा, बात क्या है? कहीं मिनिस्टर साहब का तो नहीं?

संस्कृत मास्टर साहब : यन्त्र-गरुड़ का गर्जन है श्रीमान्। लगता है, अपने ही प्रांगण में उतरनेवाला है।

(सबके सब बाहर निकल पड़ते हैं। कुछ लड़के भी कक्षाओं

से बाहर निकल आए हैं।)

प्रिंसिपल साहब : चलिए, जाइए आप लोग, सब अपनी कक्षाओं में। यहाँ कोई नहीं रहेगा। लगता है मिनिस्टर साहब खुद सरप्राइज़ विजिट देने आए हैं। अपने तो भाग ही खुल गए। मास्साब! इन बछेड़ों को भीतर खदेड़िए जल्दी से। नहीं तो, सारा इम्प्रेशन चौपट हो जाएगा।

संस्कृत के पंडित जी : गरुड़ पर बैठ के तो विष्णु भगवान् ही आ सकते हैं। *(इतने में हेलीकॉप्टर नीचे उतर आता है। भगदड़ मच जाती है। हेलीकॉप्टर से गोलू, अहमद, डिक्की, बिन्नी उतरते हैं। चन्दा मामा अपनी जगह बैठे रहते हैं। बच्चों की भीड़ में से टॉम, टीनू, मुक्कू आगे आकर चिल्लाते हैं—अरे, अहमद! अरे डिक्की! अरे बिन्नी!...)*

प्रिंसिपल जोशी : यहाँ भीड़ मत लगाओ। चलो—अपनी कक्षाओं में जाओ। *(चन्दा मामा से)* सर, यू आर वैलकम। मैं इस स्कूल का प्रिंसिपल हूँ। आइए, अपने स्टाफ से आपका परिचय करवा दूँ।

चन्दा मामा : *(वहीं सीट पर बैठे-बैठे, उकताकर)* नमस्ते जी। मैं न सर हूँ, न मिनिस्टर। मैं चन्दा मामा हूँ, अगर आपको याद हो, तो। खैर, छोड़िए—ऐसा है, आपके ये बच्चे बस-स्टॉप पर ही छूट गए थे। इसलिए उन्हें पहुँचाने मुझे आना पड़ा। आप ज़रा अपने ड्राइवर को समझाइए—बच्चों का ख्याल रक्खा करे। आदमी है, क्या है? अच्छा, मैं अब चलूँगा। मुझे देर हो रही है।

(इतने में टिम्बकटू अपना ऑटो भगाता हुआ आता है। ऑटो से दामू, भोलू, गोलू और लच्छू निकलते हैं और गोलू से लिपट जाते हैं।)

टिम्बकटू : बस-बस। मामा! क्या तुम्हें सचमुच देर हो रही है? सूरज दादा से घबरा रहे हैं ना? अरे, वो तो खुद इधर ही आ रहे हैं। मैं उन्हीं से मिलते हुए आया हूँ। उन्होंने मिठाई भेजी है एडवांस में। प्रिंसिपल साहब, आप आज छुट्टी कर दीजिए। पहले बाल-सभा होगी। फिर मिष्ठान्न-वितरण।

(बच्चे मिठाई! मिठाई! चिल्लाते हैं।)

टिम्बकटू : शान्ति! शान्ति! तनिक धीरज धरो बछड़ो! स्वर्ग की मिठाई क्या ऐसे ही मिल जाती है? प्रिंसिपल जी, सूरज दादा के स्वागत में पहले एक चन्दा मामा का गीत हो जाए तो कैसा

रहे?

प्रिंसिपल : क्यों नहीं, ज़रूर हो जाए। मगर...पहले ये तो बताइए, गीत हिन्दी का है कि अंग्रेजी का?

अहमद : *(भीड़ में छुपे-छुपे)* गीत बिन्नी का है। नहीं, गोलू के मामा का है।

टिम्बकटू : हाँ तो, बिन्नी रानी! गीत सुनाना शुरू करो।

लच्छू : *(घबराकर, सहसा चीख पड़ता है)* अरे, वो 'गोलू के मामा'? नहीं, बिन्नी, बिल्कुल नहीं। चन्दा मामा नाराज़ हो जाएँगे।

बिन्नी : *(तुनककर)* क्यों नाराज़ हो जाएँगे?...मगर, पहले सूरज दादा को तो आ जाने दो।

टिम्बकटू : तुम सुनाओ तो सही। सूरज दादा, वो देखो, वहाँ बैठे-बैठे सुन रहे हैं कि नहीं? चलो, शुरू हो जाओ—एक, दो, तीन...। पहले बिन्नी, फिर सारे बच्चे एक साथ, एक सुर में। ठीक है?

बिन्नी : (ऊँचे सुर में)
गोलू के मामा आए
सब देख रहे मुँह बाए
(सारे बच्चे इन पंक्तियों को दोहराते हुए गाते हैं।)

बिन्नी : मुँह उनका है गुब्बारा।
था किसने उन्हें पुकारा?।।
नारंगी उनको भाए।
गोलू के मामा आए।।
(सारे बच्चे दोहराते हैं। अध्यापकगण और प्रिंसिपल तक उनके सुर में सुर मिलाकर गाने लगते हैं।)

बिन्नी : वे बहुत दिनों में आए।
झोले में कुछ लाए।।
हमको तो पता चले तब,
जब गोलू हमें बताए।।
(सब दोहराते हैं। इस बीच गोलू झपटकर चन्दा मामा से उनका झोला छीन लाता है और उसमें से मूँगफलियाँ या चने निकालकर सबको बाँटने लगता है।)

बिन्नी : सच बात अगर मैं बोलूँ?
यदि पोल पुरानी खोलूँ?
सूरज का फटा पजामा।
सिलते गोलू के मामा।।
*(सब बच्चे दोहराते हैं। टिम्बकटू पेट पकड़कर हँसते-हँसते

दोहरा हो जाता है। चन्दा मामा नकली नाराज़ी का स्वाँग करते हुए हेलीकॉप्टर स्टार्ट करके उड़ जाते हैं। मंच पर उनके साथ ही अँधेरा छा जाता है। उनके साथ ही सारे बच्चे भी ग़ायब हो गए हैं। "अरे, अरे!..." चिल्लाता हुआ टिम्बकटू भर वहाँ मंच पर अकेला छूट जाता है। वह मंच पर एक जगह को ग़ौर से देखता है जो हौले से प्रकाशित होती है। वहाँ पर सोया हुआ गोलू अचानक आँखें मलता हुआ उठ बैठता है।)

गोलू : *(गुस्से में)* देख, चन्दा मामा गुस्सा हो गए ना? मैंने क्या कहा था?

टिम्बकटू : *(हाथ मलता हुआ)* चलूँ अब। लच्छू के सपने में सेंध लगाऊँ। गोलू बेटा! सो जा। अभी बहुत रात बाकी है।

(परदा गिरता है।)

दृश्य चार

(नेपथ्य से 'मालगुड़ी डेज़' की धुन उभरती है धीरे-धीरे। "ता नाना नाना-नाना-नाऽऽऽऽ।...ता-नाना-नाना-नाना-नाऽऽऽऽ। मंच पर नींद में चल रहे लच्छू का प्रवेश)

लच्छू : अहाहा! कैसी मीठी धुन है! कौन गा रहा होगा? जीजी! ओ जीजी!

(मंच के बाईं ओर से हाथ में इकतारा लिए नारद जी का प्रवेश। उन्हें लच्छू तो नहीं, लेकिन मंच के दूसरी ओर दुबका टिम्बकटू दीख जाता है।)

नारद : कौन है भई उधर? इधर तो आओ ज़रा। तुम्हें परीलोक का रास्ता पता है?

टिम्बकटू : *(लच्छू को पकड़कर नारद जी के सामने करता हुआ)* मुझसे क्या पूछते हो महाराज? इससे पूछो। ये दिखाएगा तुम्हें परीलोक का रास्ता।

(नारद भौंचक्के से बारी-बारी से कभी लच्छू को, कभी टिम्बकटू को देखते हैं।)

नारद : क्या नाम है बेटा तुम्हारा? पढ़ते हो? किस क्लास में?

लच्छू : उफ़! यहाँ भी क्लास! बाबा, तुम भी क्लास के चक्कर में?

टिम्बकटू : *(खिलखिलाते हुए)* नहीं नहीं। घबराओ मत। ये न क्लास के चक्कर में हैं, न कास्ट के। ये नारद जी हैं, नारद जी।

लच्छू : *(खुश होकर ताली पीटता हुआ)* नारद जी? वीणा-वादक? तो...तो क्या...अभी-अभी जो इतना बढ़िया गाना सुनाई दे रहा था, वो आप ही गा रहे थे?

नारद जी : *(मुँह मोड़ते हुए)* नारायण! नारायण! *(नेपथ्य से फिर वही धुन उभरती है। तीनों चौंककर चारों दिशाओं में कान लगाकर सुनने की कोशिश करते हैं। इतने में भोलू, गोलू, दामू और गोटू का प्रवेश।)*

दामू : अरे, वो रहा लच्छू। तू कहाँ था लच्छू? हम कबसे तुझे ढूँढ़ रहे हैं।

लच्छू : *(उसी तरह अधमुँदी आँखों से दामू की तरफ़ देखता हुआ मुँह पर उँगली रखके चुप रहने का इशारा करता हुआ)* वो देखो, कुछ सुनाई दे रहा है? कितनी बढ़िया धुन है?

नारद जी : नारायण! नारायण!...कितनी उदास धुन है। क्यों भई? *(टिम्बकटू से)* तुम्हारा नाम क्या है? कहाँ ये बालगोपाल! और कहाँ ये राग 'बैराग'!...यह सब क्या है? मैं कहाँ फँस गया हूँ?

टिम्बकटू : *(आगे बढ़कर दंडवत् करते हुए)* महाराज! अभी तक अपने बजरबट्टू को नहीं पहचाना आपने? हद हो गई। क्या ज़माना आ गया है? ये बछेरे तो मुझे नहीं पहचानते, नहीं पहचानते। अब आप भी मुझी से मेरा नाम पूछने लगे? हद है!

नारद जी : *(आँखें मलते हुए, पहचानने की कोशिश करते हुए)* माफ़ करना भाई...अरे हाँ, तुम्हें तो मैंने अमरावती में देखा था। इन्द्र-सभा में। यहाँ कैसे आ टपके? क्या देवताओं ने खदेड़ दिया? क्यों? किसलिए?...उफ़! *(नाक बन्द करते हुए)* ये कैसा धुआँ, कैसी दुर्गन्ध फैली है? ...कुछ दिखाई नहीं देता साफ़-

साफ़। कैसा प्रदूषित वातावरण है यहाँ का! ये कौन-सा लोक है भाई?

टिम्बकटू : *(मुस्कराते हुए)* महाराज, आप भूल गए? इतनी जल्दी? यहाँ तो आप किसी ज़माने में अक्सर पधारा करते थे। यह पृथ्वीलोक है भगवन्। और...पृथ्वीलोक में भी जम्बूद्वीप... और जम्बूद्वीप में भी...भरतखंड और, हाँ, भरतखंड में भी ...भोपाल। नहीं, दिल्ली।

गोटू : भरतखंड? यू मीन...इंडिया? दैट इज...भारत?

टिम्बकटू : येस। नाउ शट अप। व्हाइ काण्ट यू स्पीक इन योर मदर टंग?

दामू : वैल डन। वैल डन टिम्बकटू।

नारद जी : ये क्या गिट-पिट लगा रक्खी है तुम लोगों ने? नारायण! नारायण! भरतखंड की ये दुर्दशा! और ये बालगोपाल यहाँ रहते कैसे हैं? इस दुर्गन्ध में, इस कीचड़ में?

टिम्बकटू : *(हँसते हुए)* वैसे ही, जैसे इनके डैडी-मम्मी, आन्टी-अंकल *(जीभ काटते हुए)*...ओह, आइ एम सॉरी...मेरा मतलब जैसे इनके माता-पिता, ताई-ताऊ रहते हैं, वैसे ही ये भी रहते हैं। महाराज, ज़रा देखिए एक ही दिन में क्या दुर्दशा हो गई है आपके इस सेवक की। ज़बान ही खराब हो गई। *(बच्चों की तरफ इशारा करते हुए)* इन्हीं की तरह। मगर इन बेचारे बच्चों का भी इसमें क्या कसूर है? महाराज, मेरी रानी बहुत दुखी है। उसका दुख देखा नहीं जाता मुझसे।

नारद जी : रानी? कैसी रानी? क्या हो गया तुम्हारी रानी को?

टिम्बकटू : *(हाथ जोड़कर)* परियों की रानी महाराज। आपको भी जाने क्या हो गया है? सब भूल गए आप।

नारद जी : सब कुशल तो है ना?

टिम्बकटू : अरे मुनि जी! कुशल भई बिपरीत। बच्चों को परियों के सपने, देवताओं के सपने आने ही बन्द हो गए हैं। पता नहीं, क्या अंड-बंड पढ़ते और देखते और सुनते रहते हैं।

गोलू : मैं तो अंड-बंड कुछ नहीं पढ़ता।

लच्छू : अरे, पढ़ते नहीं, तो देखते तो हो। ये टी.वी. को 'अंड-बंड' बोल रहे हैं। टी.वी. देखते हो, कि नहीं? *(नारद जी से)* महाराज, हमको जो देखने को मिलेगा, वही तो देखेंगे। जो सुनने को मिलेगा, वही तो सुनेंगे। ऐ मिस्टर टिम्बकटू! तुम हमारी शिकायत क्यों कर रहे हो? कहाँ है तुम्हारी परी रानी? मैं उनसे तुम्हारी 'कम्पलेन्ट' करूँगा।

टिम्बकटू : *(कान पकड़कर)* अरे बाप रे! नहीं लच्छू भइया, ऐसा मत करना—तुम्हारे हाथ जोड़ता हूँ। रानी जी बच्चों की हर बात को सच मान लेती हैं। मुझे फौरन नौकरी से निकाल देंगी। अरे, मैं तुम्हारी शिकायत क्या करूँगा बेटा! मैं तो तुम्हारी सिफ़ारिश कर रहा था। पता है, नारद जी भगवान् जी के 'इंटिमेट फ्रैंड' *(जीभ काटता हुआ)*...सॉरी...मेरा मतलब, घनिष्ठ मित्र हैं। जो चाहो, दिलवा सकते हैं तुम्हें भगवान् से कहकर।

लच्छू और गोलू एक साथ : ऐसा? तब तो, हमारे लिए एक तालाब या नदी में तैरता हुआ स्कूल बनवा दीजिए। आप खुद उसके प्रिंसिपल बन जाइए।

गोटू : इंचार्ज। परमानेंट प्रिंसिपल तो भगवान् जी ही न रहेंगे? कैसे छोड़ देंगे?...और...नारद जी महाराज?

दामू : नारद जी को म्यूजिक टीचर बना देंगे। संस्कृत-हिन्दी भी... जानते ही होंगे। क्यों सर?

लच्छू : और...टिम्बकटू पी.टी. कराएँगे।

गोलू : *(खिलखिलाता हुआ)* पी.टी.? पानी के ऊपर पी.टी. करवाएगा? गधा कहीं का।

भोलू : और, गणित, अंग्रेजी, सोशल स्टडीज़, साइंस, भूगोल, इतिहास?

लच्छू : अरे, वो सब भगवान् जी खुद पढ़ा देंगे।

गोटू : *(अविश्वास से)* चल हट। तू तो कह रहा था भगवान् जी परमानेंट प्रिंसिपल रहेंगे। प्रिंसिपल भी कहीं पढ़ाते हैं?

दामू : क्यों नहीं पढ़ा सकते? सर्वज्ञ क्या यूँ ही कहलाते हैं? फोकट में? *(सहसा, नारदजी से)* क्यों बब्बा! आप तो भगवान् जी के जिगरी दोस्त कहलाते हैं। आपको तो पता ही होगा। बताइए ना, वे कौन-कौन सब्जेक्ट बढ़िया पढ़ा सकते हैं?

नारद जी : *(चकराते हुए)* मुन्ने क्या पता! टिम्बकटू, तुम्हें पता होगा। तुम्हीं बता दो इन्हें।

टिम्बकटू : *(खिलखिलाते हुए)* वाह, क्या कहने हैं? इनको पता नहीं और टिम्बकटू को पता है। *(नारद से)* दुनिया जानती है, सबसे जोरदार सबक भगवान् ने किसको पढ़ाया था? बताऊँ? *(नारद जी को घबराते देखकर)* अरे, नहीं-नहीं। मैं तो...यूँ ही मज़ाक कर रहा था। मगर...आप टालिए मत। सच-सच बता दीजिए। बच्चों से कुछ भी छुपाना खतरनाक होता है, समझे आप?

नारदजी : *(झुँझलाकर)* तुम हो कौन जी? कुछ-कुछ पहचाने से लगते हो। मगर इतने भी नहीं, कि इस तरह सिर पर ही चढ़ जाओ। औक़ात में रहो, औकात में। समझे? कौन है ये कम्बख़्त, बच्चो? तुम जानते हो इसको?

सब बच्चे एक साथ खिलखिलाते हुए : टिम्बकटू। टिम्बकटू।

नारदजी : टिम्बकटू? भला यह भी कोई नाम हुआ? जहाँ तक मुझे पता है, देवराज इन्द्र के दरबार में इस नाम का कोई जीव कभी नहीं रहा। मुझे धोखा हो गया था। तुम मुझे कैसे जानते हो जी?

टिम्बकटू : *(हाथ जोड़ता हुआ)* महाराज! कम-से-कम आप तो ऐसा मत बोलिए। मैं तो आपका ही अंश हूँ।

नारदजी : *(चिहुँककर पीछे हुए)* क्या बकवास करते हो? मेरा अंश! कैसे? कहाँ? कब? तुमसे मेरा क्या लेना-देना?

टिम्बकटू : क्षमा करें तात। मुझे तो परियाँ तक कभी-कभी 'छोटे नारद' कहके पुकारती हैं। लेने-देने की बात मैं क्या जानूँ? वह तो आप ही जानें। पर, *(थोड़ा ठिठककर)*...क्या सचमुच भगवान् जी ने मेरे बारे में आपको कभी कुछ नहीं बताया?

नारदजी : *(सिर हिलाते हुए)* नहीं तो। मगर तुम भगवान् जी को कैसे जानते हो? कब से?

टिम्बकटू : महाराज! जबसे भगवान् जी ने बच्चों के लिए परीलोक की रचना की, तभी से मैं वहाँ रह रहा हूँ और तभी से भगवान् जी को भी जानता हूँ और आपको भी।

नारद : *(आश्चर्य से आँखें फाड़ते हुए)* कमाल है। परीलोक मेरे नारायण ने बसाया और मुझी को उसकी ख़बर नहीं। ये कब की बात है जी? नाम तो कुछ जाना-पहचाना-सा लग रहा है।

टिम्बकटू : *(माथा ठोकते हुए)* लो, सुन रहे हो बच्चो इनकी बात? इन्हें परीलोक का पता नहीं और चौदह भुवनों में भटकते फिरते हैं। बिना विमान। जिनके पाँव ही हेलीकॉप्टर हैं।

नारद : *(झुँझलाकर)* अब पहेली मत बुझाओ जी। सीधे-सीधे बता दो ये परीलोक क्या है, क्यों है, कहाँ है?

टिम्बकटू : बता दो बच्चो, बता दो इन बब्बा को, जो कुछ भी तुम्हें पता है परीलोक के बारे में।

लच्छू : हम कहाँ से बताएँ? तुम ही तो हमें वहाँ ले जानेवाले थे। जबसे यहीं भटक रहे हो। खामखा। और लंतरानियाँ झाड़ रहे हो।

टिम्बकटू : *(जैसे अब जाके कुछ याद आया हो)* अरे रे रे! मैं तो भूल ही गया था। चलो अभी चलो। इन बब्बा को भी ले चलते हैं।

गोलू : मुझसे चन्दामामा ने वादा किया था—तुम्हें और तुम्हारे सारे दोस्तों को भी ले चलेंगे परियों के पास। मगर...वो तो नाराज़ होकर भाग लिए।

भोलू : उस बिन्नी की बच्ची ने उनका मूड जो ख़राब कर दिया था।

गोलू : *(खिलखिलाते हुए)* "सूरज का फटा पजामा/सिलते गोलू के मामा।" मूड तो ख़राब होना ही था उनका। क्यों न होता?

टिम्बकटू : अरे, हाँ अब याद आया। परियों के यहाँ तुम्हें ले जाने का जिम्मा तो उन्होंने लिया था। बेचारे इसीलिए तो आए थे।

दामू : तो, अब वो नहीं आएँगे?

टिम्बकटू : आएँगे जी। कैसे नहीं आएँगे? वह दिन-दोपहर की बात थी। बेचारों को भेष बदल के आना पड़ा था। बिन्नी रानी ने खामखाह टाँग अड़ाई और उनकी पोल खोल दी। अब रात हो गई है। वे कभी भी आ टपकेंगे।

नारदजी : *(हैरानी से)* तुम लोग किसकी बात कर रहे हो भई? कौन आनेवाला है?

टिम्बकटू : चन्दा मामा, नारदजी, चन्दा मामा। कहीं आप चन्दामामा को भी तो नहीं भूल गए?...वो देखिए, लीजिए, नाम लेने भर की देर थी। वो आ रही है सवारी चन्दा मामा की...इधर ही। *(सब लोग उस तरफ़ देखते हैं जहाँ पहले धीरे-धीरे प्रकाश मन्द होता हुआ अन्धकार छा रहा है और फिर धीरे-धीरे नारंगी उजाला फैल रहा है। चन्दा मामा प्रगट हो रहे हैं। तीनेक तारे भी उनके साथ चमक रहे हैं।)*

गोलू : *(उछलता-किलकता)* चन्दा मामा! मैं यहाँ हूँ। जल्दी से उतरो। तुम्हारा विमान मैं उड़ाऊँगा।

लच्छू : *(उसे धकेलकर पीछे करता हुआ)* अरे, जा-जा। चन्दा मामा मेरे सपने में आए हैं। उनका विमान मैं चलाऊँगा। मैं।

गोलू : *(लच्छू को पीछे ढेलता हुआ)* नहीं चन्दा मामा! आपका ड्राइवर मैं हूँ। मैं।

भोलू : अबे, 'ड्राइवर' नहीं। पायलट बोल, पायलट।

टिम्बकटू : तुम लोग झगड़ो नहीं। चन्दा मामा सबके मामा हैं। सब भानजों को बारी-बारी से चान्स देंगे। कल गोलू को दिया था, आज लच्छू को, परसों भोलू को, नरसों गोलू को, तरसों

दामू को। समझे? तो, जिस दिन जिसके सपने में प्रगट होंगे, उस दिन उसी को विमान में बिठाएँगे। नहीं-नहीं! बिठाएँगे, घुमाएँगे तो सबको। मगर पायलट एक बार में एक को ही बनाएँगे। समझे? चलो अब जाओ, चटपट चढ़ लो। मामा! ये आ रहे हैं। बिठा लो इनको। मैं और नारदजी आपके पीछू-पीछू आ रहे हैं। कहाँ जाना है—आपको मालूम तो है ना कि मैं 'गाइड' करूँ?

चन्दा मामा : *(हँसते हुए)* अरे, हाँ रे, तू कल का छोकरा मुझे 'गाइड' करेगा? सुन रहे हो नारद! इस टिम्बकटू की बड़बोली? अच्छा, अब मैं चला। तुम लोग जल्दी आना। कहीं खुद ही सपनों में न खो जाना!

टिम्बकटू : *(जोर से हँसता हुआ)* मैं! और सपना? मैं जो खुद ही एक सपना हूँ। और नारदजी, जो सपनों का भी सपना हैं। क्यों महाराज?

नारदजी : और वो चमक्?

टिम्बकटू : *(ओठों पर उँगली रखकर)* धीरे बोलिए, धीरे। जहाँ हम जा रहे हैं, वहाँ चन्दा मामा ही भगवान् हैं। ये 'चमक्-फमक्' वहाँ नहीं चलेगा। समझे आप?

नारदजी : समझ गया भई, समझ गया। मगर...अब मेरा पिंड छोड़ो। मुझे मेरे नारायण कब से पुकार रहे हैं? मेरे बिना उनका बिलकुल मन नहीं लगता। मेरे पास परीलोक-फरीलोक जाने की बिलकुल फुरसत नहीं है। *(हाथ-घड़ी देखते हुए)* अरे रे! यह तो नारायण के सोने का मुहूर्त है। उन्हें मेरी वीणा की झनकार सुने बिना नींद ही नहीं आती।

(अचानक नेपथ्य में बिजली कड़कती है। आकाशवाणी सुनाई देती है।)

आकाशवाणी : तू कितना भुलक्कड़ है नारद? मैंने तुझे भेजा किसलिए था नीचे? अरे तुझे नींद की चिन्ता कब से सताने लगी। सुन, मैं यहाँ बड़े मज़े से सो रहा हूँ और देख रहा हूँ जिस काम के लिए तुझे भेजा था, वह तू बिलकुल नहीं कर रहा है। यह कोई पहली बार नहीं है। तू सदा ऐसी ही लापरवाही करता है। मैंने तुझसे बोला था ना, कि तू परियों के पास जाना और उन्हें मेरी तरफ़ से फटकार लगाना। कहना मैं उनसे बहुत नाराज़ हूँ। वे मेरे बच्चों का मन क्यों नहीं बहलातीं? जिस काम के लिए उन्हें बनाया था, वो क्यों नहीं करतीं?

(नारद जी फोन कान से हटाते हैं और निढ़ाल होकर

गिरने-गिरने को होते हैं। टिम्बकटू एक बाँह से उन्हें सँभालता हुआ दूसरे हाथ से उनका फोन छीन लेता है।)

टिम्बकटू : हलो, जहाँपनाह! मैं आपका टिम्बकटू। जी हाँ, परियों का चौकीदार। छोटा नारद। जी-जी,...आपको कितना याद रहता है? जी, बिलकुल वही।...सुनिए, इसमें बेचारी परियों का कोई कसूर नहीं।...हलो,...जी हाँ, मैं कह रहा था ये धरती के लोग ही शैतान हो गए हैं। बाँधकर रख दिया है बच्चों को। बेचारों को सपमे देखने की भी फुरसत नहीं। जी हाँ, इसमें परियाँ बेचारी क्या करेंगी? इन बटमारों ने उनके भी होश उड़ा दिए हैं।...जी? जी हाँ, मैं तो अपनी तरफ़ से पूरी कोशिश में लगा हूँ। रोज़ एक नए बालक को पकड़ता हूँ और उसके सपने में घुस जाता हूँ। जी? जी हाँ, मैंने ही तो कल चन्दा मामा को 'कॉन्टैक्ट' किया था। वे मान भी गए थे। बल्कि सर...वो तो अभी-अभी बच्चों को लादकर परीलोक के लिए रवाना भी हो चुके हैं। अब हम भी उधर ही जा रहे हैं। जी?...हलो,...जी क्या कहा आपने? नारदजी को न ले जाऊँ? बिलकुल बजा फरमाया आपने, सर। नारद बब्बा किसी काम के नहीं हैं।

(नारद गुस्से से बौखलाते हुए टिम्बकटू के हाथ से फोन छीनने की कोशिश करते हैं। एकाएक फिर से बिजली कौंधती है।)

आकाशवाणी : रहने दे नारद, रहने दे। तुझसे नहीं होगा। मैं तेरी पोल-पट्टी सब जानता हूँ। हद हो गई—तूने टिम्बकटू से यह कह दिया कि तुझे परीलोक का पता नहीं? जैसे तू तो कभी बच्चा रहा ही नहीं। सीधे बड़ा हो गया और मेरे सिर पर चढ़ गया। क्यों? लगता है, अब तुझे फिर से सबक़ सिखाना पड़ेगा।

नारद : *(गिड़गिड़ाते हुए, जोर से)* नहीं! नहीं! मुझे क्षमा करो नारायण। त्राहि माम्। त्राहि माम्। *(फिर से टिम्बकटू के हाथ से फोन छीनने की कोशिश में चारों खाने चित्त हो जाते हैं।)*

आकाशवाणी : उसे छोड़ और सीधे घर आ। लक्ष्मी कब से तेरे इन्तज़ार में खाना लिए बैठी है। किस क़दर बिगाड़ के रख दिया है तुझे उसने। कहीं तू मेरे घर का रास्ता तो नहीं भूल गया?

नारद : नारायण! नारायण! आप कैसी जली-कटी बातें कर रहे हैं? सुनिए, मुझे जाने दीजिए ना परीलोक। इनके साथ।

आकाशवाणी : नहीं नारद, अब नहीं। परीलोक के जीर्णोद्धार का काम अभी

तो शुरू भर होना है। वह टिम्बकटू तेरे बिना भी कर ही लेगा। तेरी उससे जान-पहचान हो गई—फिलहाल इतना ही काफ़ी है। पता है, मैंने उसे भी उसी मिट्टी से गढ़ा है, जिससे कभी तुझे गढ़ा था। तुझे बाद में—जब सब जम जाएगा, तब उद्‌घाटन करने भेज देंगे। जी भर के ध्रुपद-धमाल मचा लेना तू तब। ठीक है।

(दोनों बाँहें ऊपर उठाकर धन्यवाद की मुद्रा में चैन की साँस लेते हैं नारदजी; और बैकुंठ की ओर प्रस्थान कर देते हैं। टिम्बकटू दर्शकों के सामने आकर खड़ा हो जाता है और बाएँ-दाएँ हाथ हिलाता हुआ सबको मंच पर आने का इशारा करता है। एक-एक कर सारे पात्र नेपथ्य से निकल-निकलकर उसके आजू-बाजू क़तार में खड़े हो जाते हैं और टिम्बकटू चिल्लाता है :)

अगड़म-बगड़म बम्बे बौ
रुपए मिले थे पूरे सौ
ख़र्च हुए-बस, साठ हज़ार
बाकी कितने? दस गुणा चार
खेल खतम
पैसा हजम।
कोरस चालू
बम-बम-बम।

पात्रों का समूह-गान :

अबसे परियाँ ही पढ़ाएँगी
बच्चो, तुमको फोकट में।
जमुना जी में खिला तैरता
स्कूल खुलेगा फोकट में॥

फोकट के इस नाटक में
हर माल मिलेगा फोकट में॥
टिकट कटा लो जल्दी से
जंजाल मिटा लो फोकट में
तुम सबकी ख़ातिर हमने यह
जाल बिछाया फोकट में॥

घर से तुमको ले जाने को
जो भी गाड़ी आएगी।
पानी को छूते ही बढ़िया
नाव तुरत बन जाएगी॥

ऊपर जब भी बादल गरजें
तुम पुकारना—टिम्बकटू!
घुमा लाएगा आसमान में
तुम्हें तुम्हारा टिम्बकटू॥

गोलू, भोलू, रामू, दामू
जब तक यहाँ मिलेंगे
परियों का सपना बिन-देखे
घर से नहीं हिलेंगे॥

दुनिया भर के बागीचों में
बनकर फूल खिलेंगे
बस, तो अब हम विदा ले रहे
कल फिर यहीं मिलेंगे॥

●●●

मोहन का दुख

गिरिराज किशोर

पात्र

मोहन	एक लड़का
बा	उसकी माँ
रलियत	मोहन की छोटी बहन
तुलसी	मोहन का छोटा भाई
उका	मोहन का दोस्त, नीची जाति का लड़का

दृश्य एक

(पोरबन्दर के दीवान साहब का घर। चौमासा। आसमान में बादल छाए हैं। सूरज दो दिन से नहीं निकला। मोहन और घर के बच्चे टकटकी लगाए आसमान की तरफ़ देख रहे हैं। एकाएक सूरज चमकता है। बच्चे चिल्लाते हुए दौड़ते हैं)

बच्चे : *(एक साथ)* बा, सूरज नारायण निकल आए...सूरज नारायण निकल आए। जल्दी से दर्शन करिए, व्रत खोलिए।

मोहन : जल्दी करो बा। बादल घने हैं। कहीं सूरज फिर से न छिप जाए। कल से एक घूँट पानी मुँह में नहीं गया।
(अन्दर से आवाज़ आती है।)

बा की आवाज़ : आई बच्चो आई, हाथ का काम तो निबटा लूँ
(चिन्तित बच्चे एक-दूसरे की तरफ देखते हैं।)

मोहन : सूरज छिप गया तो...

बा की आवाज़ : तो क्या हुआ। कभी तो निकलेगा या अपनी माँ की गोद में बैठा रहेगा। *(बा हँसती हुई, हाथ पोंछती हुई रसोई घर से बाहर आती नज़र आती हैं। बच्चे चिल्लाते हैं बा आ गई, बा आ...मोहन जो सूरज पर नज़र गड़ाए है एकाएक बैठ जाता है। सबकी आवाज़ मुँह में रह गई।)*

मोहन : बा...*(वह कुछ कह नहीं पाता। माथा पकड़ता है)*

बा : अरे मोहना क्या हुआ, ऐसे क्यों बैठा है...।
(मोहन ने ऊपर देखा। आसमान में घटाटोप था।)

मोहन : सूरज नारायण फिर छिप गए...अब क्या होगा।
(बच्चों के चेहरे उतर गए। वे एक-दूसरे की ओर निराशा के साथ देखने लगे। बा हँस दीं।)

बा : तुम सबको क्या हो गया। मोहना तो पगला है। अरे छिप गया तो कौन पहाड़ टूट पड़ा। कल सही। तुम सब चलकर खाना खाओ।

बच्ची : सूरज नारायण से कुट्टी। एक मिनट और न छिपते तो क्य बिगड़ जाता।
(बा बेटी को अंक में ले लेती हैं।)

बा : ऐसे नहीं कहते बेटी। सूरज भगवान नाराज़ हो जाएँगे।

रलियत : कुट्टी...कुट्टी...हमारी बा को भुखा रहे हैं।
(बा आँखों से उसे बरजती है।)

तुलसी : सूरज भगवान नाराज होकर तुझे जला देंगे।

बेटी : मुझे क्यों जला देंगे। मैं लोटा भरकर उन पर पानी डाल दूँगी।
(बा हँसती हैं)

बा : मेरी पगली बेटी। सूरज भगवान समुद्र का पानी सोख लेते हैं। तेरे लोटा भर पानी का क्या होगा।

तुलसी : सूरज भगवान में बहुत आग है। उन्होंने गरुड़ के भाई सम्पाति के पंख नहीं जला डाले थे। चले थे सूरज भगवान का ताप नापने। तू लोटा पानी डालेगी। *(सब हँसते हैं)*

मोहन : अरे, सम्पाति तो खोजी थे। खोजी खोज लेता तो वैज्ञानिक हो जाता है। नहीं तो सम्पाति की तरह पंख खो देता है। सूरज निकले हम उन्हें थाम नहीं पाए, हम भी सम्पाति हो गए। जब तक सूरज पकड़ में नहीं आएँगे और बा का व्रत

नहीं खुलेगा हम पीछा नहीं छोड़ेंगे।

रलियत : दादा, माँ खाना नहीं खाएँगी तो हम भी नहीं खाएँगे।
(सब चिल्लाते हैं—हाँ कोई खाना नहीं खाएगा। तुलसी चुप रहता है।)

बा : चलो खाओ खाना, मैं क्या मूर्ख हूँ सवेरे से रसोई में लगी हूँ। देख तुलसी को कितनी भूख लगी है।

मोहन : मैं देखता हूँ आज सूरज भगवान जीतते हैं या हम...।

बा : *(नाराज़ होते हुए)* मैं भी देखती हूँ कैसे नहीं खाता। तेरा बड़ा भाई और बापू तो खा के चले गए, तू सबका बड़ा हो गया। मेरी और सूरज भगवान की पूरे चौमासे लाग-डाट चलती है। तुम बच्चों को बीच में पड़ने की क्या ज़रूरत? चलो खाना खाओ।
(बा की नाराज़गी देखकर सब बच्चे एक-एक करके रसोई की तरफ़ चल देते हैं। मोहन टस से मस नहीं होता।)

मोहन : बा तुम हम सबकी रात-दिन सेवा करती हो। हम इतना भी नहीं कर सकते कि सूरज भगवान से कहें अगर तुम हमारी बा को भूखा रखने के लिए बादलों में छिपे रह सकते हो तो क्या हम तुम्हें बुलाने के लिए धरना भी नहीं दे सकते। तुम अपनी मर्ज़ी से छिपे हो हम अपनी मर्ज़ी से बैठे हैं।
(बा हाथ पकड़कर उठाने की कोशिश करती है। वह और पसर जाता है। बा झूठमूठ का गुस्सा दिखाने को हाथ उठाती है। तभी मंच पर हल्का प्रकाश होता है। माँ मोहन का हाथ छोड़कर पूर्व दिशा में हाथ जोड़ती है। बच्चे तालियाँ बजाकर प्रसन्न होते हैं।)

(पर्दा गिरता है)

दृश्य दो

(बा के हाथ में पूजा की थाली है। सड़क से पूजा के लिए जानेवाली स्त्रियों के मंगल गान की ध्वनियाँ आ रही हैं। बा के चेहरे पर बेचैनी है। वे टहलती हुई पुकारती हैं।)

बा : चल रे मोहनिया, कब से तेरे इन्तज़ार में खड़ी हूँ। सब

मन्दिर जाकर लौट रहे हैं। मैं तेरे मारे यहाँ अटकी खड़ी हूँ। मन्दिर चलने में मुसीबत आती है!

(मोहन बेमन उतरकर आता है।)

बा : मन्दिर क्या तुझे काटता है। मन्दिर जाएगा तो भगवान का नाम ही कान में पड़ेगा। अजामिल जैसा पापी भी अन्तिम समय में उसका नाम लेने से तर गया था।

मोहन : मैं न अजामिल हूँ न कोई और। झूठमूठ नाम लेकर कोई तरता है...।

बा : जो मुँह में आता है बोलता रहता है। कलजुग में नाम लेने से ही मुक्ति हो जाती है। जब छोटा था सीढ़ियों पर चढ़ते हुए अँधेरे में डर लगता था तो राम-राम रटता हुआ आता था। अब तू भगवान के इतना खिलाफ़ हो गया, बा के कहने पर भी मन्दिर नहीं चलता।

(बा मोहन को चलते-चलते भी मन्दिर का महत्त्व बताने की कोशिश कर रही थी। मोहन ने बा के हाथ की थाली स्वयं ले ली थी। बा बीच-बीच में मन्त्र बुदबुदाने लगती थी।)

मोहन : बा...एक बात पूछूँ। *(झिझकते हुए कहा)*

बा : पूछ...

मोहन : तुम्हें मन्दिर जाकर क्या मिलता है।

बा : मिलता क्या...भगवान के दर्शन। मन पवित्र होता है। तू अन्दर चलकर तो देख कितनी शान्ति मिलती है।
(मोहन को ठोकर लगी। लेकिन वह सँभल गया।)

बा : देख के चल बेटा। अभी पूजा की थाली गिर जाती तो मैं पूजा कैसे करती?

मोहन : मैं गिर भी जाता तो भी पूजा की थाली गिरने नहीं देता। *(रुककर)* माँ क्या पूजा बिना थाली के नहीं हो सकती?

बा : *(चिढ़कर)* फिर वही पागलपन वाली बात। पूजा की थाली नहीं होगी तो पूजा काहे से होगी।

मोहन : *(तपाक से बोला)* मन से बा। मैं भी राम-राम मन से ही लेता था और अँधेरे में ऊपर पहुँच जाता था। मेरे पास थाली थोड़े ही होती थी।
बिना मन लगाए पढ़ाई नहीं होती तो पूजा-पाठ कैसे हो सकती है। मास्टर जी देखते हैं मन लगाकर काम किया या नहीं, तो भगवान जी नहीं देखते होंगे!
(बा मन्त्र ज़ोर-ज़ोर से पढ़ने लगी। मन्दिर दिखाई पड़ने लगा था। मोहन ठिठक गया।)

बा : रुक क्यों गया रे। चल अन्दर, दर्शन कर ले।

मोहन : तुम हो आओ। मैं यहीं खड़ा हूँ।

बा : *(रुआँसी आवाज़ में)* तूने बा की बात मानना छोड़ दिया।

मोहन : ऐसा न कहो बा। तुम कहोगी तो मैं चला चलूँगा। पर मेरा मन नहीं करता। बदबू आती है। जगह-जगह गन्दगी, झूठी पत्तलें, भिखारियों की भीड़, सड़े फूल...जूते उठानेवाले। बा, तुम सच बताओ हम ऐसे घर में रह सकते हैं। इस गन्दगी में भगवान कैसे रहते होंगे। नहीं बा, भगवान वहाँ रह ही नहीं सकते।

बा : रोज़ तू यही सब बेसिर-पैर की बातें सोच-सोचकर लाता है। तेरे से कौन झक मारे।
(वे बुदबुदाती हुई चली गईं। मोहन ने वहीं एक चबूतरे पर बैठकर आँखें बन्द कर लीं।)

(पर्दा गिर गया।)

दृश्य तीन

(उका और मोहन बाहर एक चबूतरे पर बैठे हैं, उका के पास झाड़ू और पंजा रखे हैं। मोहन उका पहले चुप रहते हैं।)

उका : मोहन बाबू, बा बहुत अच्छी हैं। वे तुम्हें इतना प्यार करती हैं। तुम उनकी बात क्यों नहीं मानते?

मोहन : पहले तो तुम यह बताओ, तुम मुझे मोहन बाबू क्यों कहते हो? मैं तुम्हें उका कहता हूँ तुम मुझे मोहन कहो। अब बताओ, मैंने बा की कौन-सी बात नहीं मानी।

उका : बा जिस काम को मना करती हैं तुम उसे क्यों करते हो?

मोहन : उका, बा मेरी माँ हैं। मैं उनके बिना रह नहीं सकता। फिर उनकी बात मैं कैसे टाल सकता हूँ!

उका : नहीं, भैया, तुम टालते हो। दीवान साहब को पता चलेगा तो वे कितना नाराज़ होंगे। तुम मुझसे कहते मैं तुम्हारा नाम लेकर पुकारूँ। तुम्हारे साथ खेलूँ। तुम्हारे साथ खाऊँ। यह कैसे हो सकता है? तुम मुझे छूते हो।

मोहन : तो?

उका : हम तुम्हारी परजा हैं। हमें छूना पाप है। कई बार बा तुम्हें बरजती हैं। दुखी होती हैं। बा का दुखी होना अच्छा नहीं लगता।

मोहन : *(दुखी होकर)* उका तुम मेरे दोस्त हो, साथी हो। हम साथ-साथ खेले, बड़े हुए। जैसे मैं बा को नहीं छोड़ सकता ऐसे तुम्हें नहीं छोड़ सकता। तुम्हारी माँ मेरी माँ नहीं है?

उका : मोहन भैया, यह तुम्हारे लिए ही पाप नहीं हमारे लिए भी है। हमें भी तुम्हें अपने धरम-करम से हटाने का पाप लगेगा। मेरी बा कहती है हमारी परछाईं से तुम लोगों का धरम बिगड़ जाता है। मेरी बा को दिवननी बा कह चुकी हैं कि उका बहुत अच्छा है पर उसे देखकर मेरा मोनिया पगला जाता है। माँ कह रही थी तू मत वहाँ कमाने जाया कर। *(मोहन चुप रहता है, एक बार उका की तरफ़ देखता है। फिर उसका हाथ पकड़ लेता है। वह छुड़ाता है।)*

मोहन : उका मैं नहीं जानता मेरी बा ने तेरी बा से क्या कहा, तू मेरा दोस्त है। बड़े भैया के दोस्त मुसलमान हैं, घर में आते हैं। सब कुछ छूते हैं। बा कुछ नहीं कहतीं। मेरे दोस्त तुम हो, तुम मेरे साथ आओगे।

उका : तुम क्यों नहीं समझते हम नीच हैं।

मोहन : यह तुमसे किसने कहा? वे नीच हैं जो प्यार को नहीं समझते। मैं बा से कह चुका हूँ। उका को छूने, उसके साथ खेलने में मैं पाप नहीं मानता। बा, आदमी-आदमी को छूने में कैसा पाप? राम को शबरी छूने में, बानर सेना के साथ भोजन करने में पाप नहीं लगा तो उका को छूने में मुझे कैसे पाप लग जाएगा? मैं भी मोहन हूँ। *(हँसता है)*

उका : मोहन बाबू...

मोहन : फिर मोहन बाबू...

उका : अच्छा, मोहन भैया...तुम बा का दिल मत दुखाया करो। वे हमें बहुत प्यार करती हैं।

मोहन : *(गला भर आता है)* नहीं भैया, मैं न माँ का दिल दुखाना चाहता हूँ न तुम्हारा। पर मैं कितना अभागा हूँ कि मैं सबको दुख देने के अलावा कुछ नहीं कर पाता। बा मन्दिर चलने को कहती हैं तो मुझे लगता है मन्दिर से अधिक बा और तुम में राम है। वहाँ की गन्दगी में पाँव पड़ जाता है तो माँ नहाने को नहीं कहती हैं। तुम्हें छू देता हूँ, बाल्टी भरकर पानी डाले बिना घर में नहीं घुसने देती। फिर दुखी होती हैं। उन्हें यह भी गलत लगता है। मुझे सब कुछ गलत लगता है। *(रुककर)* तुम भी मुझे गलत समझते हो। *(उका मोहन को सांत्वना देने के लिए उसकी तरफ़ बढ़ता*

है। लेकिन ठिठक जाता है। मोहन आगे बढ़कर गले लगाने की कोशिश करता है। उका बचने के लिए पीछे हटता है। मोहन पीछे दौड़ता है और गले लगा लेता है।)

(पर्दा गिर जाता है)

●●●

ब्रह्मराक्षस का नाई

राजेश जोशी

पात्र

नाई

बूढ़ी

राक्षस

दूसरा राक्षस

गायक दल

एक आलसी व्यक्ति

माँ

(एक सोलह-सत्रह साल का लड़का एक पुराने से आईने के सामने खड़े होकर लगातार एक टूटे से कंघे से अपने बाल सँवार रहा है। अलग-अलग एंगल से अपने को निहार रहा है। आईने के सामने तरह-तरह के मुँह बना रहा है। तभी एक मुख्य गायक और बच्चों की एक टोली का प्रवेश।)

मुख्य गायक : हज्जाम एक था कभी अपने गाम में
लगता नहीं था मन जिसका किसी भी काम में।
मन लगता नहीं था जिसका किसी भी काम में

गिनती करेगा कोई क्या उसकी कौड़ी छदाम में।
हज्जाम एक था कभी अपने गाम में।

बच्चों की टोली : काम का न काज का
दुश्मन अनाज का
उस पर उधार था
पैसा बजाज का

हजामत का हुनर न
न हुनर मसाज का
काम का न काज का
दुश्मन अनाज का।

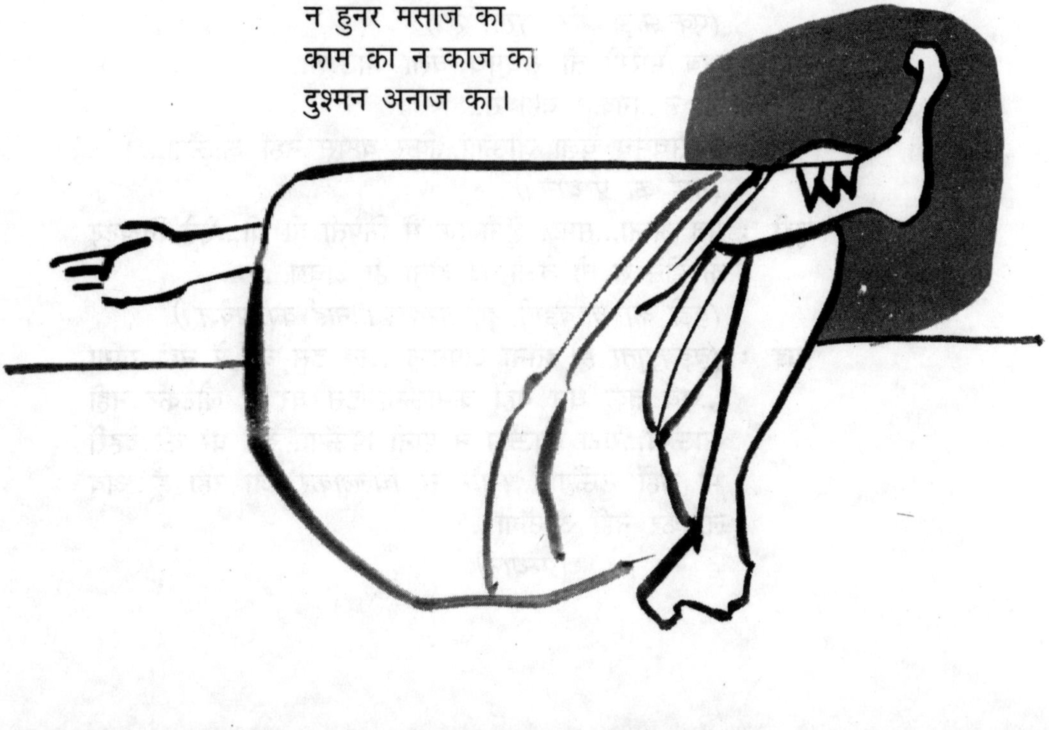

मुख्य गायक : बूढ़ी माँ थी एक जो दिन रात कलपती रहती थी
डाँटती फटकारती फिर भी इस निकम्मे के वास्ते
दिन भर खटती रहती थी।

जूँ तक न रेंगती थी कभी उसके कान पे
आफत न आने देता था कभी अपनी जान पे
हज्जाम ऐसा एक था कभी अपने गाम में
लगता नहीं था मन जिसका किसी भी काम में

(बच्चे इस गाने के बीच नाई के पास जा-जाकर गाते हैं।)
(नाई अपना आईना और कंघा लेकर जगह बदलता रहता है। और उपेक्षा से उन लोगों के गाने को अनसुना करने का स्वाँग करता है।)
(मुख्य गायक और बच्चों की टोली का प्रस्थान। एक बूढ़ी का हाथ में झाड़ू लेकर प्रवेश।)

बूढ़ी : निकम्मे, निखट्टू निकल यहाँ से...आज से तुझे न रोटी मिलेगी न पानी। निकल घर से। काम करता है न काज...चार धेले का सहारा नहीं...मैं कब तक खट-खटकर तुझे रोटी खिलाती रहूँगी? जा और बाहर जाकर काम कर...*(झाड़ू से मारती है)* आज के बाद जब तक काम न करे मुँह मत दिखाना...।
(झाड़ू से मारती है।)

नाई : देख...बहुत हो गया...अब रुक जा वरना...।

बूढ़ी : वरना, वरना क्या करेगा?
(एक झाड़ू और मारती है।)

नाई : अब मारेगी तो सचमुच चला जाऊँगा...।

बूढ़ी : जा न...निकल यहाँ से...।

नाई : मैं सचमुच चला जाऊँगा...फिर वापस नहीं आऊँगा...।
(नाई का प्रस्थान।)

बूढ़ी : मत आना...समझ लूँगी कि मैं निपूती ही थी...ऐसे निखट्टू के होने से तो बेऔलाद होना ही अच्छा...।
(बूढ़ी का बड़बड़ाते हुए प्रस्थान। नाई का प्रवेश।)

नाई : *(बड़बड़ाता है)* इतना अपमान...अब इस घर में नहीं रहूँगा ...जब तक धन नहीं कमाऊँगा इस घर में लौटकर नहीं आऊँगा...रोटी खाऊँगा न पानी पिऊँगा...इस घर की देहरी भी नहीं छुऊँगा। *(जोर से चिल्लाकर)* जा रहा हूँ...अब लौटकर नहीं आऊँगा...।

(प्रस्थान)

दृश्य दो

(जंगल का दृश्य। चाँदनी रात का समय। रंग-बिरंगे वृक्षों के कटआउट लेकर बच्चे आते हैं। कुछ बच्चे हिरनों के मुखौटे लगाए जंगल के बीच कुलाँचे भरते हैं। कुछ पक्षियों के मुखौटे लगाए उड़ने का अभिनय करते हैं। नाई इस दृश्य को थोड़ा घबराकर और बीच-बीच में मुग्ध भाव से देखता है। तभी एक ब्रह्मराक्षस का प्रवेश। नाई डरता है। पर डर को छिपाने की कोशिश करता है। ब्रह्मराक्षस नाई को देखकर खुश होता है और जोर-जोर से नाचने लगता है। नाई अपने डर को छिपाने के लिए राक्षस की ही तरह खुद भी नाचता है। दोनों एक दूसरे को आश्चर्य से देखते हैं।)

नाई : तुम कौन हो?

राक्षस : मैं ब्रह्मराक्षस हूँ...ब्रह्मराक्षस।

नाई : *(डरता है, पर डर को छिपाकर।)*
ब्रह्मराक्षस! कमाल है! तो ब्रह्मराक्षस ऐसे होते हैं?

राक्षस : ऐसे होते हैं से क्या मतलब है तुम्हारा?

नाई : मतलब ऐसे, जैसे तुम हो।

राक्षस : *(डाँटकर)* मैं कैसा हूँ?

नाई : ठीक हो...पर तुम पूरे कपड़े क्यों नहीं पहनते? तुम्हारे पास हैं नहीं या तुम ऐसे ही रहते हो?

राक्षस : *(गुस्से में)* मैं ऐसे ही रहता हूँ।

नाई : ओह तो तुम्हारे यहाँ यही फैशन है...चलो छोड़ो...तुम तो यह बताओ कि तुम ब्रह्मराक्षस कैसे बन गए?

राक्षस : वो हुआ यूँ कि पहले मैं एक ब्राह्मण था...। बहुत ज्ञानी था। मेरे पिता ने मुझे दूर-दूर तक अध्ययन करने भेजा। मैंने हर केन्द्र में जाकर मन लगाकर अध्ययन किया। और ज्ञानी हो गया। लेकिन लोग कहते हैं मैंने विद्या का असली मर्म नहीं सीखा।
(नाई बीच-बीच में 'अच्छा' कहकर हुँकारा भरता है।)

नाई : असली मर्म! वह क्या होता है?

राक्षस : विद्या का असली मर्म है विनय...वह मैंने नहीं सीखा।

नाई : हूँ, वह तो तुममें अभी भी नहीं है...।

राक्षस : *(गुस्से में)* चुप रहो, तुम बहुत बीच-बीच में बोलते हो। अब बोलोगे तो मैं कुछ नहीं बताऊँगा...समझे...।

नाई : ठीक है...ठीक है...बोलो...तुम बहुत जल्दी भड़क जाते हो।

राक्षस : तो ज्ञान का दम्भ मुझमें आ गया और मैं बाकी सबको मूर्ख समझने लगा। किसी को भी ज्ञान का पात्र नहीं मानता था।

मैं एक योग्य शिष्य ढूँढ़ता रहा। पर मेरी अक्ल पर तो दम्भ का पर्दा पड़ा था, मुझे भला योग्य शिष्य कैसे मिलता...? मैंने अपना ज्ञान किसी को नहीं दिया और एक दिन मैं वैसे ही मर गया...इसलिए मैं पिशाच बना...*(हँसता है)* पर अब मैं एक राक्षस हूँ...ब्रह्मराक्षस।

नाई : पर तुम इतने खुश क्यों हो रहे हो और नाच क्यों रहे हो?

राक्षस : तुम तो लगता है निरे काठ के उल्लू हो...तुम इतना भी नहीं समझ सकते...एक राक्षस के लिए इस चाँदनी रात में इससे ज्यादा खुशी की बात क्या हो सकती है कि उसे नरम-नरम मांस खाने को मिले...अब मैं तुम्हारा मांस खाऊँगा...मैं सोच भी नहीं सकता था कि इस जंगल में...इतनी रात गए किसी मनुष्य का मांस खाने को मिलेगा, मैंने कई दिन से किसी मनुष्य का मांस नहीं खाया...*(हँसता है और फिर झूमकर नाचता है।)*

नाई : *(हँसी उड़ाते हुए)* तुम सचमुच बुद्धू हो...तुम्हारा ज्ञान न पिछले जन्म में तुम्हारे काम आया और न इस जन्म में... तुममें तो रत्ती भर भी कॉमनसेन्स नहीं है...।

राक्षस : यह कॉमनसेन्स क्या होता है?

नाई : *(स्वगत)* अब इसे छकाना चाहिए। *(प्रकट)* कामनसेन्स! अरे कॉमनसेन्स कॉमनसेन्स होता है।

राक्षस : लेकिन होता क्या है?

नाई : *(मुस्कुराता है)* ओह! तुम्हें ज्ञान के इस सबसे सुन्दर फल के

बारे में ही नहीं पता है तो तुम्हें फिर पता क्या है!...यह ज्ञान का सबसे खास फल है। तुम्हारे गुरुओं ने तुम्हें इस फल के बारे में ही नहीं बताया...कमाल है! लगता है तुम किसी के प्यारे शिष्य नहीं रहे। वरना ऐसा कैसे हो सकता है कि ज्ञान के इस फल के बारे में तुम्हें मालूम तक न होता। होता है, ऐसा भी होता है, हर गुरु एक न एक गुर अपने चेले से जरूर छिपा लेता है। बिल्ली ने जैसे शेर को पेड़ पर चढ़ना नहीं सिखाया...तुम्हारे गुरु ने तुमसे इस मुख्य ज्ञान को छिपा लिया। खैर...अब क्या हो सकता है...!

राक्षस : लेकिन तुम इतने खुश क्यों हो रहे हो?

नाई : अब यही तो बात है, तुममें कॉमनसेन्स होता तो तुम जान लेते।

राक्षस : फिर कॉमनसेन्स!

नाई : मेरा मतलब है तुम्हें खुश होने से पहले सोचना चाहिए था कि एक मनुष्य इतनी रात गए इस घने जंगल में....अकेला और निहत्था क्यों घूम रहा है...इसके बाद तुम्हें यह सोचना चाहिए था कि एक मनुष्य राक्षस को सामने देखकर भी डर क्यों नहीं रहा है? पर तुम सचमुच अकल से पैदल हो। तुमने एक मनुष्य देखा और सोच लिया कि तुम्हारे खाने का इन्तजाम हो गया। ब्राह्मण हो न इसलिए खाने के अलावा कुछ सोच भी नहीं सकते। पेटू आदमी ज्ञानी हो या ज्ञानी आदमी पेटू दोनों ही बेकार...।

(बीच-बीच में राक्षस हुँकारा भरता है और मुंडी हिलाता है।)

राक्षस : पहेलियाँ मत बुझाओ...देखो अब मुझे गुस्सा आ रहा है। सीधे-सीधे बताओ वरना...।

नाई : वरना क्या? वरना तुम मुझे खा जाओगे...?

राक्षस : हाँ...।

नाई : चलो बता ही देता हूँ तुम भी क्या याद रखोगे कि एक मनुष्य से पाला पड़ा था, तो तुम यह जानना चाहते हो कि मैं क्यों खुश हो रहा था?

राक्षस : *(गुस्से में चीखकर)* हाँ मैं जानना चाहता हूँ।

नाई : तो सुनो मैं भी नहीं चाहता कि आगे भी तुम प्रेतयोनी में ही भटकते रहो। सच बात यह है कि हमारे देश का राजकुमार सख़्त बीमार है। तरह-तरह के इलाज किए पर कोई फायदा नहीं। दूर-दूर से हकीम आए, वैद्य आए। लेकिन महीनों गुजर गए, रोग किसी की पकड़ में ही नहीं आता था...।

राक्षस : *(गुस्से में)* ओह! बकवास बन्द करो, इसमें और तुम्हारे नाचने में क्या सम्बन्ध है?

नाई : तुम भी यार कितने बेसब्र किस्म के राक्षस हो, पूरी बात सुनते नहीं और चीखने लगते हो। दूर-दूर से आए चिकित्सकों ने राजकुमार को देखा और एक ही नतीजे पर पहुँचे...।

राक्षस : किस नतीजे पर?

नाई : इस नतीजे पर कि अगर राजकुमार को एक सौ एक ब्रह्मराक्षसों के हृदय का रक्त पिलाया जाए तो वह ठीक हो सकता है...।

(नाई किस्से सुना रहा है। राक्षस सुन रहा है और सोच भी रहा है। तभी मुख्य गायक और बच्चों की टोली का प्रवेश होता है।)

मुख्य गायक और टोली : किस्से गढ़ने में हज्जाम बहुत उस्ताद था
बचपन में सुना हर किस्सा उसे जबानी याद था
अक़्ल घूमती थी उसकी फिरकनी की तरह
और जबान चलती थी कतरनी की तरह
और राक्षस उसकी बातों में कैद हुआ जाता था
मन-ही-मन मगर उसको गुस्सा भी बहुत आता था।

रात तारों के बिछौने पे अभी सोती थी
बात हज्जाम की मगर खत्म नहीं होती थी।

टोली : फिर...फिर क्या हुआ?

राक्षस : *(गुस्से में)* तो?

नाई : राजा ने सारे राज्य में मुनादी पिटवाई है कि...।

मुख्य गायक : हर खासो आम को। सुबह को और शाम को। यह इत्तिला दी जाती है कि जो भी शख़्स एक सौ एक ब्रह्मराक्षसों के हृदय का रक्त लाकर राजकुमार की दवा के लिए देगा उसे राजा आधा राज्य दे देगा और अपनी सुन्दर राजकुमारी से उसका विवाह कर देगा...।

नाई : *(राक्षस से)* यकीन करो मैंने सौ ब्रह्मराक्षसों को पकड़ लिया है बस एक की कमी है...तुम्हें मिलाकर एक सौ एक की गिनती पूरी हो जाएगी...।

राक्षस : *(जोर-जोर से हँसता है)* तुम्हें क्या लगता है कि तुम मुझे पकड़ लोगे?

नाई : *(स्वगत)* अरे मेरा वह छोटा-सा आईना कहाँ है?

(बार-बार अपनी अलग-अलग जेबों में हाथ डालकर तलाश करता है। फिर एक जेब से एक छोटा-सा आईना निकालकर उसे अपनी मुट्ठी में ले लेता है।)

(प्रकट) हाँ...पकड़ लूँगा नहीं, मैंने तो तुम्हें पहले ही पकड़ लिया है। तुम्हारी आत्मा को मैंने कैद कर लिया है। अब तुम्हारी आत्मा मेरी मुट्ठी में है। विश्वास नहीं हो रहा है तो बताऊँ...?

राक्षस : *(डरकर)* बताओ?

(नाई मुट्ठी में बन्द आईने में राक्षस को दिखाता है। राक्षस

उसमें अपना प्रतिबिम्ब देखकर घबरा जाता है।)

राक्षस : *(घबराकर)* यह तो मैं हूँ। यह तुमने कैसे किया? तुम बहुत धूर्त हो...मुझे बातों में लगाकर तुमने मेरी आत्मा को चुरा लिया है। यह गलत बात है, मेरी आत्मा मुझे वापस करो।

नाई : अच्छा! जिससे तुम मुझे खा जाओ। अब तुम कुछ नहीं कर सकते। अब मैं तुम्हें ले जाकर राजा को सौंप दूँगा और ईनाम पाऊँगा।

राक्षस : *(डरता है। गिड़गिड़ाता है।)* देखो मुझे माफ कर दो। मैं कसम खाता हूँ मैं तुम्हें कोई नुकसान नहीं पहुँचाऊँगा...मैं तो यूँ ही तुम्हें डरा रहा था...मेरा तो पेट पहले से ही भरा हुआ है। मैं तो पहले ही तय कर चुका हूँ कि मैं कभी मनुष्य का मांस नहीं खाऊँगा...

नाई : यह नहीं हो सकता...तुम्हें छोड़ दूँगा तो मेरा तो बहुत नुकसान हो जाएगा। मैं एक गरीब आदमी हूँ...इतना अच्छा मौका, भला मैं कैसे छोड़ दूँ, तुम्हीं सोचो?

राक्षस : तुम्हारा कोई नुकसान नहीं होगा। राजा तुम्हें क्या देगा, सिर्फ आधा राज्य न?...मैं तुम्हें सात रियासतों के बराबर धन दे सकता हूँ। मुझे छोड़ दो...मैं वादा करता हूँ कि मैं इस जंगल को छोड़कर चला जाऊँगा।

नाई : तुम क्या मुझे बुद्धू समझते हो? इस जंगल में धन कहाँ से आएगा और आ भी गया तो इतने सारे धन को मैं अपने घर तक ले कैसे जाऊँगा?

राक्षस : इसकी फिक्र मत करो। खजाना तो यहीं तुम्हारे पीछे जो पेड़ है उसी के नीचे दबा हुआ है। आओ मैं तुम्हें दिखाता हूँ...।

(पीछे खड़े पेड़ को धक्का देकर हटाता है। उसके नीचे से धन से भरा कलश निकलता है। नाई धन देखकर खुश होता है।)

नाई : इसे मेरे घर कैसे पहुँचाओगे?

राक्षस : मेरी शक्ति में विश्वास करो, मैं पलक झपकते ही इसे तुम्हारे घर पहुँचा दूँगा...।

(बच्चों की टोली का प्रवेश। राक्षस धन का घड़ा उठाता है और बच्चों की टोली उड़नेवाले विमान की आकृति बनाती है। राक्षस और नाई उसमें सवार होते हैं। उड़ने का अभिनय करते हुए मंच पर एक-दो चक्कर लगाकर सबका प्रस्थान।)

दृश्य तीन

(मुख्य गायक और टोली का प्रवेश।)

मुख्य गायक : धन सारा राक्षस ने उसके घर पहुँचाया
हज्जाम ने उससे एक नया घर बनवाया
फिर एक दिन उसने ब्याह रचाया
सुन्दर सी एक बहू वह घर में लाया।
सुविधा का हर सामान जुटाया
राक्षस था लेकिन अब भी घबराया
बोला मुझको अब मुक्ति दे दो
अब नहीं कोई भी कर्ज़ बकाया

टोली : नाई ने सोचा लेकिन इतनी
जल्दी इसको मुक्ति देना ठीक नहीं है
और बकाया कामों को भी निपटा लेना अच्छा होगा
इतनी जल्दी मुक्ति देना ठीक नहीं है।
(राक्षस नाई के आगे हाथ जोड़कर मुक्ति के लिए विनती करता है।)

नाई : देखो मेरे खेतों में फसल तैयार खड़ी है और मुझे अभी कई काम हैं। तुम उस फसल को काटकर खलिहान में रख दो इसके बाद ही मैं तुम्हें मुक्त करूँगा...।

राक्षस : लेकिन...?

नाई : लेकिन, वेकिन कुछ नहीं...शुक्र मनाओ कि मैं तुम्हें राजा के हवाले नहीं कर रहा हूँ।
(राक्षस सिर झुकाए जाता है। नाई मुस्कुराता है।)

मुख्य गायक : मरता क्या न करता राक्षस ने सिर झुकाया और खेत पर काम करने चल दिया। इसी बीच एक दिन क्या हुआ...?

टोली : क्या हुआ भाई क्या हुआ?
कैसी थी चौपड़ और कौन-सा जुआ
क्या हुआ भाई क्या हुआ?
क्या बिल्ली को ले गया सुआ
क्या हुआ भाई क्या हुआ?
आगे की कहानी में क्या हुआ
नानी बताए न बताए बुआ?

चूल्हे में आगी न आग में धुआँ
क्या हुआ भाई क्या हुआ?

दृश्य चार

(नाई का घर। अचानक घर के अन्दर से बरतन गिरने और एक औरत के चिल्लाने की आवाज़ें आती हैं।)

नाई : अरे क्या हुआ? इतना शोर क्यों मचा रखा है?
(नाई की पत्नी चिल्लाती हुई और हाथ में एक बड़ी-सी कटार लिए आती है।)

नाई : अरी भागवान, यह तुम किस दुश्मन का सिर काटने जा रही हो?

नाई की पत्नी : तुम जो मछली लाए थे बिल्ली उसका सिर लेकर भाग गई। मैं इस बिल्ली को नहीं छोड़ूँगी...तंग कर डाला इस काली बिल्ली ने...आज मैं उसे जरूर मजा चखाऊँगी...आज उसकी गरदन नहीं बचेगी...।

मुख्य गायक : तो नाई की बीवी कटार लेकर बिल्ली की गरदन नापने के लिए अपने घर की खिड़की पर घात लगाए खड़ी हो गई...।

टोली : फिर...?

दृश्य पाँच

(खेत का दृश्य। ब्रह्मराक्षस काम करने के लिए हँसिया हाथ में लेकर आगे बढ़ता है।)

ब्रह्मराक्षस : *(स्वगत)* यह मालिक तो साला बहुत लालची है। इतना सारा धन दे दिया तब भी तंग कर रहा है। जी में तो आता है इसका सिर चबा जाऊँ पर पता नहीं कैसे साले ने मेरी आत्मा को अपनी मुट्ठी में बन्द कर लिया...किसी तरह इससे मुक्ति पाऊँ तो फिर इस जंगल में कभी नहीं आऊँगा...। अब इतना बड़ा खेत काटना...उफ मेरे बाप-दादों ने भी कभी खेती का काम नहीं किया...लेकिन इसे तो निपटाना ही पड़ेगा...।

(सामने से एक दूसरा ब्रह्मराक्षस आता है।)

दूसरा राक्षस : *(पहले राक्षस से)* यह तुम क्या कर रहे हो? राक्षसों ने यह खेती-बाड़ी करना कबसे शुरू कर दिया?

पहला राक्षस : क्या बताऊँ यार...मैं एक बहुत लालची और शातिर मनुष्य के चक्कर में फँस गया हूँ। उसने पता नहीं कैसे मेरी आत्मा को बन्दी बना लिया और अब मुझे उससे मुक्ति पाने के लिए यह सब करना पड़ रहा है...।

दूसरा राक्षस : *(हँसता है)* तुम कैसे ब्रह्मराक्षस हो! उस मनुष्य ने तुम्हें ज रूर बुद्धू बना दिया है। अरे मनुष्य भी कहीं राक्षस से ज्यादा शक्तिशाली हो सकता है। आदमी की औकात ही क्या है जो हमें पराजित कर सके...मुझे जरा उस आदमी का घर

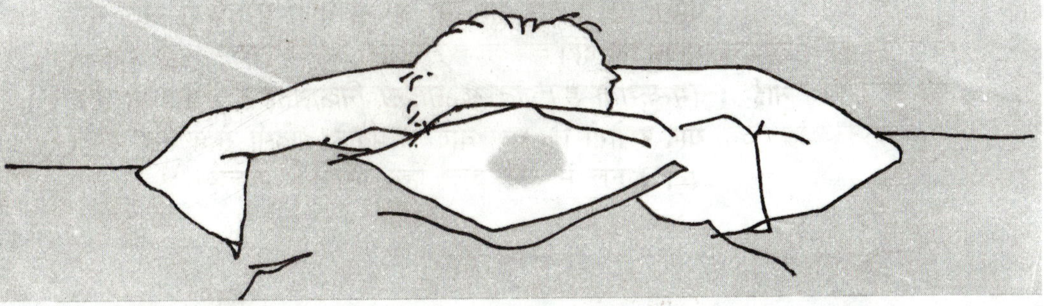

दिखाओ...मैं देखता हूँ कैसे वह हम राक्षसों से काम करा सकता है...?

पहला राक्षस : दिखा तो दूँगा लेकिन दूर से। यह खेत काटे बिना उसके पास जाने की हिम्मत मुझमें नहीं है। उसने वादा किया है कि खेत कटते ही वह मेरी आत्मा को मुक्त कर देगा...तुम्हारे चक्कर में अगर उसने फिर कोई काम बता दिया तो मैं व्यर्थ ही मारा जाऊँगा।

(पहला राक्षस और दूसरा राक्षस एक चक्कर काटते हैं। पहले वाला दूसरे राक्षस को नाई का घर दिखाता है। नाई के घर की खिड़की खुली हुई है। खिड़की के पीछे छिपकर नाई की पत्नी हाथ में कटार लिए खड़ी है। पहले राक्षस का प्रस्थान दूसरा राक्षस दबे पाँव खिड़की के पास आता है।)

नाई की पत्नी : *(हाथ में कटार लिए स्वगत)* आज मैं इस बिलइया को नहीं छोड़नेवाली...बस एक बार और अन्दर आ जाए तो आज मैं उसका काम तमाम कर डालूँ...।

(दूसरा राक्षस अपना झबरा सिर धीरे-से खिड़की के अन्दर घुसाता है और पत्नी तेजी से कटार से वार करती है। सिर तो बच जाता है पर राक्षस की नाक कट जाती है। लहूलुहान ब्रह्मराक्षस 'मार डाला...मार डाला...' चीखते हुआ भागता है। प्रस्थान।)

मुख्य गायक : इस तरह अपनी नाक खोकर भागा यह दूसरा ब्रह्मराक्षस पहले वाले ब्रह्मराक्षस के पास भी नहीं लौटा और दुम दबाकर भाग खड़ा हुआ।

टोली : अगड़म बगड़म बम्बे बो
अस्सी नब्बे पूरे सौ
सौ में लगा तागा
वो दुम दबाकर भागा
वो दुम दबाकर भागा
वो दुम दबाकर भागा।

(पहलेवाले राक्षस का प्रवेश)

राक्षस : मालिक मैंने पूरा काम निपटा दिया है। फसल खलिहान में पहुँचा दी है अब तुम भी अपना वादा पूरा करो और मुझे मुक्ति दे दो।

नाई : *(मुस्कुराता है। जेब से आईना निकालता है।)* तुम भी क्या याद रखोगो कि एक वादे के पक्के आदमी से तुम्हारा पाला पड़ा है।

(आईने को उल्टा करके उसकी लाल वाली तरफ से राक्षस को दिखाता है।)
देखो अब इसमें तुम्हारी आत्मा नहीं है। मैंने तुम्हें मुक्त किया।
(राक्षस खुश हो जाता है। प्रस्थान।)

टोली : राक्षस को इस तरह बुद्धू
बनाया हज्जाम ने

मुख्य गायक : आईना उलटकर दिखला दिया
शैतान ने
फिर एक बात बोली
धीरे-से उसके कान में
अब भाग यहाँ से
किसी और गाम में।
अब नज़र न आना कभी
इस मुकाम में।
(सब गाते हैं)
हज्जाम एक था कभी अपने गाम में
लगता नहीं था मन जिसका किसी भी काम में।

किस्सा यह बयाँ हमने किया
सबके सामने।
हज्जाम एक था कभी अपने गाम में।

(आर.के. रामानुजन द्वारा संकलित भारत की लोककथाएँ
में संकलित बंगला लोककथा पर आधारित)

बल्लू हाथी का बालघर

दिविक रमेश

पात्र

शेर	जंगलपति
खरगोश	मन्त्री
बल्लू हाथी	एक बूढ़ा हाथी
भालू, बन्दर, लोमड़ी, चील आदि	सामान्य जानवर
भालिन	भालू की पत्नी
जानवरों के बच्चे	लोमड़ी, गधा, बन्दर आदि

दृश्य एक

(जंगल का दृश्य। जानवरों की सभा। चील, चूहे और मक्खियों जैसे प्राणी भी मौजूद। शेर जंगलपति के आसन पर। खरगोश मन्त्री के स्थान पर। कुत्ते रक्षकों के रूप में खड़े हैं। जानवर मुँह हिला-हिलाकर बातचीत करने की मुद्रा में लीन। विचार-मग्न भी। इसी दौरान एक थका-हारा बूढ़ा हाथी वहाँ पहुँचता है और चुपचाप सबसे पीछे बैठ जाता है। हर जानवर के बोलने के लहजे में उस जानवर की आवाज़ का हल्का-सा अभिनय।)

शेर : तो आज हमने बहुत-सी समस्याएँ सुलझा ली हैं। मुझे आशा है कि मिल-जुलकर जो भी निर्णय यहाँ लिए गए हैं उनका सभी जानवर पालन करेंगे। प्रजातन्त्र का सच्चा सन्देश यही है।

जानवर : हम पालन करेंगे। हम पालन करेंगे।

शेर : पालन न करनेवाले को कड़ी-से-कड़ी सजा दी जाएगी!

जानवर : ठीक है। ठीक है।

शेर : और हाँ, हमें शिकारी आदमियों का हर तरह से मुकाबला करना होगा। उनके चंगुल से अपने को बचाए रखना होगा। हमारे दुश्मन लोभी शिकारियों ने हममें से कितनों ही की तो नस्ल ही खतरे में डाल दी है।

बन्दर : आप ठीक कह रहे हैं। चीतल जैसे हमारे कितने ही दूसरे

जंगलवासी गिनती के रह गए हैं। चीता तो खत्म ही हो गया है।

शेर : खुद हम भी खतरे में हैं। इसीलिए मेरा फैसला है कि यदि कोई भी जानवर ऐसे लोभी शिकारियों का साथ देता पाया गया तो उसे मौत की सजा दी जाएगी। बोलो, मंजूर है?

जानवर : मंजूर है। मंजूर है।

लोमड़ी : *(मुँह बनाकर)* ज़रा कुत्तों और हाथियों से तो पूछ लो। मैंने तो उन्हीं को मदद करते पाया है, शिकारियों की। मुझे तो इनकी जात पर ज़रा भी विश्वास नहीं है।

खरगोश : मुझे यही बात पसन्द नहीं है तुम्हारी। किसी कुत्ते या हाथी ने साथ दे दिया तो कोस दिया उनकी पूरी जात को ही। और फिर यह भी देखना चाहिए कि कहीं उनसे डरा-धमकाकर या चालाकी से तो काम नहीं लिया गया है। याद रखो किसी एक या कुछ के द्वारा गलत काम करने या हो जाने से पूरी जाति या वर्ग गलत नहीं हो जाता। यदि हम ऐसा सोचेंगे तो हमारी एकता की ताकत को धक्का लगेगा। क्या हमारे ज्यादातर हाथी और कुत्ते अच्छे नहीं हैं?

बन्दर : मन्त्री जी ठीक कह रहे हैं। क्यों लोमड़ी, अब भी कुछ कहना है तुम्हें?

लोमड़ी : मैं माफ़ी माँगती हूँ।

शेर : गलती को मान लेना ही सबसे बड़ी माफ़ी है। हमें खरगोश जी की बुद्धि पर गर्व है। क्यों?

जानवर : हमें खरगोश जी की बुद्धि पर गर्व है।

शेर : ठीक है। कोई और समस्या?...नहीं तो सभा समाप्त हो जाएगी। समय भी तो काफ़ी हो गया है।

भालू : एक समस्या है महाराज! आज्ञा हो तो कहूँ।

शेर : *(दुःखभरी नाराजगी दिखाते हुए)* ठहरिए भालू भैया। आपको मालूम है कि अब जंगल में राजा की प्रथा खत्म हो चुकी है। तब आप मुझे महाराज क्यों पुकारते हैं। महोदय कहिए, महामहिम या जंगलपति कहिए। *(हँसकर)* मुझमें क्यों मेरा राजापन जगाते हो भाई। कहीं जाग गया तो *(मज़ाक में हल्की-सी दहाड़)*...खैर आप अपनी समस्या कहिए।

भालू : *(विनम्र होकर)* समस्या, असल में हम सबकी है जंगलपति। *(रुककर सबकी ओर देखता है। जानवर जिज्ञासु नज़र आते हैं।)* हम जब काम पर जाते हैं तो कई बार अपने छोटे बच्चों को छोड़ना पड़ता है। डर लगता है कि कहीं शिकारी उन्हें

बहला-फुसला या डरा-धमकाकर पकड़ न ले जाए। यूँ भी हमारे बच्चों का यह जन्मसिद्ध अधिकार है कि माता-पिता उनकी अच्छी देखभाल करें।

शेर : हूँ। यह समस्या तो मेरी और मेरी शेरनी की भी है।

जानवर : हाँ, यह समस्या हम सबकी है। घर पर अकेले बच्चे ऊब भी तो जाते हैं। कभी-कभी लड़ाई भी कर बैठते हैं। बच्चे जो ठहरे। कोई देखने-टोकनेवाला तो होता नहीं।

शेर : तो इस समस्या पर भी विचार कर लेना चाहिए। क्या किसी के पास कोई तरकीब है? *(सभी जानवर चुप हैं। शेर कुछ देर इन्तज़ार करता है।)*

इसका मतलब यह हुआ कि किसी के पास कोई तरकीब नहीं है। क्या आपके पास भी कोई हल नहीं है खरगोश जी!

खरगोश : महामहिम! मैं तो इस समस्या पर खूब सोचता हूँ। मेरे पास एक तरकीब है। पर डरता हूँ कि उसे अमल में लाने के लिए कोई सहयोग नहीं देगा।

शेर : तरकीब तो बताओ!

जानवर : हाँ हाँ! पहले तरकीब तो बताइए।

खरगोश : तरकीब यह है कि एक सुरक्षित स्थान ढूँढ़ा जाए। फिर वहाँ सब बच्चों को छोड़ा जाए। देख-रेख के लिए हम जानवरों में से कोई आगे आए।

शेर : लेकिन क्या सब बच्चे एक साथ रह सकेंगे। लड़ेंगे नहीं। मुझे तो डर है...कहीं एक दूसरे को मारकर खा ही न जाएँ। सभाओं की बात दूसरी है...वरना।

खरगोश : यहीं तो हम बड़े मात खा जाते हैं। बच्चों और बड़ों में फर्क होता है। बच्चे मिल-जुलकर रहना पसन्द करते हैं। लड़ना उन्हें सिखाया जाता है। यूँ भी हम जानवर अपनी ओर से किसी को कुछ नहीं कहते, जब तक हमारी जान को ही खतरा न हो।

शेर : यह तो आपने ठीक कहा खरगोश जी। *(जानवरों की ओर देखकर)* क्यों आपको तरकीब पसन्द है? क्या बच्चों के पास रहकर उनकी देख-रेख की जिम्मेदारी लेने को कोई तैयार है? *(जानवर एक-दूसरे को देखते हैं पर चुप रहते हैं।)*

तो क्या मैं समझूँ कि खरगोश जी की तरकीब कामयाब नहीं रही?

(शेर फिर जानवरों की ओर देखता है। तभी उसकी नज़र सबसे पीछे बैठे बूढ़े हाथी पर पड़ती है। शेर आशंका के साथ

पूछता है।)

आप कौन हैं? पहले तो कभी आपको देखा नहीं। *(सब जानवर पीछे मुड़-मुड़कर देखते हैं। हाथी खड़ा हो जाता है।)*

बूढ़ा हाथी : हाँ महोदय! मैं एक दुखियारा हाथी हूँ। बूढ़ा हूँ। जंगल में जानवरों की यह सभा देखी तो मैं भी पीछे बैठ गया। मुझे खरगोश जी की तरकीब ठीक लगी।

शेर : (हैरानी से) लेकिन आप इस जंगल के तो नहीं लगते।

बूढ़ा हाथी : जी। मैं इस जंगल का हूँ भी और नहीं भी। मेरी एक लम्बी कहानी है।

शेर : तो पहले हम आपका परिचय चाहेंगे। हम जानते हैं कि बहुत-से शिकारी—आदमी हमें पकड़ने के लिए चालाकियाँ बरतते हैं। हमें उनके जासूसों से सावधान रहना पड़ता है। कहीं...

बूढ़ा हाथी : नहीं महोदय! मैं उन मजबूर हाथियों में से नहीं हूँ। मेरा यकीन कीजिए। आज ही दूर की एक बस्ती से दुखी होकर किसी तरह बचता-बचाता जंगल में आया हूँ। मेरा शिकारियों से कोई वास्ता नहीं। यहाँ जंगल में तो बहुत कुछ बदल गया है।

शेर : क्या आप इस जंगल में पहले भी आ चुके हैं?

बूढ़ा हाथी : मैं पैदा ही इस जंगल में हुआ था। बहुत धुँधला-धुँधला याद है। तब मैं बहुत छोटा था। जंगल में शिकारी आदमी आए। माँ-बाप ने तो अपनी जान बचा ली। मैं पकड़ लिया गया। वे मुझे पकड़कर जंगल से दूर ले गए। एक गाँव के बड़े से अहाते में ले जाकर मुझे बाँध दिया गया। मुझे अपने माँ-बाप और साथी जंगलवासियों की बहुत याद आई। खाना अच्छा ही नहीं लगता था। मुझे खूब रोना आया। लेकिन आखिर समझौता करना पड़ा।

शेर : समझौता?

बूढ़ा हाथी : जी कब तक भूखा रहता। मुझे प्यार भी दिखाया जाता था और मार भी खानी पड़ती थी। मेरी गर्दन देखिए। *(सब जानवर देखते हैं।)* ये गड्ढे लोहे की एक चीज़ के हैं जिसे आदमी अंकुश कहता है। मैंने अपनी पूरी जवानी अपने मालिक आदमी की सेवा में खपा दी। कभी कोई शिकायत नहीं की। जो मिला खा लिया।

शेर : तब?

बूढ़ा हाथी : लेकिन अब जब मैं बूढ़ा हो गया और पहले जितना काम करने लायक नहीं रह गया तो मुझे ज्यादा सताया जाने लगा।

शेर : वह कैसे?

बूढ़ा हाथी : एक से एक जुल्म किए गए मुझ पर। आप पूछते हैं तो बताता हूँ। यूँ सोचकर भी काँप उठता हूँ। एक बार मुझ पर जरूरत से भी ज्यादा लकड़ियाँ लाद दी गईं। मुझसे चला नहीं जा रहा था। कमर टूटी जा रही थी। लेकिन महावत था कि जब देखो तब मेरी गर्दन में अंकुश गाड़ देता। मैं दर्द के मारे भीतर ही भीतर कराह कर रह जाता। जानते हैं न कि महावत भी एक आदमी होता है जो प्यार भी जताता है लेकिन अपना काम निकालने के लिए बेरहम भी हो जाता है। अब क्या-क्या बताऊँ?

शेर : यह तो आदमी की ज़्यादती है। बुढ़ापे का ख्याल तो करना चाहिए था न उसे।

बूढ़ा हाथी : आदमी बहुत स्वार्थी होता है महोदय। वह केवल अपनी सोचता है। हद तो यह है कि मैंने आदमियों के जंगल में ऐसा भी कुछ देखा जिसे सुनकर आप हैरान होंगे।

शेर : वह क्या?

बूढ़ा हाथी : कुछ आदमी तो अपने ही बड़े-बूढ़ों तक का ध्यान नहीं

रखते। उनका अपमान करते हैं। कभी-कभी तो मारते-पीटते भी हैं। उनके कमज़ोर शरीर का भी ध्यान नहीं करते। ऐसे आदमियों से भला मैं जानवर क्या उम्मीद करता?

शेर : बड़े बेशर्म हैं ये आदमी। *(गुस्से में)* आपने ऐसे दुष्टों को रौंद क्यों न डाला।

बूढ़ा हाथी : क्या करता! मजबूर था। फिर उनका नमक भी खाया था। जिस थाली में खाया उसी में छेद तो नहीं कर सकता था न? हम जानवरों में एहसान की क्या कीमत होती है यह तो आप जानते ही हैं। आदमी तो अपने स्वार्थ के आगे अपने सगे तक का एहसान भुला दे।

शेर : यह तो आपने ठीक कहा।

बूढ़ा हाथी : और फिर आदमी चालाक भी बहुत होता है। काम निकालना हो तो चापलूसी भी खूब कर सकता है। हम जैसे भोले जानवरों के लिए तो थोड़ा-सा प्यार ही बहुत होता है। हम तो प्यार के आगे अपने पर किए ज़ुल्मों को भी माफ़ कर देते हैं। मेरे साथ भी ऐसा ही हुआ। कई बार मैं आदमी की चाल में आकर उसे माफ़ करता रहा। सताया जाकर भी उसके लिए पेड़ ढोता रहा...

शेर : *(घृणा से)* धूर्त, स्वार्थी। नासमझ कहीं का। जंगल के पेड़ों तक को बेरहमी से काट डालता है। पेड़ खुद उसके लिए कितने ज़रूरी हैं, इस बात की भी परवाह नहीं करता।

बूढ़ा हाथी : हाँ, बस उस आदमी का वह बच्चा बहुत अच्छा था। उसकी बहुत याद आ रही है। कितना प्यार करता था! मैं तो चाहता हूँ कि सब आदमी बस बच्चे ही हो जाएँ। कितने अच्छे होते हैं बच्चे! चाहे हमारे हों या आदमियों के। वह बच्चा तो बूढ़े आदमी को भी बहुत प्यार करता था। मुझे जब मार पड़ती तो उसे बहुत दुःख होता था। मार के बाद वह मेरे पास आता। मेरे सूँड़ को सहलाता। लिपटता। चूमता। चोरी से लाया चूरमा खिलाता और कहता, 'मैं बहुत छोटा हूँ न? इसीलिए तुम्हारी कोई मदद नहीं कर सकता।' किसी के आने की आहट आते ही बेचारा चला जाता।

शेर : आपकी कहानी तो बहुत दुखभरी है।
(जानवर भी दुखी हैं)

बूढ़ा हाथी : दुख से छुटकारे के लिए ही तो मैंने आदमी का घर छोड़ दिया। *(आह भरते हुए)* और किसी तरह जंगल की राह ली। यही सोचा कि आखिरी साँस तो अपनी जन्मभूमि पर छोड़

सकूँगा। अपने तकलीफ़ भी देंगे तो सह लूँगा।

शेर : नहीं आप ऐसा क्यों कह रहे हैं। यह जंगल आपका है। हम सब आपके हैं। आप हमारे बुजुर्ग हैं। हम आपकी मदद करेंगे। *(जानवरों की ओर देखकर)* क्या कहते हैं आप सब?

खरगोश : हाँ, हम सब मदद करेंगे।

बन्दर : मैं भी। मैं हाथी दादा की जूँ निकालूँगा।

चील : अरे बुद्धू, जूँ तो तुम्हारे शरीर में होती हैं। कभी नहाते भी हो? (सब जानवर हँसते हैं)

बूढ़ा हाथी : *(आँखें खुशी से गीली)* चील तुम बहुत शरारती हो। पर बन्दर जी ने ही आप सबको हँसाया है। उनका शुक्रिया करना चाहिए। मैं तो आप सभी का आभारी हूँ। पर यह भी बता दूँ कि मैंने आदमी की कुछ खूबियों को भी जाना है। मैंने वहाँ मेहनत करना सीखा है। भिखारियों की, आदमियों के जंगल में भी इज्जत नहीं। सो मैं मुफ्त की रोटी नहीं तोड़ना चाहता।

शेर : रोटी?

एक जानवर : यह रोटी क्या है हाथी दादा?

बूढ़ा हाथी : बहुत प्यारी चीज़ है। आदमी इसे अपने हाथ से बनाते हैं। आग में। बस यूँ समझो कि रोटी माने खाना।

बन्दर : तो आज से मैं भी खाने को रोटी कहूँगा। *(हँसता है)* रोटी...रोटी रोटी।
(सब हँसते हैं)

बूढ़ा हाथी : मेरी आपसे यही विनती है कि आप मुझे एक खास काम करने की आज्ञा दें, ताकि मैं इज्जत का खाना खा सकूँ।

शेर : आप नहीं ही मानते तो हमें मंजूर है। पर वह खास काम है क्या? आपके योग्य भी है कि नहीं?

बूढ़ा हाथी : नहीं। खरगोश जी की तरकीब वाला। बच्चे मुझे बहुत प्यारे हैं। और बच्चे भी तो मुझे बहुत प्यार करते हैं। मैं केवल उनकी देखभाल करूँगा बल्कि उन्हें अच्छी-अच्छी कहानियाँ भी सुनाऊँगा। उन्हें अच्छे-अच्छे खेल भी सिखाऊँगा।

शेर : अच्छा!

बूढ़ा हाथी : जब मैं आदमियों के जंगल में था तो मेरा कुछ समय उस स्थान पर भी बीता था जिसे आदमी शहर कहते हैं। वहाँ माँ-बाप काम पर जाने से पहले अपने बच्चों को एक खास स्थान पर छोड़ते हैं। क्या नाम था...हाँ क्रेश याने बालघर। आपकी आज्ञा हो तो मैं भी कोई सुरक्षित स्थान देखकर

बालघर बनाना चाहूँगा। उसमें छोटे ही नहीं बड़े बच्चे भी आ सकेंगे।

शेर : यह तो बड़ी अच्छी बात है। *(खरगोश को देखकर)* क्यों मन्त्री जी?

खरगोश : हमारी तो समस्या ही हल हो गई महामहिम! *(बूढ़े हाथी को देखकर)* हम आपके आभारी हैं।

जानवर : हम हाथी दादा के आभारी हैं।

शेर : *(बूढ़े हाथी से)* खरगोश जी कोई अच्छी सी जगह खोजने में आपकी मदद करेंगे। आप जल्दी से जल्दी...वो क्या कहते हैं...हाँ बालघर...शुरू करने की तैयारी कीजिए। कोई भी कठिनाई हो तो कहिएगा।

जानवर : हम सब आपके साथ हैं।

बूढ़ा हाथी : आप नहीं जानते कि आपने मेरा कितना भला किया है। अब बच्चों के बीच इस बूढ़े का समय खुशी-खुशी कट जाएगा। अपने आदमी मालिक के बच्चे से बिछुड़ने का दुख भी बँट जाएगा। मैं आपका दिल से आभारी हूँ।

खरगोश : नहीं दादा ऐसा मत कहिए। आप बड़े हैं। आप महान हैं।

बन्दर : हाथी दादा आप अपने बल के लिए मशहूर हैं। तो क्या हम सब आपको बल्लू दादा कहकर पुकारें?

जानवर : हाँ-हाँ, आपको हम बल्लू दादा कहेंगे।

बूढ़ा हाथी : क्यों नहीं? क्यों नहीं?

शेर : बोलो बल्लू दादा की जय!

जानवर : जय। बल्लू दादा की जय।

बूढ़ा हाथी : *(सूँड़ उठा-उठाकर जय-जयकार को रोकने का संकेत करते हुए)* लेकिन मेरी एक शर्त भी है। शर्त नहीं बल्कि प्रार्थना ही समझें।

शेर : शर्त? प्रार्थना?

(सब जानवर चौंककर देखते हुए)

बूढ़ा हाथी : प्रार्थना यह है कि आप बड़े अपने झगड़ों को अपने तक ही सीमित रखेंगे। उनमें बच्चों को नहीं उलझाएँगे।

लोमड़ी : यह कैसे सम्भव होगा? बच्चे कोई अलग हैं हमसे? हमारी लड़ाई उनकी भी लड़ाई होगी और हमारा प्यार उनका भी प्यार होगा।

बूढ़ा हाथी : यही तो समझने की बात है। बच्चों के दिमाग कोमल होते हैं। उन पर गलत बातों का बहुत जल्दी और बुरा असर पड़ता है। वे सीधे-सच्चे होते हैं। उनकी अपनी दुनिया होती है।

शेर : आपसे क्या बहस की जाए। आप तो ज्ञानी हैं। हमें आप पर पूरा भरोसा है, बल्लू दादा। लेकिन हमें इतना हक ज़रूर दीजिए कि जब भी कोई नुकसान होता देखें तो हम आपसे बालघर को बन्द करने की प्रार्थना कर सकें।

बूढ़ा हाथी : बिल्कुल ठीक। इसी को समझदारी कहते हैं। बालघर हमारा प्रयोग है।

शेर : धन्यवाद। *(सबकी ओर देखते हुए)* अच्छा तो मेरे प्यारे जंगलवासियो! अब सभा समाप्त होती है।

जानवर : जंगलपति शेर की जय! हमारे जंगलपति की जय। बल्लू दादा के बालघर की जय। मन्त्री जी की जय।

(संगीत उभरता है। जानवर गपशप करते हुए चल पड़ते हैं।)

दूसरा दृश्य

(नदी किनारे बल्लू हाथी (बल्लू दादा) का बालघर। घने पेड़। जानवर अपने-अपने बच्चों को लिए हर ओर से आते दिखाई दे रहे हैं। बच्चे उछलते-कूदते आ रहे हैं। एक दो बच्चे रो भी रहे हैं। बालू दादा बच्चों को प्यार कर चुप कर देते हैं। एक

दिशा से भालू अपनी पत्नी और बच्चों के साथ आते हैं।)

भालू : बल्लू दादा! ओ बल्लू दादा!
(बल्लू हाथी सामने।)
लो सँभालो इन शैतानों को। ज़रा कसकर रखना। नहीं तो नाक में दम कर देंगे आपकी। पता नहीं किस पर गए हैं शैतान। मामा की तरफ की ही शैतानी नज़र आती है मुझे तो। *(हँसता है)।*

भालिन : *(तुनककर)* अजी रहने दो। अपने को देखो। अभी तक मसखरी करने की आदत नहीं गई।
(हाथी हँसता है और भालू भी।)

बल्लू हाथी : अरे छोड़ो भी इन अठखेलियों को। बच्चे शरारत नहीं करेंगे तो क्या हम-तुम करेंगे। शरारती बच्चे समझदार भी बहुत होते हैं। *(बच्चों की ओर देखते हुए)* आओ बच्चो, चलो अन्दर चलो। बड़े प्यारे बच्चे हैं। इन्हें तो मैं खूब कहानियाँ सुनाऊँगा।

भालू-बच्चे : सच, बल्लू दादा।

बल्लू हाथी : हाँ, यहाँ बहुत मज़ा आएगा तुम्हें।

जानवर-बच्चे : *(एक-एक कर)* हमारे माँ-बाप को फुर्सत ही नहीं होती।

कहानियाँ सुनाने की।
थके-हारे आते हैं और सो जाते हैं।
कहानी सुनाना कल-कल पर टालते रहते हैं।
आप तो नहीं टालेंगे न बल्लू दादा!

बल्लू हाथी : मैं क्यों टालूँगा बच्चो। तुम्हारे माता-पिता को सचमुच मेहनत करनी पड़ती है। उन्हें फुर्सत कहाँ! मैं तो खाली हूँ। तुम्हारी ही तरह। तो खूब मज़ा करेंगे। खूब कहानियाँ चलेंगी। इतनी कि तुम सुनते-सुनते ऊब जाओगे।

खरगोश-बच्चा : *(खिलखिलाते हुए)* आप भी कितने भोले हैं बल्लू दादा। कभी बच्चे भी कहानियों से ऊबते हैं?
(जानवर हँसते हैं)

भालू : अरे बल्लू दादा, आपके पास तो जादू है, जादू। कितना घुल-मिल गए हैं। हमारे तो सँभाले नहीं सँभलते। खैर आप जानें या ये। हम तो चले काम पर। शाम को मिलेंगे *(बच्चों की ओर देखकर)* और हाँ, दादा को तंग नहीं करना बच्चो। जैसा कहें, करना।
(जानवर चल पड़ते हैं। बच्चे देखते हैं। बल्लू हाथी बच्चों को सम्बोधित करते हुए)

बल्लू हाथी : देखो आज सबसे पहले मैं तुम्हें एक मज़ेदार, पर काम की बात बताऊँगा।

बन्दर-बच्चा : और कहानी?

जानवर-बच्चे : हाँ-हाँ पहले कहानी।

बल्लू हाथी : हाँ-हाँ कहानी तो होगी ही। पर गहरी दोस्ती के लिए कुछ बातें तो हो जाएँ। अच्छा पहले थोड़ा खेल-कूद तो लो ताकि व्यायाम हो जाए और तुममें ताकत आ जाए। इस बीच मुझे तुम्हारे लिए एक अच्छा-सा गीत तैयार करना है।

बच्चे : गीत?

बल्लू हाथी : हाँ गीत जिसे तुम गा सको। हर रोज़। बच्चो गीत हो या कहानी उसका मज़ा भी लेना चाहिए और उसकी सीख पर ध्यान भी देना चाहिए।

बन्दर-बच्चा : पर आप कहानी कब सुनाएँगे बल्लू दादा। हम तो बोर हो रहे हैं।

बल्लू हाथी : सब्र। सब्र का फल मीठा होता है। और हर चीज़ का अपना समय। जानते हो जब मैं आदमियों के जंगल में था तो मुझे यह देखकर दुख होता था कि कई बच्चे ज्यादा-से-ज्यादा समय टी.वी. पर कार्टून देखने या कम्प्यूटर पर खेल खेलने

में बिताते थे।

(बच्चे ऊबने लगते हैं। कुछ उबासियाँ लेने लगते हैं।)

बल्लू हाथी : अरे तुम तो ऊबने लगे। *(हँसते हुए)* मेरी बात समझ तो आ रही है न? वैसे अच्छी बातें किसे अच्छी लगती हैं! चिन्ता मत करो। कहानियाँ भी होंगी। *(प्यार से)* अच्छा चलो अब भागो और थोड़ा खेल-कूद लो। गीत तैयार होते ही तुम्हें बुलाता हूँ।

जानवर-बच्चे : तो हम जल्दी से खेल-कूद कर आते हैं।

बल्लू हाथी : ठीक है।

(बच्चे चले जाते हैं और मंच के दो कोनों में खेलने लगते हैं। बीच में आगे की ओर बल्लू हाथी कुछ सोचने और लिखने की मुद्रा में। मंच पर अँधेरा। प्रकाश। हाथी के चेहरे पर काम खत्म होने का सन्तोष।)

बल्लू हाथी : आओ बच्चो, आओ। अब तो तुम खेल चुके होगे। मैंने भी गीत तैयार कर लिया है।

(बच्चे दौड़े-दौड़े आते हैं।)

बल्लू हाथी : तो गीत शुरू करें। मैं पहले बोलूँगा। पीछे-पीछे तुम बोलना। बाद में हम मिलकर गाएँगे। तो बोलो—हम जानवर जंगल के, हमको जंगल प्यारा है।

जानवर-बच्चे : हम जानवर जंगल के, हमको जंगल प्यारा है।

गधा-बच्चा : बल्लू दादा एक बात कहूँ। गुस्सा तो नहीं करेंगे?

बल्लू हाथी : नहीं नहीं। कहो, बिना डरे।

गधा-बच्चा : हम अगर ऐसा बोलें तो कैसा लगेगा—हम बच्चे जंगल के, हमको जंगल प्यारा है।

बल्लू हाथी : *(सोचते हुए और पंक्ति को गुनगुनाते हुए)* हम जानवर जंगल के...हम बच्चे जंगल के *(खुश होते हुए)* बहुत अच्छा सुझाव है तुम्हारा। तुम तो आलोचक निकले। शाबाश...बस ज़रा यूँ कर लेते हैं—हम बच्चे हैं जंगल के, हमको जंगल प्यारा है। ठीक। तो बोलो—हम बच्चे हैं जंगल के, हमको जंगल प्यारा है।

बच्चे : हम बच्चे हैं जंगल के, हमको जंगल प्यारा है।

बल्लू हाथी : अब आगे...अलग-अलग हैं रंग हमारे

बच्चे : अलग-अलग हैं रंग हमारे

बल्लू हाथी : अलग-अलग हैं ढंग हमारे

बच्चे : अलग-अलग हैं ढंग हमारे

बल्लू हाथी : अलग-अलग हैं घर हमारे

बच्चे : अलग-अलग हैं घर हमारे

बल्लू हाथी : खान-पान सब न्यारे-न्यारे

बच्चे : खान-पान सब न्यारे-न्यारे
बल्लू हाथी : जंगल एक हमारा है, हमको जंगल प्यारा है
बच्चे : जंगल एक हमारा है, हमको जंगल प्यारा है
बल्लू हाथी : आओ अब गीत का यह हिस्सा मिलकर गाते हैं—और जरा घूम-घूमकर।

हम बच्चे हैं जंगल के
हमको जंगल प्यारा है
अलग-अलग हैं रंग हमारे
अलग-अलग हैं ढंग हमारे
अलग-अलग हैं घर हमारे
खान-पान सब न्यारे-न्यारे
जंगल एक हमारा है
हमको जंगल प्यारा है।

कहो बच्चो, मज़ा आया न?

बच्चे : हाँ बल्लू दादा, बहुत मज़ा आया।
बन्दर-बच्चा : ओह गीत भी बहुत मज़ेदार होता है।
बल्लू हाथी : अच्छा!
बच्चे : अब गीत का अगला हिस्सा भी तो सिखाएँ।

बल्लू हाथी : तो सुनो—पहले पूरा हिस्सा। फिर पहले की तरह एक-एक पंक्ति—

जंगल से ही जीवन अपना
जंगल से ही सच है सपना
सबसे पहले जंगल अपना
इस पर वारें सबकुछ अपना
जंगल देश हमारा है
हमको जंगल प्यारा है

(सबकी ओर इशारा करता है। सब गाते हैं।)

हम बच्चे हैं जंगल के
हमको जंगल प्यारा है

बल्लू हाथी : बहुत खूब, बहुत खूब। तुम तो बहुत ही होशियार बच्चे हो।

बन्दर बच्चा : पर हमारी कहानी कब होगी बल्लू दादा?

बल्लू हाथी : लगता है तुम्हें कहानी बहुत अच्छी लगती है। अच्छा यह बताओ, तुम्हें कैसी कहानी अच्छी लगती है?

बन्दर-बच्चा : जो मज़ेदार हो।

(बल्लू हाथी हँसता है।)

बल्लू हाथी : भई मैं तुम्हें कुछ आदमियोंवाली कहानियाँ भी सुनाऊँगा।

बच्चे : आदमी!

बल्लू हाथी : हाँ, भई यह एक मज़ेदार बात है। तुम तो कभी आदमियों के बीच रहे नहीं न? बड़े चालाक लेकिन समझदार होते हैं। उनकी बहुत-सी कहानियाँ ऐसी हैं जिनके पात्र हम जानवर हैं। कभी-कभी तो वे अपनी कल्पना से हमें ऐसा दिखाते हैं कि बस पूछो मत। हँसी भी आ जाती है और हैरानी भी।

बच्चे : अच्छा!

बल्लू हाथी : हाँ। तुम्हें भी आदमियों वाली कहानियाँ पसन्द आएँगी। पर भई...कहानी के साथ-साथ थोड़ी सेवा भी करनी पड़ेगी।

बच्चे : सेवा?

बल्लू हाथी : नहीं समझे न? अरे भई आदमी जब अपने बच्चों को कहानी सुनाते हैं तो साथ-साथ अपने हाथ, पाँव और पीठ दबवाते हैं। इसी को सेवा कहते हैं। *(हँसते हुए)* खैर तुम घबराओ मत। मैं कम ही सेवा करवाऊँगा।

(बच्चे एक-दूसरे को देखते हैं।)

अच्छा तो अब काफ़ी समय हो गया है। हमारी दोस्ती भी खूब हो गई है।

बन्दर-बच्चा : तो बल्लू दादा कहानी तो सुनाइए न?

बल्लू हाथी : पहले कुछ खा-पी तो लो।

खरगोश-बच्चा : मुझे तो बहुत भूख लगी है।

बच्चे : हमें भी।

बल्लू हाथी : तो जाओ मज़े से मिल-बाँटकर खाओ पीओ।
(बच्चे चले जाते हैं। थोड़ी देर में एक छोटा बच्चा 'खरगोश' रोता हुआ आता है।)

खरगोश-बच्चा : बल्लू दादा! बल्लू दादा! लोमड़ी-बच्चा मुझे बहकाकर मेरा खाना खा गया। अब अपना खाना मुझे नहीं देता।

बल्लू हाथी : अच्छा यह तो बुरी बात है। चलो देखते हैं।

बल्लू हाथी : *(लोमड़ी बच्चे से)* बेटे क्या तुमने खरगोश का खाना खाया है?
(लोमड़ी-बच्चा चुप)
यह तो अच्छी बात नहीं। किसी भोले-भाले प्राणी को ठगना नहीं चाहिए। हम जानवर इसीलिए बदनाम हैं कि हम अपने से छोटे या कमज़ोर को तंग करते हैं या खा जाते हैं। इसीलिए हमें जंगली और असभ्य कहा जाता है। मैंने अच्छे और सभ्य आदमी देखे हैं। सुना है कि वे भी पहले जंगली थे और सभ्य नहीं थे।

बन्दर-बच्चा : पर मेरे बापू तो कह रहे थे कि आदमियों के जंगल में बन्दूकों, गोले-बारूदों से एक दूसरे को मार डालते हैं। कमज़ोर आदमी वहाँ भी डर-डरकर जीते हैं।

बल्लू हाथी : तुम्हारे बापू ने ठीक बताया है। पर हमें किसी की भी केवल अच्छी बातें सीखनी चाहिए। बुरी नहीं। चाहे वे मेरी ही क्यों न हो।

लोमड़ी बच्चा : मुझे माफ़ कर दीजिए, बल्लू दादा।

बल्लू हाथी : शाबाश। बच्चो क्या तुम चाहते हो कि आज खरगोश भूखा रहे।

बच्चे : नहीं। *(सब बच्चे थोड़ा-बहुत खाना खरगोश को देते हैं।)*

बल्लू हाथी : बच्चो अब शाम हो चली है। वह देखो तुम्हारे माता-पिता भी तुम्हें लेने आ रहे हैं। अब कहानी कल ही हो पाएगी। तुम जल्दी-जल्दी अपना गाना गाओ। याद है न?

बच्चे : हम बच्चे हैं जंगल के
जंगल हमको प्यारा है

अलग-अलग हैं रंग हमारे
अलग-अलग हैं ढंग हमारे
अलग-अलग हैं घर हमारे
खान-पान सब न्यारे-न्यारे
जंगल एक हमारा है
हमको जंगल प्यारा है।

(पास खड़े माता-पिता खुश हैं। बच्चे उनके साथ कूदते-फाँदते चल पड़ते हैं। कोई-कोई गीत भी गुनगुनाता है। बल्लू हाथी गीली आँखों से देखता रहता है।)

तीसरा दृश्य

(अगली सुबह। बालघर। बल्लू हाथी छिपे हुए हैं। बच्चे खुश हैं। अपना गीत गा रहे हैं। खत्म होने पर बाहर निकलकर।)

बल्लू हाथी : वाह! वाह! बहुत अच्छा। तो आओ बच्चो, चलो नदी किनारे। वहाँ नहाएँगे खूब मज़े से और फिर होगी...

बच्चे : आदमियोंवाली कहानी।

बल्लू हाथी : अरे तुम्हें तो याद है।

बन्दर-बच्चा : बल्लू दादा, मुझे तो रात नींद भी बहुत देर से आई। यही सोचता रहा कि कैसी होगी कहानी।

बल्लू हाथी : अच्छा! तो आओ चलें नदी किनारे।

(सब नहाते हैं।)

बल्लू हाथी : चलो भई अब नहाना बन्द करो। मज़ा आया न?

बच्चे : हाँ बल्लू दादा। अब हम रोज़ नहाया करेंगे।

गधा-बच्चा : कितना अच्छा लग रहा है नहाकर!

बल्लू हाथी : तो जल्दी से व्यायाम करके मेरे पास पहुँचो ताकि कहानी...

(सब चले जाते हैं।)

ऑड मैन आउट उर्फ़ बिरादरी बाहर

सुधा अरोड़ा

पात्र

शैलजा
रोहन
डॉली
अलिफ
शैलजा की माँ
रोहन का ड्राइवर
डॉली के पापा
डॉली का भाई
झबरे बालोंवाला एक छोटा-सा कुत्ता (सॉफ्ट टॉय)

(मंच पर सड़क का दृश्य। बाईं ओर कुछ सीढ़ियाँ, ऊपर एक बाल्कनी और लम्बा बरामदा है। दाईं ओर दूसरे मकान का दरवाजा है। मंच के दाईं ओर से दो बच्चे हाथ में एक बैनर लेकर प्रवेश करते हैं, जिस पर सोमवार लिखा है। मंच के बीचों बीच रुककर वे बोलते हैं)

सोमवार

पहला : आज सोमवार है,

दूसरा : बस्ता बाँधो, स्कूल जाओ

पहला : बीत गया इतवार है

दूसरा : आज सोमवार है।

(शैलजा लम्बे बरामदे में टहलकर अभिनय के साथ कविता का पाठ कर रही है।)

शैलजा : नमस्कार! मैं आपको कवि सर्वेश्वर दयाल सक्सेना की कविता 'व्यंग्य मत बोलो' सुना रही हूँ–

''व्यंग्य मत बोलो।
काटता है जूता तो क्या हुआ,

पैर में न सही, सिर पर रख डोलो
व्यंग्य मत बोलो।

अन्धों का साथ हो जाए तो
खुद भी आँखें बन्द कर लो,
जैसे सब टटोलते हैं
राह तुम भी टटोलो।
व्यंग्य मत बोलो।

भीतर कौन देखता है
बाहर रहो चिकने,
यह मत भूलो, यह बाज़ार है
सभी आए हैं बिकने,
राम-राम कहो और माखन-मिश्री घोलो।
व्यंग्य मत बोलो।"

(कविता रटते-रटते अचानक माँ को आवाज़ लगाती है।)

शैलजा : माँ! अभी तक टिफ़िन तैयार नहीं हुआ? आज रोहन की बारी है। उसकी नई गाड़ी आई है। आते ही शान बघारना शुरू करेगा।

(शैलजा की माँ आकर टिफिन थमाती है।)

माँ : यह ले! उफ, यह कार पूल क्या ज्वॉयन किया, जान को बवाल लगा लिया है। बच्चे हैं कि हिटलर की नस्ल...

(गाड़ी के आकर रुकने की आवाज़।)

(रोहन, अलिफ़, डॉली और ड्राइवर दाईं ओर से आते हैं।)

रोहन : *(घमंड से मुँह फुलाकर)* देखा? मैंने कहा नहीं था, मारुति वन थाउजंड रन्स लाइक मर्क। इट्स एन इंडियन मर्सडीज़।

डॉली : *(नाक-भौं सिकोड़ते हुए)* मर्क माय फुट! एज इफ आय हैव नॉट सीन मर्क, लन्दन में मेरे अंकल के पास मर्सडीज ही है। जस्ट पुश अ बटन ऑन योर लेफ्ट और आगे-पीछे की कोई भी विंडो खोल लो, ऊपर की छत भी हटा सकते हैं।

रोहन : डोंट टॉक फुलिश डॉली, मैं कार में लगे बटनों की बात नहीं कर रहा। आय'म सेइंग—इट्ज एज स्मूद एज मर्क।

डॉली : एज़ इफ माय वन-वन-एट एन ई इज नॉट स्मूद। रोहन, डोंट फुलाओ योरसेल्फ विद योर ग्रेट मारुति।

रोहन : नो-नो, योर वन-वन एटेनी रन्स लाइक हेलिकॉप्टर—घर्र-र्र-र्र-र्र...

(गले से आवाज़ निकालकर घूमता है।)

(अलिफ बाईं ओर के दरवाज़े से निकलकर आता है। कार को देखता हुआ चारों ओर चक्कर लगाता है।)

अलिफ : वा-ऊ, व्हॉट अ कार। अब से हमेशा तेरी यही कार आएगी न? व्हॉट फ़न।

(रोहन विजेता के अन्दाज़ में डॉली को घूरता है। डॉली मुँह बिचकाकर दूसरी ओर देखने लगती है।)

अलिफ : डॉली, सूबू को किसका मुँह देखकर उट्ठी है? *(हँसकर)* तेरा मुँह थोड़ा टेढ़ा हो गयेला है?

डॉली : शटअप! आईने में कभी अपना मुँह भी देखा है?

(अलिफ और रोहन हँसते हैं।)

रोहन : लेट हर जलो—भुनोफाई, ड्राइवर जी, हॉर्न मारिए, शैलजा की बच्ची अभी तक नहीं आई।

(गाड़ी का हॉर्न बजता है।)

(हॉर्न की आवाज़ के साथ ही सीढ़ियाँ उतरकर हाथ में टिफ़िन लेकर शैलजा का प्रवेश।)

शैलजा : हैलो रोहन, यह तुम्हारी नई कार है?

रोहन : यप्प! बट वेट! *(शैलजा को इशारे से रुकने को कहता है)* शैलजा, आय होप योर शूज आर क्लीन?

शैलजा : *(कुछ सकुचाकर)* मैंने आज ही जूते पॉलिश किए हैं।

रोहन : तूने पॉलिश किए हैं? माय गॉड, तू खुद अपने जूते पॉलिश करती है? व्हॉट इज योर मेड डू देन?

डॉली : *(चिढ़ाते हुए)* कम ऑन रोहन, लुक ऐट योर ओन शूज, तेरी मर्क डर्टी ना हो जाए।

रोहन : (दहाड़कर) मैं शैलजा से बात कर रहा हूँ। प्लीज माइंड योर ओन बिजनेस।

अलिफ : *(दोनों हाथ आगे-पीछे नचाते हुए)* नो मोर फाइटिंग, प्लीज।

शैलजा : यस! नो फाइटिंग, प्लीज।

अलिफ : डोंट बी अ कॉपी कैट शैलजा।

(सब अपना बैग सँभालते स्कूल की ओर जाते हैं।)

डॉली : तूने मैथ्स का होमवर्क खत्म किया?

शैलजा : हाँ, क्यों?

डॉली : अरे, क्यों क्या, शॉर्ट ब्रेक में मुझे मैथ्स की कॉपी दे देना। मुझे अपने आन्सर्स चेक करने हैं।

(अचानक याद कर) तेरा मैथ्स पीरियड कब है? रिसेस के बाद ना? चल, मुझे अभी दे मैथ्स कॉपी। लंच के बाद ले

लेना।

(शैलजा बड़े बेमन से कॉपी निकालती है।)

डॉली : अरे बाबा, जल्दी दे न! घंटा बजनेवाला है।

(शैलजा जैसे ही कॉपी उसके हाथ में देती है, स्कूल का घंटा ज़ोर से बजता है।)

(संगीत)

(स्कूल की छुट्टी का घंटा टन-टन-टन बजता है। मंच की बाईं ओर से स्कूल से बच्चे बाहर निकलते हुए।)

रोहन : बैड डे फॉर मी, आय गॉट टू रिमार्क्स। ये मैथ्स टीचर तो इतनी स्ट्यूपिड है–रिमार्क्स तो ऐसे देती है जैसे टॉफियाँ बाँट रही हो। हाफ ऑफ माय क्लास गॉट रिमार्क्स।

शैलजा : मेरे सेक्शन में तो टीचर कभी रिमार्क्स नहीं देती। इनफैक्ट, शी इज सो स्वीट।

रोहन : *(चिढ़ाते हुए)* योर सेक्शन इज ग्रेट, मिस शैलजा! *(उसकी नकल उतारते हुए)* टीचर कभी रिमार्क्स नहीं देती।

डॉली : हे गाईज़! एनफ ऑफ स्टडीज। नो मोर स्कूल टॉक्स प्लीज़! आज का रिडल क्या है?

अलिफ : *(हाथ खड़ा करता है)* मेरी टर्न है, रिडल सुनो। अटेन्शन! *(गला खँखारता है)* व्हेन विल अ नेट होल्ड वॉटर?

शैलजा : क्या? समझ में नहीं आया। फिर से बोलो।

डॉली : इसे हिन्दी में समझाओ *(हँसती है)*।

शैलजा : अनग्रेटफुल। मैथ्स के सम्स कॉपी कर लिए और अब...

डॉली : *(गुस्से से)* क्या बोली?

अलिफ : कब्बी एक नेट वॉटर को होल्ड करेगा।

डॉली : हिश्श! इससे तो अच्छा है, अंग्रेजी में ही बोल अलिफ।

अलिफ : *(साफ-साफ उच्चारण करते हुए)* व्हेन - विल - अ -

नेट-होल्ट-वॉटर?

डॉली : नेवर! इट विल ड्रेन आउट।

अलिफ : गलत, गलत।

रोहन : एट जीरो आवर।

अलिफ : व्हेन द वॉटर टर्न्स टु आइस। चलो, कल डॉली और शैलजा एक-एक फ़ाइव स्टार लाना।

शैलजा : मुझे तो आन्सर मालूम था।

अलिफ : हा हा, मालूम था! तो बोली क्यों नहीं मैडम? नथिंग डूइंग। कल फ़ाइव स्टार लाना।

डॉली : व्हाय फाइव-स्टार? व्हेन यू लॉस्ट, यू गेव मी अ छोटा एक्लेअर ओन्ली।

अलिफ : शैलजा, तू फाइव-स्टार लाना। समझी क्या!

शैलजा : ओ के! बाय बाय!

(सब आपस में चॉकलेट-एक्लेअर को लेकर झगड़ते रहते हैं। कोई उसकी ओर ध्यान नहीं देता।)

(संगीत)

मंगलवार

(मंच के दाईं ओर से दो बच्चे हाथ में एक बैनर लेकर प्रवेश करते हैं, जिस पर मंगलवार लिखा है। मंच के बीचोंबीच रुककर वे अभिनय के साथ बोलते हैं।)

पहला : आज मंगलवार है

दूसरा : मैथ्स का होमवर्क, ज्यॉग्रॉफी जर्नल

पहला : शैलजा की दरकार है।

दूसरा : आज मंगलवार है।

(रोहन और डॉली बातें करते हुए दाहिनी ओर से आते हैं। अलिफ अपने झबरे से कुत्ते को पुचकारते हुए घर के दरवाजे से निकलता है। गाड़ी के रुकने की आवाज़।)

रोहन : हाय पप्पू *(कुत्ते का कान खींचने लगता है।)*

अलिफ : *(गुस्से से)* ओफ़ रोहन। बिहेव योरसेल्फ। पप्पू को इरिटेट करना नईं, डोंट यू नो, स्पिट्ज आर वेरी टेम्परामेंटल। तुमको काट लेगा।

रोहन : नो, ही इज अ वेरी गुडी-गुडी बॉय। पप्पू, कम टू मी! कम पप्पू! आ जा आजा, माय गुडी बॉय! *(डॉली से)* हाऊ लकी ही इज़! ही हैज सच अ लव्ली डॉग। अलिफ, थोड़ी देर के लिए लेट मी हैव हिम!

अलिफ : रोहन, पप्सू इज नॉट वेल।

डॉली : ओह! पप्सू इज देअर? *(पप्सू डॉली की ओर बढ़ता है)* ई-ई-ई-क! मेरी ओर मत भेजना, मेरी स्कर्ट क्रश हो जाएगी। मेरा चार्ट पेपर खराब हो जाएगा। मेरा आज आर्ट पीरियड है...अलिफ, तू इसको क्यूँ लेकर आया? ओह नो।

अलिफ : मालूम है ये मेरे को आज आने को ई नई देता था। मैं आने को लगा तो ये डोर के बाजू में बइठ गया। मैंने कितना बोला–पप्सू, प्लीज़ लेट मी गो। अइसा क्यूट-क्यूट देखता था, बस। देन ही स्टार्टेड मनाओ मी। कबी हाथ लिक किया, कब्बी जूता, बट ही डिड नॉट हिलो फ्रॉम देअर। आय हैड टु ब्रिंग हिम।

डॉली : अलिफ, शैलजा अभी नहीं आई। हूम आर यू गोइंग टु इम्प्रेस विथ योर ग्रेट हिन्दी।

अलिफ : क्यों, मैं कुछ गड़बड़ बोला क्या?

(शैलजा सीढ़ियाँ उतरकर आती है, कुत्ता उसे देखकर भौं-भौं करता है, शैलजा डरकर दो कदम पीछे हट जाती है।)

शैलजा : प्लीज़, अलिफ, आय बेग यू, उसे...

अलिफ : तू मेरी फाइव स्टार लाई?

शैलजा : सॉरी, भूल गई, कल ज़रूर लाऊँगी।

अलिफ : पप्सू, गिव हर अ नाइस बार्क।

(पप्सू शैलजा पर जोर से भौंकता है, शैलजा डर के मारे सिमट जाती है। थोड़ी देर तक यह सिलसिला चलता रहता है। सब इस तमाशे को ऐसे देखते हैं जैसे साँप और नेवले की लड़ाई देख रहे हों।)

रोहन : *(मजा लेते हुए)* वेल डन, पप्सू।

अलिफ : कम ऑन शैलजा! डोंट बी स्कयेर्ड यार। वो कुच्छ नईं करेंगा।

रोहन : वेल डन, पप्सू।

(स्कूल का घंटा बजता है। अलिफ और रोहन बारी-बारी से पप्सू को प्यार करते हैं)

अलिफ और रोहन : बाय-बाय, पप्सी।

(संगीत)

(स्कूल की छुट्टी का घंटा बजता है। मंच की बाईं ओर से अलिफ जूते हाथ में पकड़े आता है। डॉली, रोहन और शैलजा भी पीछे-पीछे आते हैं।)

डॉली : ये तुमने जूते हाथ में क्यों पकड़ रखे हैं, अलिफ?

अलिफ : पुराना जूता पप्सू काट खाया। कल नवा जूता लिया, इट्स सो-ओ-ओ इनकम्फर्टेबल।

डॉली : तो क्या हुआ? तुम्हारा डार्लिंग कुत्ता है।

अलिफ : *(गुस्से में)* डॉली, नेव्हर अगेन यू डेअर कॉल हिम कुत्ता। समझीं क्या?

डॉली : अरे, कुत्ते को कुत्ता नहीं बोलूँ तो क्या बोलूँ?

अलिफ : पप्सू बोलो। जूता काटा हय तो मेरा काटा, तेरे को क्या?

डॉली : मेरे को क्या, अब नवा जूता पैर को काटता है तो काटने दो, मेरे को क्या?

शैलजा : *(कविता की पंक्ति दोहराती है)*
काटता है जूता तो क्या हुआ,
पैर में न सही, सिर पर रख डोलो
व्यंग्य मत बोलो।

अलिफ : क्या-क्या-क्या-क्या? डॉली तो डॉली, अबी तू भी बोली।

शैलजा : मुझे तूने पप्सू से कितना डराया। आय विल टेल योर मदर।

मेरा हार्ट फेल हो जाता तो?

अलिफ : तो हमारी जान छूटती तेरी खटारा फिएट से। इफ यू टेल माय मदर, आय'ल पुट यू इन द डिकी।

डॉली : नो मोर फाइटिंग, प्लीज। एनफ विथ पप्सू वप्सू।

रोहन : आज का रिडल क्या है?

डॉली : यु हैव अ चिकन हार्ट, शैलजा। चलो, रिडल बताओ। व्हाय डिड द चिकन क्रॉस द रोड?

अलिफ : सिली वन। आस्क समथिंग न्यू।

रोहन : हाँ, कुछ नया पूछो।

डॉली : व्हाय डू यू गो टू बेड ऐट नाइट?

(सब सोचने लगते हैं)

अलिफ : टू स्लीप।

डॉली : जी नहीं। बिकॉज द बेड वोन्ट कम टू यू।

अलिफ : *(मुँह बिचकाकर)* वी गो टू बेड ऐट नाइट बिकॉज द बेड वोन्ट कम टू अस। हा हा, सिली आन्सर।

डॉली : व्हेन यू डोन्ट गेट इट, इट्स ऑलवेज सिली।

(शैलजा अपने घर जाती है, हाथ हिलाती है।)

अलिफ : *(शैलजा से)* डोंट कम्प्लेन अबाउट पप्सू, समज गई ना, अदरवाइज़ नेक्स्ट टाइम यू विल हैव इट।

(संगीत)

बुधवार

(मंच के दाईं ओर से दो बच्चे हाथ में एक बैनर लेकर प्रवेश करते हैं, जिस पर बुधवार लिखा हैं मंच के बीचोंबीच रुककर वे बोलते हैं।)

पहला : आज बुधवार है

दूसरा : व्हाय व्हाय हिन्दी, हाय-हाय हिन्दी

पहला : शैलजा को मिला पुरस्कार है।

दूसरा : आज बुधवार है।

(डॉली, रोहन और डॉली के पापा दाईं ओर से मंच पर आते हैं। गाड़ी के रुकने की आवाज़। अलिफ अपने दरवाजे के सामने पप्सू को पुचकारता है।)

अलिफ : हैलो अंकल।

डॉली : अलिफ, कम फास्ट, देर हो रही है।

(अलिफ पप्सू को बाय-बाय करता हुआ डॉली के पास आता है।)

रोहन : मैंने पप्सू पर एक गाना बनाया है *(गाना गाकर सुनाने लगता है)* तू चीज बड़ी है क्यूट-क्यूट। तू चीज बड़ी है क्यूट।
पप्सू है तेरा नाम-नाम। करता है तू आराम-राम।
मुझसे ना जाना रूठ-रूठ
तू चीज बड़ी है क्यूट-क्यूट। तू चीज बड़ी है क्यूट।

डॉली के पापा : *(खुश होकर)* वेरी गुड! एक्सलेंट!

डॉली : इससे अच्छा गाना तो मैंने बनाया है *(डॉली भी जोर-जोर से गाने लगती है)* रुक-रुक, रुक। अरे बाबा रुक।
ओ डिअर पप्सू, डोंट बी अ क्रुक।
मैं बोन लाई तेरे लिए, मैं कोन लाई तेरे लिए।
दाँत तेरे वल्लाह वल्लाह,
बाइटिंग तेरी उफ़ उफ़ उफ़।
रोहन और अलिफ सुर में गाते हुए—उफ़ उफ़ उफ़।

डॉली के पापा : ब्रिलिएन्ट, डार्लिंग।
(गाड़ी का हॉर्न जोर से बजाते हैं। शैलजा भागती हुई आती है और जोर से छींकने लगती है।)

डॉली : एक तो देर से आती है, ऊपर से छींकें मारती है।

शैलजा : सॉरी! सॉरी अंकल।

रोहन : दो बार सॉरी—देर से आने के लिए और...

अलिफ : और छींकें मारने के लिए।

डॉली के पापा : आई न्यू, यू विल से सॉरी।

शैलजा : असल में मैं आने ही नहीं वाली थी *(रूमाल में नाक सुड़कती है)*, मुझे बहुत जोर का जुकाम हो रहा है। पर आज मेरा हिन्दी एलोक्यूशन...

डॉली : तो नहीं आना था, मैडम। नाऊ प्लीज डोन्ट स्प्रेड इन्फेक्शन।

डॉली के पापा : नेक्स्ट टाइम बी ऑन द रोड ऐट सेवेन थर्टी शार्प।

शैलजा : यस अंकल।

रोहन : अंकल, वो 'बाजीगर' वाला कैसेट लगाइए ना।
(टेपरिकॉर्डर पर गाना जोर-जोर से बजने लगता है।)

डॉली : शैल-जा, जा, तू कान बन्द कर ले। तेरी ट्रेसी चैपमैन और 'रोजा' इसमें नहीं हैं।

शैलजा : नहीं, मुझे तो यह गाना पसन्द है।

अलिफ : ओ गुड गुड! शी हैज डेवलेप्ड सम टेस्ट फॉर गुड म्युजिक!

डॉली : शैलजा, मुझे अपना ज्यॉग्रफी का जर्नल देना। और शॉर्ट ब्रेक में जल्दी से मेरे जर्नल में बल्ब थर्मामीटर ड्रॉ कर देना।

शैलजा : अभी नहीं, लंच ब्रेक में लेना!

(डॉली गुस्से से देखती है।)

डॉली : ओ.के. *(फिर पापा की ओर मुड़कर)* बाय-बाय पापा!

डॉली के पापा : बाय-बाय डार्लिंग!

(संगीत)

(स्कूल की छुट्टी का घंटा बजता है। शैलजा अपनी प्राइज़ की किताब सबको दिखा रही है। डॉली का बड़ा भाई सबको लेने आया है।)

डॉली का भाई : चलो चलो सब लोग!

रोहन : देखो-देखो, कैसे इतरा रही है।

अलिफ : उसको बोलो, अपने प्राइज को म्यूजियम के शो केस में रख दे।

डॉली : फर्स्ट प्राइज इन हिन्दी एलोक्यूशन। व्हॉट्स सो ग्रेट अबाउट इट? इंग्लिश बोलनी तो आती नहीं मैडम को *(शैलजा प्राइज़ की किताब हाथ में लिए है। शैलजा के पास आते ही सब चुप हो जाते हैं।)*

शैलजा : सब चुप क्यों हैं?

रोहन : बिकॉज हमें प्राइज नहीं मिला।

शैलजा : पर तुमने तो कविता ही नहीं पढ़ी?

अलिफ : हा-हा! हिन्दी में पोयम हा-हा!

डॉली : हा-हा, हिन्दी में कविता कौन पढ़ेगा?

(शैलजा अपनी प्राइज बुक बैग में सरका देती है।)

अलिफ : एनी वे, अपुन को तेरा पोएम समज में बी नई आएला हय।

रोहन : क्या मुम्बइया एक्सेंट मारा बाप!

(सब हँसते हैं।)

शैलजा : *(छींकें मारती है)* भैया, प्लीज, ए सी बन्द कर दीजिए। मुझे ठंड लग रही है!

डॉली : ए मैडम, तेरा भैया है क्या? भ-इ-या।

डॉली का भाई : अक्तूबर की इस गर्मी में ठंड?

शैलजा : दो मिनट बाद तो मुझे उतर जाना है अपनी शास्तरीय संगीत की क्लास में। व्हाय ऑल थ्री ऑफ अस शुड सफर इन हीट?

रोहन : शैलजा के जुकाम के चक्कर में आज का रिडल तो रह ही गया।

अलिफ : डॉली, योर टर्न।

डॉली : व्हिच मूव्स फास्टर—हीट और कोल्ड? इस रिडल का जवाब देकर जा, शैलजा।

शैलजा : मुझे नहीं मालूम।

रोहन : व्हेन शैलजा इज़ इन कोल्ड शी मूव्स इवन स्लोअर।

अलिफ : हीट! बिकॉज कोल्ड तो यू कैन कैच।

रोहन : हा-हा, सीधे बोल ना, यू कैन कैच कोल्ड।

डॉली : तेरी शास्तरीय संगीत की क्लास आ गई। चल उतर।

(शैलजा छींकती हुई जाती है।)

डॉली : छींकें मारती आई थी, छींकें मारती गई।

(सब हँसते हैं।)

बृहस्पतिवार

(मंच के दाईं ओर से दो बच्चे हाथ में एक बैनर लेकर प्रवेश करते हैं, जिस पर बृहस्पतिवार लिखा है। मंचों के बीचोंबीच रुककर वे बोलते हैं)

पहला : आज बृहस्पतिवार है

दूसरा : फिएट में आओ, ऑटो में जाओ,

पहला : कार उसकी बेकार है।

दूसरा : आज बृहस्पतिवार है।

(गाड़ी स्टार्ट करने की आवाज़। शैलजा और उसकी मम्मी।)

शैलजा की मम्मी : तेरी तबीयत ठीक नहीं लग रही है!

शैलजा : आज तो टेस्ट है माँ, जाना ही पड़ेगा। वैसे भी आज आपकी टर्न है, टर्न तो मिस नहीं कर सकते ना।

शैलजा की मम्मी : तूने मल्टी विटामिन की टेबलेट ले ली या नहीं?

शैलजा : है मेरे पास!

शैलजा : चलो अलिफ।

(अलिफ एक ओर से जाता है। रोहन और डॉली भी दाईं ओर से उनके पास आ जाते हैं।)

(गाड़ी के झटके से रुकने की आवाज़।)

रोहन : *(खीझते हुए)* शिट! व्हाय डोन्ट यू गेट योर कार रिपेयर्ड?

शैलजा : रोहन, हैव सम मैनर्स। फर्स्ट से 'हलो' टु माय मदर।

रोहन : ओ, हलो आन्टी!

शैलजा : अगले महीने हमारी नई कार भी आ रही है। देन यू विल बी हैपी?

रोहन : ओ ग्रेट, कौन-सी? मारुति वन थाउजेन्ड?

शैलजा : नहीं, फाइव थाउजेन्ड!

रोहन : वो कौन-सा ब्रैंड है?

शैलजा : उफ़ रोहन!

रोहन : हे किड्स! एक मजेदार बात सुनो! एक एस्ट्रॉलॉजर मेरे घर पर आया था। मेरा हाथ देखकर बोला—इसके पास पाँच गाड़ियाँ होंगी।

अलिफ : बस, पाँच गाड़ियाँ? आय'ल हैव अ डजन कार! पूरी बारह! *(दोनों हाथों को खोलकर दसों उँगलियाँ दिखाता है।)*

डॉली : पर एक बार में तो एक ही कार चलाएगा ना तू? एक साथ दो तो नहीं चला सकता?

अलिफ : एक दिन मर्सडीज चलाएगा, दूसरा दिन टोयोटो, तीसरा दिन हॉन्डा, फिर...कॉन्टेसा, टेन डेज ऑल डिफरेन्ट कार्स।

रोहन : सी, आय विल बी द रिचेस्ट। अलिफ इज द सेकेंड रिचेस्ट, डॉली द थर्ड एंड शैलजा इज द पूअरेस्ट *(गाड़ी के दुबारा झटकने से रुकने की आवाज़)* पता है, हम खंडाला में एक और बंगला लेनेवाले हैं, महाबलेश्वर में तो हमारा ह्यूज बंगला है। लास्ट टाइम मैंने अपना बर्थ-डे 'द रिट्रीट' में सेलिब्रेट किया था। इस टाइम खंडाला में करेंगे। ऑल ऑफ यू कम! वी विल हैव फन। *(दोनों बाँहें फैलाता है)* यू नो, वी हैव प्लेन्टी ऑफ मनी।

डॉली : ओह, कम ऑन रोहन, व्हाय यू ऑलवेज टॉक अबाउट मनी?

रोहन : व्हाय शुडन्ट आय टॉक अबाउट मनी? आय लव मनी। आय हैव मनी। आय ड्रीम अबाउट मनी, आय काउन्ट मनी एवरी नाइट। मेरे डैड चारों शॉप्स से इतने-इतने कैश के बंडल लेकर आते हैं।

शैलजा की मम्मी : पर बच्चो, इस उम्र में पैसे की नहीं, पढ़ाई की बातें करो। 'मनी' के बारे में सोचने के लिए तो सारी उम्र पड़ी है।

अलिफ और रोहन : नहीं आन्टी, आपने वो गाना नहीं सुना? *(दोनों सुर मिलाकर गाना गाते हैं।)*

ये दुनिया क्या चाहे—मनी मनी!
यहाँ रिश्ते-नाते—मनी मनी!

प्यार चाहो तो निकालो मनी!
यार चाहो तो...

अलिफ और रोहन : चलो चलो, स्कूल आ गया।
(शैलजा अपनी मम्मी को प्यार करती है।)

अलिफ और रोहन : चलो बेबी, चलो।

(संगीत)

(स्कूल की छुट्टी का घंटा बजता है।)

शैलजा : रोहन, अलिफ, जल्दी करो। मम्मी इन्तजार कर रही है। रोहन, क्या हो रहा है? हर बार मम्मी को खड़े रहना पड़ता है। किसी दिन हम तुम्हें यहीं स्कूल में छोड़कर चले जाएँगे। रोहन, अलिफ, वी विल लीव यू एंड गो।

रोहन : सो व्हॉट? गो! हमें तेरे खटारा ऑटो में जाना भी नहीं है।
(नखरे करते-करते तीनों बेमन से आते हैं। शैलजा अपना बैग मम्मी को थमाती है और मम्मी की बाँह पर सिर टिका देती है।)

शैलजा की मम्मी : तुझे तो बुखार है।

रोहन : आन्टी, मैं बीच की सीट में नहीं बैठूँगा। आय फील

सफोकेटेड।

अलिफ : नो, आय विल सिट इन द कॉर्नर!

शैलजा की मम्मी : ठीक है, शैलजा बीच में बैठेगी।

(शैलजा को बीच में धकेलकर सब बैठ जाते हैं)

अलिफ : रिडल बोल।

रोहन : व्हाय द ब्रिज इज लाइक मनी?

डॉली : तुम लोगों का मनी का बुखार अभी तक उतरा नहीं?

रोहन : ए ए, तू चुप कर। व्हाय द ब्रिज इज लाइक मनी?

(सब चुप रहते हैं। किसी को जवाब नहीं मालूम।)

रोहन : द ब्रिज इज लाइक मनी, बिकॉज दे बोथ गो बैंक टु बैंक।

अलिफ : स्टॉप दैट सिली रिडल।

(अलिफ एक कागज का टुकड़ा थमाता है।)

लुक! इस पर चार चेहरे बने हैं—बताओ, व्हिच इज द ऑड मैन आउट?

रोहन : हुँह, इसे बताना कौन-सा मुश्किल है।

(सब शैलजा की तरफ देखते हैं और हँसते हैं।)

शुक्रवार

(मंच के दाईं ओर से दो बच्चे हाथ में एक बैनर लेकर प्रवेश करते हैं, जिस पर शुक्रवार लिखा है। मंच के बीचोंबीच रुककर वे बोलते हैं।)

पहला : आज शुक्रवार है।

दूसरा : मेढ़की को जुकाम हुआ था।

पहला : अब उसको बुखार है।

दूसरा : आज शुक्रवार है।

(मंच के एक ओर पलंग रखा है, जिस पर शैलजा लेटी है। उसकी मम्मी आकर उसके माथे पर हाथ रखती है और उसके मुँह से थर्मामीटर निकालती है।)

शैलजा की मम्मी : इतना तेज बुखार कैसे हो गया? कहीं स्कूल में कुछ गड़बड़ खाया तो नहीं था?

(शैलजा सिर हिलाती है।)

शैलजा की मम्मी : रोहन और डॉली की कार में ए.सी. चलाया हुआ था क्या?

शैलजा : *(कुछ रुककर)* नहीं तो।

शैलजा की मम्मी : सच बता बेटा।

शैलजा : कार में ए.सी. चलाने के लिए ही होता है न माँ! उन्हें

एं.सी. के बिना घुटन महसूस होती है।

शैलजा की मम्मी : घुटन...? कहो कि सुबह-सुबह भी बाहर की ताज़ी हवा उन्हें अच्छी नहीं लगती। तूने झूठ क्यों बोला कि ए.सी. से तबीयत नहीं बिगड़ी तेरी।

शैलजा : सच बोलूँ तो आप और पापा झगड़ने लगोगे। आप पापा को डाँटोगे कि इतने पॉश इलाके में कम्पनी फ्लैट क्यों लिया और पापा आपको, कि फ्लैट लिया सो लिया पर इतने हाई फाई स्कूल में बेटी को भेजने का जोश आखिर किसको चढ़ा था।

शैलजा की मम्मी : *(बनावटी गुस्से से)* अच्छा, तो आप सब सुनती रहती हैं। *(फोन की घंटी बजती है।)*

शैलजा की मम्मी : हलो!

रोहन की मम्मी : हलो मिसेज शर्मा, मैं रोहन की मम्मी बोल रही हूँ। प्लीज़ डोंट माइंड, आपको आफ्टरनून टर्न में गाड़ी नहीं मिलती तो बच्चों को कैब में लेकर आइए। उस वक्त टैक्सियाँ बहुत मिलती हैं। बच्चे ऑटो में बहुत सफोकेटेड महसूस करते हैं। प्लीज, यू हैव टु अरेंज समथिंग...

(शैलजा चुपचाप सुन रही है।)

(नेपथ्य में शैलजा की आवाज में कविता की पंक्तियाँ बजती हैं।)

कुछ सीखो गिरगिट से
जैसी शाख वैसा रंग
जीने का यही है सही ढंग!
अपना रंग दूसरों से अलग पड़ता है तो
उसे रगड़ धो लो।
जैसी है दुनिया

उसके साथ हो लो।
व्यंग्य मत बोलो।

शैलजा : माँ, किसका फोन था?

शैलजा की मम्मी : रोहन की मम्मी का।

शैलजा : फिर?

शैलजा की मम्मी : फिर क्या! आगे से हमारी बेटी ए.सी. की हवा में नहीं जाएगी, हम सुबह की ताजी हवा अपने भीतर भरते हुए जाएँगे—धीरे-धीरे...

(शैलजा अपनी मम्मी का हाथ पकड़कर खड़ी हो जाती है और गर्व से आगे कदम बढ़ाती है)

क्या रखा है कुरेदने में,
हर एक का चक्रव्यूह भेदने में
सत्य के लिए
निरस्त्र टूटा पहिया ले
लड़ने से बेहतर है
जैसी है दुनिया
उसके साथ हो लो।
व्यंग्य मत बोलो।

(मंच पर सभी पात्र आ जाते हैं। नेपथ्य में शैलजा की आवाज में कविता की पंक्तियाँ बजती रहती हैं।)

●●●

ये सृष्टि निर्माता

डॉ. कमल वसिष्ठ

पात्र परिचय

सूत्रधार
पिता
पुत्र (श्वेतकेतु)
नाभिक
प्रोटॉन
न्यूट्रॉन
इलेक्ट्रॉन
कार्बन
हाइड्रोजन

सूत्रधार : *(प्रेक्षकों से नमस्कार करते हुए)* नमस्कार, आज मैं आपको उपनिषद् की एक कथा सुनाऊँगा, श्वेतकेतु नामक 12 वर्षीय बालक विद्या अध्ययन हेतु गुरु के आश्रम में गया और जब वह युवक होकर अपने घर लौटा तो उसे अपनी विद्या का अहंकार हो गया, उसके अनुभवी पिता ने यह ताड़ लिया कि उनका पुत्र अहंकारग्रस्त हो गया है और एक दिन...

(पिता पुत्र का प्रवेश)

पिता : वत्स, क्या तुमने उस ज्ञान का अर्जन कर लिया है—जो सुन पाने योग्य न हो, उसे सुन सको।

पुत्र : नहीं पिताजी।

पिता : क्या तुम जिसकी कल्पना न की जा सके उसकी कल्पना कर सकते हो?

पुत्र : नहीं।

पिता : और जिसे जाना न जा सके उसे जान सकते हो?

पुत्र : *(नहीं का अभिनय करता है)* आखिर! ऐसा कौन-सा ज्ञान है वह।

पिता : जाओ, उस अंजीर के फल को उठाकर लाओ।

पुत्र : *(अंजीर के फल को उठाकर लाता है)* यह लीजिए पिताजी।

पिता : अब इसे तोड़ो।

पुत्र : *(फल तोड़ता है)* यह लीजिए पिताजी!

पिता : अब क्या दिखा?

पुत्र : कुछ छोटे-छोटे बीज।

पिता : अब इनमें से एक बीज को तोड़ो!

पुत्र : *(बीज तोड़ते हुए)* यह लीजिए।

पिता : अब क्या दिखाई दिया?

पुत्र : कुछ नहीं।

पिता : श्वेतकेतु, जो सार तत्त्व तुम नहीं देख पा रहे वही सार तत्त्व इस अंजीर के वृक्ष

के जनक हैं।

पुत्र : वह कैसे पिताजी?

पिता : जो जीवित है वही सभी में सार तत्त्व के रूप में उपस्थित है। श्वेतकेतु, तुम भी उसी से निर्मित हो।

पुत्र : पर वह सार तत्त्व क्या है?

पिता : उसे परमाणु कहते हैं। तुम भी इन्हीं परमाणुओं के पुंज हो। यदि सच पूछा जाए तो यह दृश्यमान जगत् परमाणुओं द्वारा ही निर्मित है।

सूत्रधार : इस प्रकार कण-कण में भगवान हैं यह उत्तर प्रहलाद ने अपने पिता हिरण्यकश्यप को दिया था। यह कण ही परमाणु है जिनसे अणुओं की निर्मिति होती है—आइए हम इन परमाणुओं का पता लगाएँ। वराहमिहिर के अनुसार किसी अँधेरे कमरे में सूर्य के प्रकाश की एक किरण में दिखाई देनेवाले बारीक कण का हजारवाँ हिस्सा होता है परमाणु। ये परमाणु सूक्ष्मदर्शी यन्त्र की सहायता से देखे जा सकते हैं। *(अभिनय करता है)*

(नाभिक का प्रवेश)

नाभिक : मेरे केन्द्र में भारी सूर्य होता है, जिसे नाभिक कहा ज़ाता है *(चौंककर)* अरे! यह कौन आ रहा है—प्रोटॉन और न्यूट्रॉन। क्यों तुम मेरे पास क्यों खड़े हो? कुछ लेना है क्या? हाँ—और यह तो बताओ तुम्हारा तीसरा भाई इलेक्ट्रॉन कहाँ गया?

प्रोटॉन : वह आ रहा है पिताजी?

नाभिक : हाँ, तुम तीनों का अस्तित्व ही मेरा अस्तित्व है—समझे।

तीनों एक स्वर में : नहीं पिताजी, हम तीनों ब्रह्मा, विष्णु और महेश की तरह हैं। आप में हम तीनों का मिला-जुला रूप है जिसे दत्तात्रेय कह सकते हैं।

नाभिक : वत्स, तुम ब्रह्मा हो, क्योंकि सृष्टि तुमसे उत्पन्न होती है—और तुम विष्णु हो, क्योंकि पालन-पोषण करते हो—और तुम महेश हो क्योंकि इस संसार का विनाश तुम्हारे द्वारा सम्भव है।

सूत्रधार : इस प्रकार तीनों के मेल से परमाणु और एक जातीय परमाणुओं के मेल से वस्तुओं की सृष्टि होती है या दूसरे शब्दों में एक जातीय अणु ही किसी वस्तु के जनक हैं। आइए! हम देखें कि ये अणुकण वस्तु में कैसे परिवर्तित हो जाते हैं। *(चौंककर)* अरे! यह न्यूट्रॉन और प्रोटॉन आपस में क्या बात कर रहे हैं—आप भी सुनना चाहेंगे न इनकी बातें। चलो सुनें।

न्यूट्रॉन : भइया प्रोटॉन, यदि तुम परमाणु केन्द्र में 26 अंशों में प्रवेश कर लो तो लोहा बन जाओगे...लोहा!

इलेक्ट्रॉन : और अगर 79 अंशों में प्रवेश कर लो तो—

न्यूट्रॉन : तो क्या होगा?

इलेक्ट्रॉन : सोना बन जाएँगे सोना...सौ टंच खरा सोना!

न्यूट्रॉन : वही सोना यानी स्वर्ण जिसके पीछे दुनिया दीवानी है, जिसके कारण भाई-भाई का खून पीने को उतारू हो जाता है, और जो भूत-वर्तमान और भविष्य में भी युद्ध का कारण बनेगा। वही मेरे भइया का 79 अंशोंवाला रूप है?

इलेक्ट्रॉन : इस प्रकार प्रोटॉन भइया ही पदार्थों के पिता हैं, वे पदार्थ जिनके अन्दर प्रोटॉन की संख्या समान रूप में हो वही तत्त्व कहलाते हैं, जैसे लोहा, हाइड्रोजन आदि...

न्यूट्रॉन : सोने की निर्मिति हर वस्तु में पाए जानेवाले 92 प्रकार के प्रोटॉनों के परिवर्तन से हो सकती है।

सूत्रधार : तेरह का अंक बुरा माना जाता है, परन्तु हमारा शरीर 13 प्रकार के परमाणुओं से मिलकर ही बना है, सच में यदि देखा जाए—तो प्रकृति अनोखी रसायन-वेत्ता है।

अब देखो ना, हाइड्रोजन और ऑक्सीजन दो अदृश्य प्रोटॉन रख दिए जाएँ तो गैस परमाणु तैयार हो जाएगा। जब प्रकृति ने हाइड्रोजन के दो परमाणु और ऑक्सीजन का एक परमाणु मिलाया तो बन गया पानी। वही पानी जिसके लिए रहीम ने कहा है—

रहिमन पानी राखिए, बिन पानी सब सून।
पानी गए न ऊबरे मोती मानुष चून।।

आप भी तो कहते हैं कि वह शर्म से पानी-पानी हो गया। अजी! हमने अच्छों-अच्छों को पानी पिला दिया और वह मेरे डर से पानी माँग उठा। एक शायर ने भी कहा है—

काबुल गए मुगल बन आए
बोले काबुली बानी।
आब, आब कहि मर गए
पास धरयो रह्यो पानी।।

यह सब चीजें बनी हैं—परमाणु से। अलग- अलग परमाणु मिलकर यौगिक बनाते हैं—आइए! हम देखें कि ये दो परमाणु मिलकर क्या करते हैं?

(हाइड्रोजन-कॉर्बन का

प्रवेश।)

कॉर्बन : कहो भई हाइड्रोजन, कहाँ से चले आ रहे हो?

हाइड्रोजन : भइया! हम दोनों लोग चले आ रहे थे कि अचानक ऑक्सीजन आकर हमसे टकराया और पानी-पानी होकर भाग गया।

कार्बन : अरे! छोड़ो भी उसे, मारो गोली, लेकिन ये बताओ यदि मेरी तुमसे दोस्ती हो जाए तो मोटर और हवाई जहाज चलने लगेंगे कि नहीं।

हाइड्रोजन : वह कैसे भइया?

कार्बन : नहीं समझे, है ना मजेदार बात कि हम दोनों पेट्रोल में तब्दील हो जाएँगे...पेट्रोल में, समझे, जिसके लिए अमेरिका ने इराक पर युद्ध थोपा।

हाइड्रोजन : वाह भइया! वाह! तुम तो सच में हीरा हो हीरा।

कार्बन : और अगर मुझे तुम जैसे 4 मित्र और मिल जाएँ तो मैं मीथेन बन सकता हूँ—मीथेन गैस। घरेलू गैस जिस पर लोग खाना बनाते हैं।

हाइड्रोजन : शी...शी....शी...

कार्बन : क्या हुआ?

हाइड्रोजन : चुप। जरा धीरे बोलो।

कार्बन : क्यों?

हाइड्रोजन : इसलिए कि घरेलू गैस महिलाओं के खाना पकाने की वस्तु है, समझे?

कार्बन : अच्छा?

हाइड्रोजन : हाँ...देखो यहाँ कहीं महिलाएँ तो नहीं बैठीं, नहीं तो हम दोनों को अभी पकड़कर ले जाएँगी। हाँ, यदि मेरे 122 मित्र और तुम्हारे 60 मित्र मिल जाएँ तो बस प्लास्टिक ही प्लास्टिक।

कार्बन : अरे! एक बात तो सुनते जाओ, लो— चला गया अपनी धुन में। अपने आगे किसी की चलने नहीं देता
(एक क्षण खामोश होकर)
मैं कार्बन हूँ। दिखने में काला-कलूटा, बेंगन लूटा हूँ, लेकिन भाई! दिखने से क्या होता है? काले हैं तो क्या हुआ दिलवाले हैं।

संसार में गुणों की पूजा होती है और अगर मेरी शक्ति देखना चाहते हैं तो मैं कोयला हूँ ऊर्जा शक्ति। जिसका उपयोग मशीनों को चलाने में होता है।

सूत्रधार : केन्द्र ही वह शक्तिशाली स्थान है, जहाँ से महाबली परमाणु को शक्ति प्राप्त होती है। केन्द्र की शक्ति न्यूट्रॉन और प्रोटॉन को आपस में जकड़े रखती है। यह शक्ति नाभिक शक्ति कहलाती है। इसे यों भी जाना जा सकता है कि यूरेनियम की एक पाव से भी कम छोटी-सी डली, जिसका भार पानी के आधे गिलास से भी कम होता है—एक बहुत बड़े विमान को तेजी के साथ पृथ्वी का आधा चक्कर लगवा सकती है।

प्रोटॉन : ईंधन के रूप में यूरेनियम परमाणुओं के उपयोग से बहुत अधिक शक्ति तो मिलती ही है और भी बहुत से लाभ होते हैं। परमाणु भट्‌ठी में ऊर्जा को नियन्त्रित रूप से प्राप्त किया जाता है जिसका उपयोग अनेक लाभकारी कार्यों में किया जाता है, क्यों न्यूट्रॉन सच कहा न मैंने!

न्यूट्रॉन : हाँ भइया, धुएँ, गैसेज आदि के प्रदूषण से तो बचा ही जा सकता है—इसके उपयोग से।

प्रोटॉन : डॉक्टरों ने आजकल रेडियो आइसोटोपों का निर्माण चिकित्सा विज्ञान में किया है, जिससे आप लोग जीवन-रूपों में होने वाली क्रिया-प्रतिक्रियाओं का ठीक-ठीक ज्ञान प्राप्त कर सकें।

न्यूट्रॉन : कृषि में आजकल रेडियो-धर्मी तत्त्वों का उपयोग किया जा रहा है, जिससे फसल अच्छी उत्पन्न हो।

इलेक्ट्रॉन : हाँ भइया! मुझे एक बात याद आ गई, अमेरिका ने रेडिएशन करके बीजों को बोया तो पौधे में रोग निरोधक क्षमता बढ़ने से एक एकड़ भूमि में 30 प्रतिशत अधिक मटर पैदा हुई।

प्रोटॉन : रेडियो सक्रिय अणु अब संसार भर में मनुष्यों के अनेक कार्य कर रहे हैं।

न्यूट्रॉन : अब कहो न कि—हमीं हैं भगवान विष्णु, जो संसार भर का पालन-पोषण करते हैं।

नाभिक : बहुत बढ़-चढ़कर बातें कर रहे हो, क्या यह भूल गए हो कि—तुम गलत हाथों में या गलत रास्ते पर आने पर सृष्टि के संहारक भी बन सकते हो।

न्यूट्रॉन : लेकिन पिताजी मुझे एक छोटी-सी सेल में बन्द कर दिया। मुझमें इतनी शक्ति है, कि एक अँगूठे भर का मैं—एक विमान को पृथ्वी के चार चक्कर लगवा सकता हूँ।

नाभिक : वाह! बेटे वाह! क्या जलवे हैं तुम्हारे और...

न्यूट्रॉन : और क्या पिताजी? अब तो नोटियस नामक एक सबमैरीन आणविक ऊर्जा से ही चलती है जिसे 16 जनवरी 1955 में हाइमन जी रिकोबर नामक वैज्ञानिक ने बनाया था।

नाभिक : शक्ति का सदुपयोग ही सच्चा कर्म है। 'कामये दुःख तत्पानाम् प्राणिनामार्तिनाशनम्' इस प्रकार मैं एक ओर रेडियोधर्मी पदार्थों से संसार की सेवा करता हूँ, तो दूसरी ओर मेरी एक्स-किरणों की सहायता से कैंसर जैसे रोगों का इलाज होता है। साथ ही मैं वस्तुओं की प्राचीनता का भी ज्ञान करा सकता हूँ, समझे।

इलेक्ट्रॉन : पिताजी आप तो परोपकारी हैं।

न्यूट्रॉन : हुँ...लेकिन कोरे परोपकार को ही इस दुनिया में कौन पूछता है? पिताजी को कौन मानता है? पिताजी का एहसान। यदि मैं बिगड़ गया तो सृष्टि में उलट-पुलट कर दूँगा।

नाभिक : किया था ना हिरोशिमा और नागासाकी में। क्या पाया तुमने सिवाय बदनामी के।

न्यूट्रॉन : अरे! बदनामी क्या और नेकनामी क्या? संसार मेरी शक्ति के आगे दुम-दबाए झुकता है। यदि मैंने अपना रूप बिगाड़ दिया तो संसार में प्रलय कर दूँगा। प्रलयंकारी शंकर की तरह।

इलेक्ट्रॉन : फिर तो तुम्हें शंकर कहना अतिशयोक्ति नहीं होगा।

न्यूट्रॉन : वैसे तो मैं भोला-भाला हूँ, परन्तु यदि हमसे कोई अकड़े तो मैं भी अपना भयंकर रूप दिखा सकता हूँ। माओ ने कहा था कि—याद रखो युद्ध की नोक पर ही शान्ति का वास होता है।

सूत्रधार : न न न ऐसा मत करना। एक बार ही परमाणु बम के प्रयोग ने सृष्टि की आँखें खोल दी हैं। परन्तु हमारी संस्कृति का उद्देश्य है—अहिंसा, इसलिए हम इस शक्ति का प्रयोग कर सत्यम्, शिवम्, सुन्दरम् का रूप साकार करें। संसार को सुन्दरतम बनाएँ।

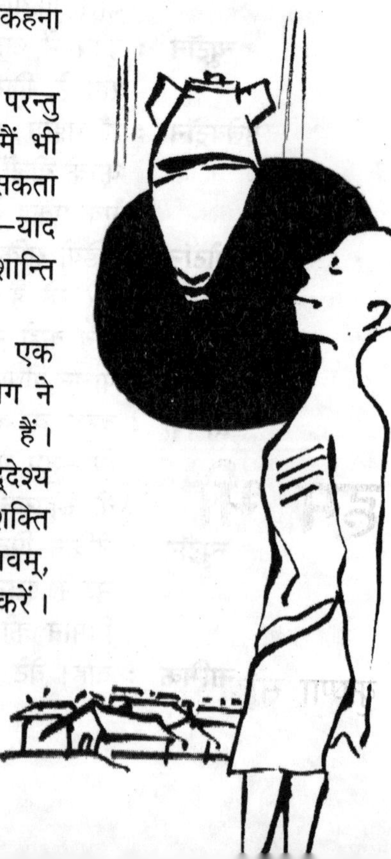

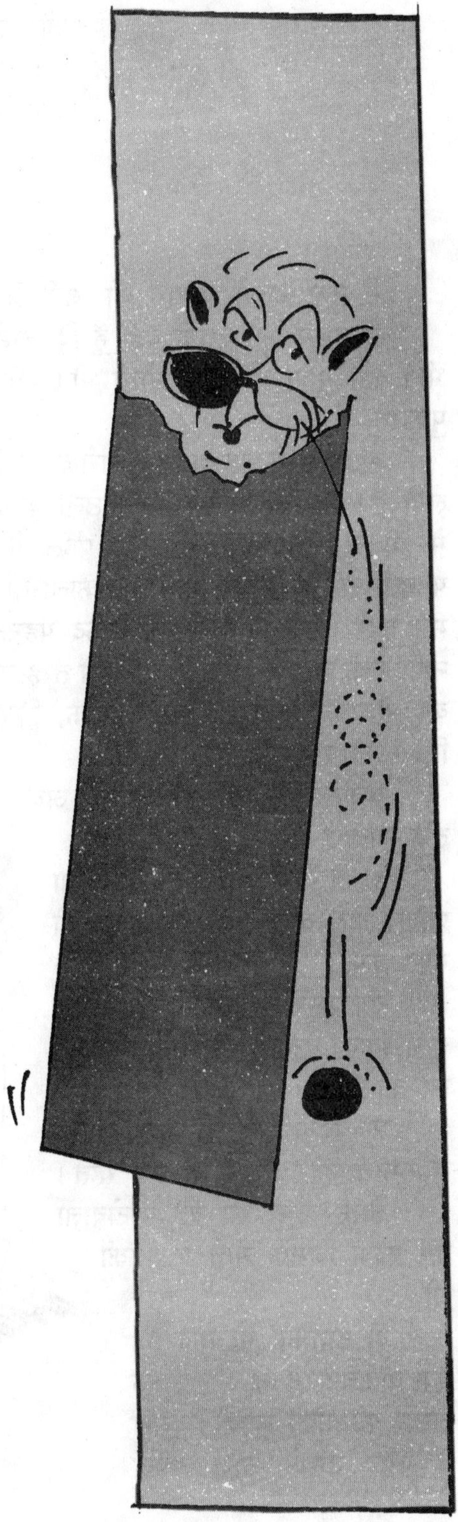

हम भी बच्चे थे

कृष्णा सोबती

बच्चो,

मैं तुम्हें अपने बचपन की छोटी-छोटी कहानियाँ सुनाने जा रही हूँ।

मैं तुमसे कुछ इतनी बड़ी हूँ कि तुम्हारी दादी भी हो सकती हूँ, तुम्हारी नानी भी। बड़ी बुआ भी--बड़ी मौसी भी। परिवार में मुझे सभी लोग जीजी कहकर ही पुकारते हैं।

हाँ, जब से नई शती ने तारीख़ बदली है, मैं भी कुछ बड़ा-बड़ा महसूस करने लगी हूँ। शायद इसलिए कि पिछली शताब्दी में पैदा हुई थी। मेरे पहनने-ओढ़ने में भी कुछ बदलाव आए हैं। पहले मैं रंग-बिरंगे कपड़े पहनती रही हूँ। नीला-जामुनी-ग्रे-काला-चॉकलेटी। अब मन कुछ ऐसा करता है कि सफ़ेद पहनो। गहरे नहीं, हल्के रंग। मैंने पिछले दशकों में तरह-तरह की पोशाकें पहनी हैं। पहले फ्रॉक, फिर निकर-वॉकर, स्कर्ट।

बचपन के कुछ फ्रॉक तो मुझे अब तक याद हैं।

हल्की नीली और पीली धारीवाला फ्रॉक! गोल कालर और बाजू पर भी गोल कफ़।

एक हल्के गुलाबी रंग का बारीक चुन्नटोंवाला घेरदार फ्रॉक। नीचे गुलाबी रंग की फ्रिल।

उन दिनों फ्रॉक के ऊपर के जेब में रूमाल और रिबन भी रखे रहते।

लैमन कलर का बड़े प्लेटोंवाला गर्म फ्रॉक जिसके नीचे फर टँकी थी।

दो ट्यूनिक भी याद हैं। एक चॉकलेट रंग का और उसके अन्दर की कोटी प्याजी। दूसरा ग्रे और उसके साथ सफ़ेद

कोटी।

मुझे अपने मोज़े और स्टोकिंग भी याद हैं!

बचपन में हमें अपने मोज़े खुद धोने पड़ते थे। वह नौकर या नौकरानी को नहीं दिए जा सकते थे। इसकी सख़्त मनाही थी।

हम बच्चे इतवार की सुबह इसी में लगाते। धो लेने के बाद अपने-अपने जूते पॉलिश करके चमकाते। जब जूते कपड़े या ब्रश से रगड़ते तो पॉलिश की चमक उभरने लगती।

मुझे आज भी बूट पॉलिश करना अच्छा लगता है। हालाँकि अब नई-नई किस्म के शू आ चुके हैं। कहना होगा कि यह पहलेवाले जूतों से कहीं ज़्यादा आरामदेह हैं। हमें जब नए जूते मिलते, उसके साथ ही छालों का इलाज़ शुरू हो जाता।

जब कभी लम्बी सैर पर निकलते, अपने पास रुई ज़रूर रखते। जूता लगा तो रुई मोज़े के अन्दर। हाँ—हमारे-तुम्हारे बचपन में तो बहुत फर्क हो चुका है।

हर शनीचर को हमें आलिव-ऑयल या कैस्ट्रोयल पीना पड़ता। यह एक मुश्किल काम था। शनीचर को सुबह से ही नाक में इसकी गंध आने लगती!

छोटे शीशे के गिलास जिन पर ठीक खुराक के लिए निशान पड़े रहते, उन्हें देखते ही मतली होने लगती।

मुझे आज भी लगता है कि अगर हम न भी पीते वह शनीवारी दवा तो कुछ ज़्यादा बिगड़नेवाला नहीं था।

तुम्हें बताऊँगी कि हमारे समय और तुम्हारे समय में कितनी दूरियाँ हो चुकी हैं। यहाँ तक कि बचपन की दिलचस्पियाँ भी बदल गई हैं।

याद रहे, उन दिनों कुछ घरों में ग्रामोफ़ोन था, रेडियो और टेलीविज़न नहीं।

हमारे बचपन की कुल्फी आइसक्रीम हो गई है। कचौड़ी-समोसा पैटीज़ में बदल गए हैं। शहतूत और फ़ाल्से और खसखस के शरबत कोक-पेप्सी में।

उन दिनों हमें लैम्नेड विमटो भी मिलती थी।

शिमला और नई दिल्ली में बड़े हुए बच्चों को वैंगर्स और डेविको रेस्तराँ की चॉकलेट और पेस्ट्री मज़ा देनेवाली होती। हम भाई-बहनों की बारी-बारी ड्यूटी लगती। शिमला माल से ब्राउन ब्रेड लाने की।

शिमला में हमारा घर माल से ज़्यादा दूर नहीं था। एक छोटी-सी चढ़ाई और गिरजा मैदान पहुँच जाते। वहाँ से एक उतराई उतरते और माल पर। कन्फैक्शनरी काउंटर पर तरह-तरह की पेस्ट्री और चॉकलेट की खुशबू मनभावन लगती।

हमें हफ़्ते में एक बार चॉकलेट ख़रीदने की छूट थी। सबसे ज़्यादा मेरे पास ही चॉकलेट-टॉफ़ी का स्टॉक रहता। मैं चॉकलेट लेकर खड़े-खड़े कभी न खाती। घर लौटकर साइडबोर्ड पर रख देती और रात के खाने के बाद बिस्तर में लेटकर मज़े ले-लेकर खाती।

शिमला के काफल भी बहुत याद आते हैं। खट्टे-मीठे। कुछ एकदम लाल, कुछ गुलाबी। रसभरी कसमल। सोचकर ही मुँह में पानी भर आए। चैस्टनट एक और गज़ब की चीज़। आग पर भूने जाते और फिर छिलके उतारकर मुँह में।

चने जोर गर्म और अनारदाने का चूर्ण! हाँ, चने जोर गर्म की पुड़िया जो तब थी, वह अब भी नज़र आती है। पुराने कागज़ों से बनाई हुई इस पुड़िया में निरा हाथ का कमाल है।

नीचे से तिरछी लपेटते हुए ऊपर से इतनी चौड़ी कि चने आसानी से हथेली पर पहुँच जाएँ। एक वक़्त था जब फिल्म का गाना, 'चना जोर गरम, लाया मैं बाबू मज़ेदार, चना ज़ोर गरम'—यह गाना उन दिनों स्कूल के हर बच्चे को आता था।

कुछ बच्चे पुड़िया पर तेज़ मसाला बुरकवाते। पूरा गिरिजा मैदान घूमने तक यह पुड़िया चलती। एक-एक चना-पापड़ी मुँह में डालने और कदम उठाने में एक ख़ास ही लय-रफ़्तार बनती।

छुटपन में हमने शिमला ब्रिज पर बहुत मज़े किए हैं। घोड़ों की सवारी की है। हर बच्चे को कभी-न-कभी यह मौक़ा मिल ही जाता था।

हम जाने क्यों शिमला के इन घोड़ों को कुछ कमतर करके समझते। उन पर हँसा करते। गाम के घोड़े ख़ूब हृष्ट-पुष्ट और ख़ूबसूरत। उनकी बात फिर कभी।

हाँ, शिमला ब्रिज के मज़े बहुत याद आते हैं। शाम के रंग-बिरंगे गुब्बारे। सामने जाखू का पहाड़। ऊँचा चर्च। चर्च की घंटियाँ बजतीं तो दूर-दूर तक उनकी गूँज फैल जाती। लगता, इसके संगीत से प्रभु ईशू स्वयं कुछ कह रहे हैं।

सामने आकाश पर सूर्यास्त हो रहा है। गुलाबी सुनहरी धारियाँ नीले आसमान पर फैल रही हैं। दूर-दूर फैले पहाड़ों के मुखड़े गहराने लगते और देखते-देखते बत्तियाँ टिमटिमाने लगतीं। रिज़ पर की रौनक—और माल की दुकानें चमचमाने लगतीं। स्कैंडल पाइंट की भीड़ से उभरता कोलाहल धीरे-धीरे फैलने

लगता।

स्कैंडल पाइंट के ठीक सामने उन दिनों एक दुकान हुआ करती थी, जिसके शोरूम में शिमला-कालका ट्रेन का मॉडल रखा था। इसकी पटरियाँ—उस पर खड़ी छोटे-छोटे डिब्बोंवाली ट्रेन। एक ओर लाल टीन की छतवाला स्टेशन और सामने सिगनल देता खम्बा—थोड़ी-थोड़ी दूर पर बनी सुरंगें!

पिछली सदी में पहाड़ी रफ्तारवाली गाड़ी वही थी। कभी-कभी हवाई जहाज़ भी देखने को मिलते! दिल्ली में जब भी उनकी आवाज़ आती, बच्चे उन्हें देखने बाहर दौड़ते। दीखता एक भारी-भरकम पक्षी उड़ा जा रहा है पंख फैलाकर। यह देखो और वह गायब! हाँ, इसके मुकाबले छुक्क-छुक्क गाड़ी धीरे-धीरे चलती। गाड़ी के मॉडलवाली दुकान के साथ एक और ऐसी दुकान थी जो कभी नहीं भूलती। यह वह दुकान थी जहाँ मेरा पहला चश्मा बना था। वहाँ उन दिनों आँखों के डॉक्टर अंग्रेज़ थे।

बचपन में चश्मा लगाना बड़ा अटपटा लगा। छोटे-बड़े मेरे चेहरे की ओर देखते और कहते—क्या आँखों में कुछ तकलीफ़ है! इस उम्र में ऐनक! दूध पिया करो। मैं डॉक्टर साहिब का कहा दोहरा देती—बाद में नज़र ठीक हो जाएगी तो ऐनक उतर जाएगी।

वैसे डॉक्टर साहिब ने पूरा आश्वासन दिया था, लेकिन चश्मा तो अब तक नहीं उतरा। नम्बर कम ही होता रहा! मैं अपने आप इसकी ज़िम्मेवार हूँ। जब आप दिन की रोशनी को छोड़कर रात में टेबल लैंप के सामने काम करेंगे—तो इसके अलावा और क्या होगा! हाँ, जब पहली बार मैंने ऐनक लगाई तो मेरे एक चचेरे भाई ने मुझे छेड़ा—देखो, देखो कैसी लग रही है!

आँख पर चश्मा लगाया
ताकि सूझे दूर की
यह नहीं लड़की को मालूम
सूरत बनी लंगूर की!

मैं खीजी कि मुझ पर यह क्यों दोहराया जा रहा है। पर शेर बुरा न लगा।

जब वह लोग चाय पीकर चले गए तो मैं अपने कमरे में जाकर आईने के सामने खड़ी हो गई। कई बार अपने को देखा। ऐनक उतारी। फिर पहनी। फिर उतारी। देखती रही—देखती रही।

सूरत बनी लंगूर की—
नहीं—नहीं—नहीं—
हाँ—हाँ—हाँ—

मैंने अपने छोटे भाई का टोपा उठाकर सिर पर रखा। कुछ अजीब लगा।

अच्छा भी और मज़ाकिया भी।

तब की बात थी; अब तो चेहरे के साथ घुल-मिल गया है चश्मा। जब कभी चेहरे पर नहीं होता है तो चेहरा खाली-खाली लगने लगता है।

ऐनक के साथ क्या लंगूर लगते हैं?
नहीं—नहीं—नहीं—
ऐनक के साथ क्या बन्दर लगते हें—
नहीं—नहीं—नहीं।
अब ऐनक के साथ कुछ भी
अटपटा नहीं लगता।
जो पहनता है वह आँखों की
सुरक्षा करता है।

अब लंगूरों के ताऊ-भाई बन्दरों की बात सुनो।

यह भी कहानी नहीं। इसे मैंने माँ से सुन रखा है कई बार। यह उनके और मेरे साथ घटी थी, जब मैं बहुत छोटी थी।

हुआ कुछ यूँ कि कुछ मित्र परिवार शिमला के जाखू पहाड़ पर पिकनिक के लिए पहुँचे! दरियाँ-टोकरियाँ! खाना! चाय का सामान! फल, मीठा पानी। जाखू मन्दिर की बन्दर ब्रिगेड के लिए चने और गुड़!

दरियाँ बिछा ली गईं। जो सामान उठाकर लाए थे, एक किनारे पर जूतों के ऊपर बोरी बिछाकर उसे ढँक दिया गया। बन्दर झपाटा मार उन्हें इधर-उधर न कर दें! सामान की देख-रेख करने को कुली वहीं पसर गए। दो-दो चार-चार लोग अपने परिवार के साथ हनुमान मन्दिर में माथा टेकने जाते और पीछे-पीछे चलती बन्दरों की चौकड़ी। छोटे-छोटे बच्चों को बन्दरियाँ पेट से चिपकाए कभी यहाँ से वहाँ—

कभी वहाँ से यहाँ।

हट—हट—

बन्दर ढीठ बच्चों की तरह कभी घूरते। कभी इस पेड़ की डाल पर, कभी उस पेड़ की डाल पर। किसी के हाथ में प्रसाद देखकर कभी उसे झपटा, कभी मुँह में बूँदी डालकर सैलानियों को चिढ़ाया।

बड़ी दीदी को पिताजी दिखा रहे थे बन्दरों के राजा-रानी। पूरी बन्दर बिरादरी से बड़े आकार के राजा-रानी इधर चले आ रहे हैं। सड़क के दोनों ओर बैठे हैं दर्शनार्थी बन्दर। राजा-रानी आए तो लोग चने और गुड़ डालने लगे! बन्दर प्रजा में कोई खाने को आगे नहीं बढ़ा। यह अधिकार इस वक़्त सिर्फ राजा-रानी को है।

बड़ी दीदी यह जुलूस देखकर पिकनिक कार्नर की ओर बढ़ रही थीं। माँ ने उस दिन मुझे लाल शॉल में लपेट रखा था। स्वेटर के साथ टोपा भी लाल।

दरी पर लिटाकर माँ ने थरमस में से दूध फीडिंग बोतल में डाला। बोतल पर निप्पल लगाया और उसे नैपकिन से ढाँपकर मुझे गोदी में लेकर दूध पिलाने लगी। निप्पल से क्या दूध नहीं आ रहा, माँ ने कपड़ा उघाड़कर देखा—बोतल खाली थी। पी चुकी। शॉल बिछा माँ ने मुझे दरी पर लिटाया! हाथ में खिलौना दिया और बोतल धोने के लिए दरी के किनारे सरक गईं।

पिताजी और दीदी बन्दरों की हलचल को देखते-देखते इधर बढ़ रहे थे कि पेड़ से छलाँग मारी बन्दर ने—लाल शॉलवाली बुचकी उठाई और सामने के पेड़ पर जा बैठा। किसी ने आवाज लगाई—माँजी, बन्दर बेबी को उठाकर ले गया।

कुछ ऐसे अचानक हुआ कि दहशत छा गई। बच्ची को नीचे गिरा दिया तो...

माँ ने जल्दी से चने और गुड़ का पैकेट खोल दिया और पुचकारकर कहने लगी—आजा बेटा, नीचे आ जा। यह तो तुम्हारे लिए है। चने खाओ। गुड़ खाओ। चले आओ।

पिताजी पेड़ की ओर बढ़ रहे थे कि माँ ने हाथ से रोक दिया।

पहले आस-पास बैठे बन्दर खाने को दौड़े, फिर ऊपरवाला नीचे कूदा। बच्चे को दरी पर रखा और खाने में व्यस्त हो गया।

माँ ने मुझे गोदी में डाल लिया और मन-ही-मन वानर सेना का धन्यवाद किया।

यह घटना हुई, जब मैं छोटी थी।

माँ बताती थीं। उन्होंने तौलिया गीला कर मुझे अच्छे से पोंछा। चेहरा और हाथ ही खुले थे।

पिकनिक के बाद जब नीचे उतरे तो डॉक्टर के यहाँ जाकर उसे सारी घटना बताई।

डॉक्टर को कोई खरोंच का निशान नहीं दीखा तो कहा कि किसी दवा की ज़रूरत नहीं। पानी में यह टिकिया डालकर बच्ची को गुसल दे दें।

माँ कहती थीं—बच्चो, बन्दर को छेड़ना नहीं चाहिए! गुस्सा जाए तो बहुत ज़िद में आ जाता है।

एक बार गुस्से में आकर बन्दर ने हमारे छत पर रसोइए के सूखते कपड़े फाड़ डाले।

मालूम नहीं क्या था कि इन दोनों के बीच कुछ न कुछ होता ही रहता। कई

दिनों की झड़ी के बाद धूप निकली। रसोइए ने अपने कपड़े धोकर छत पर सुखाने को डाल दिए।

देखिए बन्दर क्या करता है? सुबह से कपड़े धूप में पड़े थे—बन्दर ने कुछ नहीं किया। दोपहर के खाने के बाद फुर्सत पा रसोइया साहिब धूप सेंकने को बैठे तो देखा मुँडेर पर बैठा बन्दर घूर रहा है...

हट—चल—

जवाब में बन्दर ने उसके सामने ही सामने कपड़ों को फाड़-फाड़कर छत पर फैला दिया।

जब तक वह रसोइया हमारे यहाँ रहा—उसमें और बन्दर में यह तनातनी चलती रही। दो-एक बार उन्होंने दोस्ती का हाथ बढ़ाने को भुने चने भी डाले, लेकिन खा लेने के बाद भी बन्दर ने उसका लिहाज़ नहीं किया।

बच्चों, बन्दरों की कुछ न पूछिए।

मार हुड़दंग और छतबाज़ी में लगे रहते हैं।

छत पर से खटाक-पटाक, सटाक, खट-खट-झटपट टीन की छत पर छलाँगें!

शैतान बन्दर।

छत की ऊँचाई से ढलवाँ किनारे पर, किनारे पर से पेड़ की डाली पर—झम्म-झम्म टहनी पर टिककर झूल-झूल फिर एक और छलाँग मारकर छत पर टिकी पानी की टंकी पर!

कौन है जो ऐसा कर रहा है। बन्दरलाल। बन्दरलाल कि बन्दरचन्द कि बन्दर बहादुर। बहादुर कि दूसरों की चीजें उखाड़ फेंकनेवाला बन्दर बूजो शरारती कपड़ा फाड़! किसी की धूप में सूखती कमीज को फाड़, किसी-किसी के पजामे की चिन्दियाँ-चिन्दियाँ कर।

अरे बूजो तुम दिन भर इन्हीं झमेलों में लगे रहते हो!

अब क्या करने का इरादा है? सामने किसी के रसोईघर की खिड़की खुली है। उसी ओर फटाक छलाँग मारकर अन्दर और रकाबी में रखी पकी रोटियाँ उठाकर यहाँ से वहाँ जा। वहाँ से और कहीं आगे। रोटी के दो टुकड़े किए। एक मुँह में, एक सामने बैठे बन्दर बाबू के हाथ में।

बन्दर बाबू!

बाबू बन्दर।

अरे किसी दफ्तर में काम कर रहा है क्या?

नहीं। यह टोली दफ्तर के आस-पास ही ऊधम मचाती रहती है।

कभी खिड़की से अन्दर गए और कलम उठा ली। कलम का क्या करोगे? ही-ही-ही। अरे दाँत क्यों दिखा रहे हो।

इसे चबा जाऊँगा।

मुझसे बातें मत करो। मैं जा रहा हूँ टाउन हॉल। बैंच पर बैठने का प्रोग्राम है।

वहाँ तो कोई बैंच खाली ही नहीं।

क्या हुआ मैं बिजली की तार पर झूलने लगूँगा।

इधर से उधर और उधर से इधर।

झूला झूल। झूल झूल।

अब मैं आइसक्रीम खानेवालों के हाथ से आइसक्रीम छीन लूँगा। ठंडी मीठी।

सभी सताये हुए तुम्हारे पीछे पड़ जाएँगे। मार भगाएँगे।

मैं कूद जाऊँगा। पेड़ से छत पर और छत पर से चिमनी पर।

कैसी लगी आइसक्रीम।

ऊँह—ठंडी-ठंडी मुझे नहीं भाती।

बन्दर की बिटिया बोली—मैं तो जलेबी खाऊँगी।

बन्दर बेटा दौड़ा-दौड़ा आया। बाप से लिपट-लिपटकर कहा—मैं तो खाऊँगा समोसा। पकौड़ा।

हट हट।

बन्दर हलवाई की दुकान पर कूदे। जरा सेंक लगा तो ठंडे गुलाब जामुनों पर

हाथ मार दिया। हाथ में चाश्नी का शीरा लग गया।

मुँह में डाला—

कुछ नहीं—यह किसी काम की चीज नहीं।

दाँत से कटकटाने के लिए कुछ हो तो बात है। हलवाई की कड़ाही—

एक दिन उल्टी पड़ी होगी तो इस पर से छलाँग लगाऊँगा।

अब?

ऊपर नीचे—उलट-पुलट रस्सी पर—फिर धड़ाधड़ इस छत से उस छत पर।

यह क्या?

रंगदार ओढ़नी।

लड़की के गले से खींचकर अपने सिर पर ओढ़कर सीधे पेड़ पर।

और नीचे भीड़ जमा हो गई।

मैं कोई तमाशा थोड़े हूँ। मैं तो बन्दर हूँ बन्दर। भीड़ हँसने लगी। तालियाँ बजाने लगी। बन्दरलाल ने ओढ़नी उतारनी चाही—वह पेड़ के साथ लगी बिजली की तार में फँस गई।

बन्दर महाराज—तुम्हें नजर नहीं आ रहा, मुँह पर से कपड़ा उतारो, न हो तो फाड़ डालो।

बन्दर ने अपने को झाड़ा, ओढ़नी अलग हो तार पर लटकने लगी।

बन्दरचन्द ने नीचे खड़े लोगों को दाँत दिखाए।

फिर पंजों से डराया और कूदता हुआ किसी कॉलेज में पहुँच गया।

कैंटीन की ओर जाती लड़कियों का पीछा करने लगा।

ऊपर से कूद-फाँद उन्हें डराया।

दौड़ो मत। धीरे-धीरे चलो।

एक लड़की—यह वही है वही। वह देखो इसके माथे पर पक्का गहरा लाल रंग लगा है। लड़कियों को हँसते देख बन्दर नटखपन पर उतर आया। एक लड़की के हाथ से अखरोट छीन लिया।

फिर पेड़ पर बैठकर दाँत से चबाने लगा।

लड़कियों का झुंड कैंटीन पहुँचा।

बन्दरों के कबीले ने गुपचुप फैसला किया और लड़कियों को घेर लिया।

हट हट हटो—

बन्दर नथुने फुला दाँत दिखाने लगे।

मतलब साफ था—हमारे लिए भी आर्डर करो।

रंग-बिरंगे कपड़ों में लड़कियाँ बन्दरों को बहुत अच्छी लगीं। बन्दर किसी के पास जा फरमाइश करे। गले से आवाज करे—ऊ-ऊ हमें भी दो।

समोसा खाओगे।

नहीं नहीं—इन्हें पकौड़े दो।

कैंटीन बॉय ने कहा—

लो।

बन्दर बाप ने पकौड़ा हाथ में लिया और नोचा-नोची करके परे फेंक दिया। कैंटीन बॉय मज़ाक करने लगा। क्या खाओगे?

पाव रोटी?

वही दो।

नहीं नहीं इन्हें मूँगफली दो। शौक से खाएँगे।

कैंटीन बॉय ने मूँगफली की पुड़िया आगे फेंकी।

बन्दर परिवार उसे खाने में लग गया।

लड़कियाँ हँसने लगीं।

एक लड़की कुर्सी से उठकर चाय लेने गई कि बन्दर छलाँग मारकर उस पर विराजमान हो गया। लड़कियाँ हँस-हँसकर कुर्सियों से उठने लगीं और कैंटीन के लड़कों को पुकारा—इन्हें हटाओ।

कैंटीन बॉय ने हाथ दिखाया—चलो-चलो यहाँ से, नहीं तो यह रहा मेरा जूता।

बन्दर कुर्सी से उठे और बिस्कुटों के जार को नीचे फेंककर पेड़ पर।

एक से दूसरी शाखा पर, इस पेड़ से दूसरे पेड़ की टहनी। पूरा दिन भर इनका यही धन्धा।

फिर वही—बन्दरोंवाली धमाचौकड़ी। छलाँग। यहाँ से वहाँ। बच्चे को साथ लगाए जहाँ भी मन हो। यहाँ से कूदकर आगे, वहाँ से कूदकर और आगे कहीं और, यह तो हमारा काम ही ठहरा।

हम बन्दर हैं, हम यही करेंगे।

यही करते रहेंगे। हम दाँत निकाल लोगों को छेड़ते रहेंगे। उधर देखो, उधर दौड़ो।

हाथ में मक्का के दाने पकड़े कोई मजे-मजे जा रहा है। बन्दर ब्रिगेड ने जाते ही हाथ पर झपट्टा मारा और मक्का का लिफाफा लेकर सामने की छत पर जा बैठा।

कुछ खाया और कुछ गिराया—कुछ दाने बाहर फेंक दिए। और फिर वही छतबाजी।

छत से इधर-उधर

खटाक छलाँग।

फटाक फटाक

खट पट झटपट

●●●

अनमोल ख़ज़ाना

पटकथा उदय प्रकाश

मूलकथा विजयदान देथा

पात्र

राजा
गडरिया
महारानी
दीवान
नायब
सेनापति
खजांची
दूसरा गड़रिया
गड़रिये की माँ
मुनादीवाला
पुरोहित
सेठ
पगड़ीधारी नागरिक
रानी की सेविका मालिनी
किसान, बुनकर, नौजवान ग्रामीण, बुजुर्ग ग्रामीण
ग्रामीण बच्चे, शिकायत लेकर आने वाली औरत
अन्य नागरिक

भाग-1

Scene One

DAY.
FOREST.

Forest amabience with loud horse hoofs and mixed noise.

HUNTING SEQUENCE.

One :
Low close shots of horse's hoofs. Fast mid cuts.
Three four horses are seen running wildly on a chase.
Trees, bushes, ditches etc. Fast cuts of many faces on chase.
Few Soldiers in Rajputana turban and costume are seen running on a hunt.

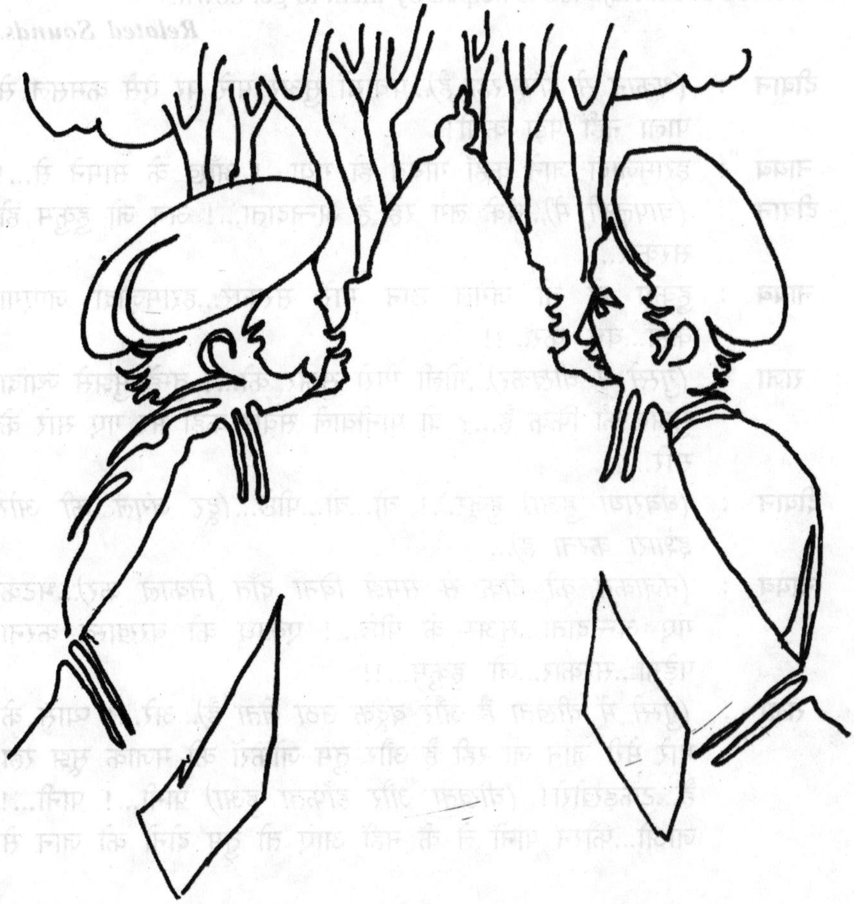

आवाज़ें : 1. वो...उधर गया!... उधर...! टीले के पार...।
2. ऐसा बनैला बराह आज तक नहीं देखा...!!
3. वो...वो...वो रहा...!
4. अरे...अरे...! चूका हुजूर का निशाना फिर से...
5. गया...गया...! दौड़ो...दौड़ो...! आगे से घेरो...! सुअर...बहुत चालाक है...!
6. झाड़ी के पार कूद गया...!! ओह...ओह...! आह...।

TWO :

Feet of a horse is slowed down and comes to a halt. Camera tilts up to show Raja riding on it. He is drenching with sweat and badly exhausted. Close shot reveals his lips are dry, crown is displaced, and clothes have become untidy.

Heavy Breathing Sound.

Raja touches his throat and looks up to the sky. Two other horse men, Diwan and a Nayab arrive and stop. They jump down from the horse's back. Raja too is helped by them to get down.

Related Sounds.

दीवान : *(थकान से हाँफ रहा है)*...पचासों सुअर मारे पर ऐसे कमसल से पाला नहीं पड़ा कभी!

नायब : हरामज़ादा जाने कहाँ गायब हो गया...! आँख के सामने से...!

दीवान : *(चापलूसी में)*...थके लग रहे हैं अन्नदाता...! अब जो हुकुम हो सरकार...

नायब : हुकुम हो तो जंगल छान मारें सरकार...हरामज़ादा जाएगा कहाँ...बच कर...!!

राजा : *(गुस्से में चीखकर)*...गोली मारो सुअर को...! तुम्हें मुझसे ज्यादा सुअर की फिक्र है...? वो पानीवाले सवार कहाँ मर गए सारे के सारे...?

दीवान : *(घबराया हुआ)* हुजूर...! वो...वो...पीछे...*(दूर जंगल की ओर इशारा करता है)*...

नायब : *(नजाकत को ठीक से समझे बिना दाँत निकाल कर)*...भटक गए अन्नदाता...सुअर के पीछे...! एकाध को बरखास्त करना पड़ेगा...सरकार...जो हुकुम...!!

राजा : *(गुस्से में चीखता है और बंदूक उठा लेता है)*...अरे...! प्यास के मारे मेरी जान जा रही है और तुम जोकरों को मजाक सूझ रहा है...टुकड़खोरो! *(चीखता और हाँफता हुआ)* पानी...! पानी...! जाओ...फौरन पानी ले के नहीं आए तो तुम दोनों को जान से

हाथ धोना पड़ेगा...! समझे...? *(जोरों से हुक्म देता हुआ)...* जाओ...!!

Sound effects to generate fear.

Deevan and Nayab are frightened. They fum their faces to look around. Camera shows deserted forest and vast land area burning under sun.

Jungle sounds, dove's and wind.

दीवान : *(घबराया हुआ हाथ जोड़कर)...*अगर आपके काम न आई तो हमारी जान किस काम की अन्नदाता...? आपके हाथ मरने का सुभाग किसी किसी को ही मिलता है...*(उसकी आवाज डर के मारे काँप रही है)...*लेकिन अन्नदाता...

राजा : *(चीखकर)* बोलो...!!

दीवान : *(थरथर काँपता हुआ)...*इस बियाबान में सरकार...पानी कहाँ...? एक भी बूँद कहीं दूर-दूर तक नज़र नहीं आती...*(गिड़गिड़ाता हुआ)...*सरकार?

They all turn their faces together to the same direction. Camera shows deserted forest and barren land burning under sun.

Strong wind and sound effects.

When these shots are shown, voice of Nayab is heard shivering in fear.

नायब : *(डरी हुई आवाज)...*ये बादल...?...आज इस धरती का स्वामी प्यास के मारे मर रहा है...तो हरामजादा एक भी बादल आसमान में नहीं दिखाई देता...

Cut away shows that the Raja is un-impressed with what are these courtiers say. His fingers are grasping the trigger of the gun.
Deevan notices it. His face is pale with fear. They both are shivering with fear.
Raja aims his gun at them. Close shot of their faces.

दीवान : *(डर के मारे लगभग विक्षिप्त हो गया है)...*बरसो...बरसो...! *(ऊपर की ओर देखते हुए)* सरकार का हुकुम है...! बरसो...

Suddenly a captivating music of algojha is heard. It grows louder.

Raja, Deewan and Nayab all are under spell of the tune and look towards that direction. Raja licks his dry lips and his face gets distorted in anger.

राजा : *(गुस्से में)*...कौन है ये गुस्ताख! कौन है? इधर हमारी जान जा रही है और उधर इसे मस्ती सूझ रही है? सिर कलम कर दो...हरामजादे का...!

He aims his gun to the direction of the music. Deevan smiles cunningly and says.

दीवान : अन्नदाता...! माईबाप! *(फुसफुसाती आवाज़ में)* हो सकता है उस हरामजादे के पास पानी हो...

Sound effects.

Raja is anxious. He rides on his horse and goes in that direction. Deevan and Nayab follow him on their horses.

राजा : ...चलो...! देखो कहाँ पर बैठा अलगोझा बजा रहा है वो...

Music of algojha becomes louder.

Cut.

Scene Two

SAME TIME.
A *KHEJDI* TREE IN A WIDE OPEN LANDSACPE.

Melodious tune of algojha becomes louder combined with horse step sounds.

Back camera shot. Horses stop.
A long shot from the perspective of the horse-riders.
A man is sitting, facing his back towards them. He is playing algojha.
A few sheeps are grazing around him; a *chhaagal* is hanging from a branch.
Cut away shows an ugly looking shephered, face bearing bum marks, dark skinned is engrossed in playing algojha.

Raja on horse is mesmerized with the magic of the music.

Cut.
The *chhaagal* is seen in the foreground as the Nayab comes towards it.
The king enters the frame and bends to drink greedily as the Nayab pours water.

The sound of the algojha stops.
Water.

The gadariya turns to look and jumps towards them. He Shouts.

Sound effects. Foot stops

गड़रिया : *(ज़ोरों से डाँटते हुए)*...ठहरो...! ठहरो...

He snatches the *chhagal.*
The king's face starts trembling with suppressed anger. The Nayab stares in disbelief. Gadaria stands holding snatched chhagal and says.

गड़रिया : *(डाँटते हुए)*...ऐसे पानी पियोगे तो बेमौत मरोगे...!

Sound of birds and wind. A natural ambience.

Close shot shows Raja and his men staring at him in anger and bewilderment. Gadariya hold Raja's arms forcefully and drags him in the shade of the tree. Cut away of Deewan and Nayab.
Gadariya wipes him with his *angochha* and sprays drops of water on his face.
An expression of relief comes on Raja's face. Gadariya hands over the *chhaagal* to the king.
The king gulps the water thirstily.

गड़रिया : *(मुस्कुराता हुआ, डरावने चेहरे के साथ)*...ए...! इत्ती प्यास में ऐसा गटागट...गटागट पानी नहीं पीते...! *(हँसता है)*...छागल तुम्हारे हाथ में है, पानी कहीं भाग जाएगा क्या?

Raja looks at him apologetically, smiles and drinks again.

Throat-wate sounds.

राजा : *(तृप्ति के साथ मुँह पोंछते हुए)*...आह ये पानी था...या अमृत...!

Cut.
Another gadariya is seen running excitedly and stops close-by resting his chin on his latthi.

Ranning foot-step sounds.

CS. He watches the scene with eager curiosiy.

The sounds of the sheep.

Raja looks at the *gadariya* with an inquistive smile and says.

राजा : ...आज तूने हमारी जान बचाई है ! हम बहुत खुश हैं...!! बोल तुझे क्या बख्शीश चाहिए...

The gadariya throws back his head and laughs. The other gadariya slaps his forehead in exasperation.

गड़रिया : *(ठहाके लगा कर हँसता है। उसका डरावना चेहरा और डरावना हो उठता है)*...हा...हा...हा...! पानी पिलाने के लिए

बगसीस...! हा...हा...! कैसी अजब बात...? पानी तो कुदरत की चीज है...! उसके लिए बगसीस...?

Cut away shots of the shocked expressions of the king's men. The smile gradually vanishes from the raja's face. Nayab watches him with wondered expression, and says.

नायब : अरे पागल!...तेरी तो किस्मत का पिटारा खुल गया बेवकूफ... माँग ले जो माँगना है...

दीवान : अकल होती तो क्या ये गड़रिया होता? *(गड़रिया से)* अरे नालायक! धरती के स्वामी तेरे ऊपर खुश हैं...तू माँगता क्यों नहीं...

गड़रिया : *(फिर ठहाका लगाता है, उसके दाँत निकल आए हैं)* धरती का स्वामी! ही...ही...ही...! धरती का कोई स्वामी नहीं होता...! जैसे पानी कुदरत की चीज वैसे धरती...! पानी और धरती का स्वामी कौन होगा? ही...ही...ही...

दीवान : अरग बेवकूफ कोई तो चीज़ ऐसी होगी जो तेरे पास नहीं होगी...वही माँग ले...

गड़रिया : *(बच्चों की तरह अबोधता से)*...ऐसी कोई चीज़ नहीं जिसकी कमी हो मेरे पास...! पानी है, धूप है, हवा है, रोटी है, जंगल में फल-फूल हैं...ओढ़ने के लिए कंबल ये भेड़ें दे देती हैं...सूत रुई से बन जाती है...

राजा : *(ताज्जुब से)* कुछ तो कमी होगी तुम्हारे पास...

गड़रिया : *(गंभीरता लेकिन मासूमियत के साथ)* मुझे कोई कमी नहीं, फिर आपसे क्या माँगूँ? वैसे माँगी हुई चीज से मैं कोई काम नहीं लेता...

The other gadariya laughs and says.

दूसरा गड़रिया : अन्नदाता! ये जो खेजड़ी का पेड़ है ना *(इशारा करता है)* इससे तो फिर भी अकल की आस की जा सके...पर ये तो असल बुद्धू है...! पाँच भेड़ों के पीछे-पीछे सारे दिन जंगल पहाड़ भटकता है...! ये क्या माँगेगा हुजूर से...! जो सरकार का मन करे खुद ही बकसीस कर दें...सरकार...

गड़रिया : *(गुस्से में उसे घूरता है)*...जब मैं कुछ लेना ही नहीं चाहता तो तू क्यों बीच में गिड़गिड़-पिड़पिड़ कर रहा है...? मैंने तो अपने बाप से भी हिस्सा नहीं माँगा...तो छागल भर पानी की खातिर बकसीस माँगूँ...?

(घूम कर जाने लगता है)

दूसरा गड़रिया : *(उसका मजाक उड़ाता हुआ राजा से)*...अपना बखत न बरबाद करें अन्नदाता! ये तो पूरा काठ का उल्लू है! सारे नात-बिरादरी वाले समझाते बुझाते हार गए, पर इस पगले ने अपने बाप की जायदाद से एक कौड़ी भी नहीं ली...
कहता है *(उसकी नकल उतारता है)* मुफ्त का माल मुझे हजम नहीं होता (हँसता है) ही...ही...ही...

Raja looks at him with interest.
Close shot of the other gadariya covers the screen.

दूसरा गड़रिया : कई बार ढोर-जिनावर आदमी की शकल में जनम लेते हैं! ये बिलकुल पोंगा है...पोंगा हुजूर! न ऊधो का लेना ना माधो का देना...! प्यासा मर जाएगा किसी से पानी नहीं माँगेगा...देखिए कैसे बेफिकर बैठा है अपनी भेड़ों के साथ? इन्हीं पाँचों के लिए दिनभर जंगल पतेरा डोलता है, अलगोझा बजाता है और मस्त रहता है...

राजा : *(दीवान की ओर देखकर)*...दीवान जी...! दुनिया में क्या कोई

ऐसा आदमी भी हो सकता है, जिसे किसी चीज़ की कमी न हो...! हमें देखो...हम राजा ठहरे...पर हम भी ये दावा नहीं कर सकते...! हमारे देखने-सुनने में आज तक कोई ऐसा आदमी नज़र नहीं आया...

In a picturesque composition, gadariya is seen with his sheep, pampering one of them. He picks up his algojha and the moment starts playing algojha, Nayab rushes to him and interrupts.

नायब : *(ज़ारों से)* अबे ओ घनचक्कर! देस के मालिक ने खुद तुझसे बकसीस माँगने को कहा...और तू *(जोरों से)*...तू हुजूर के मुँह के ऊपर इंकार करने की जुर्रत कर रहा है...? *(गुस्से में धमकी वाले अंदाज में)*...तेरी आ गई है अब शामत...समझे...

गड़रिया : *(उठता है और बेफिक्री से नायब के ठीक सामने आकर खड़ा हो जाता है)*...सामत? *(मासूमियत से मुस्कुराकर)* सामत कैसी? ऐं? अगर पानी के लिए हर कोई बकसीस लेने लगे तो गरीब तो बेचारे पियासे ही मर जाएँगे...! है कि नहीं? बोलो...! गरीब के पास क्या होता है देने को? बोलो! तो क्या कोई उन्हें पानी ही न पिलाए...? बोलो...!

(नायब को कोई जवाब नहीं सूझता। वह भौंचक्का-सा गड़रिए को घूरता रहता है।) बोलो...। *(गड़रिया जोरों से ठहाका लगा कर हँसता है।)*...ही...ही...हा...हा...! अच्छा चलो...आप इतना कहते हैं तो एक दिन मैं राजा के घर आकर पानी पी जाऊँगा...! बराबर हो जाएगा हिसाब-किताब...! ठीक है...?

Close shot of Raja. He is amazed and smiles.

राजा : आह! ऐसा इंसान? ओह!! *(ज़ोरों से चिल्लाकर)* अरे ओ नायब...! क्यों डरा धमका रहे हो उसे...? वो कुछ ले या न ले, उसकी मरजी...! इस दुनिया में सिर्फ तुम जैसे भिखमंगे ही नहीं बसते, समझे...?

Scene Three

SAME TIME.
SAME PLACE.

The bleating of sheep is heard.

The raja rises and walks gently towards the gadariya and sits down before him. The gadariya looks up from packing his algojha and smiles. Raja says.

राजा : कितने अच्छे तेरे बोल हैं! कितनी सुन्दर बानी...! वाह...!

गड़रिया : *(बच्चों की तरह खुश होकर)* सच्ची...? खिल्ली उड़ा रहे हैं मेरी...?

राजा : *(प्रेम के साथ)* नहीं...! मैं सच कह रहा हूँ...। लेकिन ये तुम्हारे चेहरे को क्या हुआ! अच्छी भली शक्ल पर जले-कटे के इतने निशान...?

गड़रिया : *(चेहरे पर हाथ फिराता है)*...ओह...! बस ऐसे ही...*(मुस्कुराता है)*

राजा : बताओ ना...! तुम्हारी बातें सुनकर हमारा दिल बाग-बाग हो गया! डरो नहीं...

गड़रिया : डर? आदमी भला आदमी से क्यों डरे...? है कि नहीं...? *(हँसता है)* लेकिन एक बात बोलूँ...?

राजा : हाँ हाँ...बोलो...

गड़रिया : *(शरमाता हुआ)* हमें भी आपसे मिलकर बहुत अच्छा लगा...!

राजा : *(मुस्कुरा कर)*...सच्ची...? सच बोल रहे हो...

गड़रिया : और क्या? हम झूठ नहीं बोला करते...! *(गंभीरता लेकिन मासूमियत से)* आपने मुझसे इतनी सारी बातें कीं...! बाकी सब, *(दूसरे गड़रिये, दीवान और नायब की ओर देखकर)* सब के सब मेरी खिल्ली उड़ाते हैं! कहते हैं मैं...काठ का उल्लू हूँ! एक ढोर हूँ, एक जिनावर जो आदमी की शकल में जनम गया है...*(दुखी हो जाता है)*

The other gadariya listening to him attentively laughs loudly and comes closer. He puts his chin on his latthi and says.

दूसरा गड़रिया : *(मजाक में)* तेरे कारनामे ही ऐसे हैं। कोई ढंग की हरकत कभी की है तूने? *(राजा की ओर)*...अन्नदाता ये कुछ नहीं बोलेगा अपने बारे में! चुप्पा है चुप्पा...! मैं बताऊँ कैसे पड़ा इसकी शकल पर ये जले-कटे का निशान...!

राजा : बताओ...! हम जानना चाहते हैं...

दूसरा गड़रिया : हुजूर क्या अरज करूँ. हुआ ये कि दो बरस पहले हमारे गाँव में जबर्दस्त आग लगी...! घर के घर धू...धू...करके जलने लगे...

(A flashback)
A village fire is seen.

The crackling sound of the flames.
The sounds of screaming and

crying of men and women
and the bleating of cattle.

Table-top model of village is on fire.
Against the flames in the foreground some men are throwing buckets of water.
On the other side of the flame the crowd is seen, water is thrown towards the camera.

The sound of the throwing of water
alongwith the crackling of flames.

VOICE OVER OF THE OTHER GADARIYAS

गड़रिया : ओह कित्ती भयानक आग थी...! और ये पगला...? अंधा होकर? बिना सोचे-समझे सिरफ दो बछड़ों की खातिर जलती आग में कूद गया! गाँववालों ने सोचा जल के राख हो जाएगा ये काठ का उल्लू...! लेकिन फँसे हुए गाय के बछड़ों को इसने बारी-बारी से बाहर निकाला...! बड़ी मुश्किल से मरते-मरते बचा अन्नदाता! महीनों हिल-डुल नहीं पाया, चल-फिर नहीं पाया...!

Gadariya rushes forward from the crowd.

A tensed music.

A close shot of some men screaming out to stop him.
The other gadariya is standing there, tensed.
The gadariya comes out holding a calf, struggling in his arms. He drops it and rushes towards the fire again.

The crying and calling out of the villagers.
the Calf's sounds.

A few villagers run towards the calf.
The gadariya comes out of the burning shed, holding another calf, he is looking faint and falls with the calf in his arms.

VOICE OVER

आवाज़ : ...हुजूर...वो बछड़े भी इसके नहीं किसी और के थे...! कहता है मेरे पास अकल है. किसी दूसरे के बछड़ों के पीछे अपनी जान गवाँ देना कहाँ की अकल है सरकार...?

A close shot of the gadariya. There is soot and burn marks on his face and body.
Cut.

Sudden change in sound. Rustting of leaves
in the wind and the bleating of sheep.

Cut back to the other gadariya.

गड़रिया : ये जला हुआ चेहरा उसी नामसझी की निसानी है अन्नदाता... वरना इसकी जोड़ का छबीला और सुन्दर जवान हमारे पूरे कुनबे में दूसरा नहीं था कोई...

The Raja looks at the *gadariya* with a surprised expression. A close shot of the *gadariya* looking down, smiling shyly.
The other gadariya moves to him, touches his face and points to a scratch mark.

दूसरा गड़रिया : *(चीरे के निशान पर उँगली रखते हुए)*...और ये जो चीरे का निसान देख रहे हैं न?...इन पाँच भेड़ों के लिए ये पगला एक चीते से भिड़ बैठा...! इसकी शकल पर पड़े ये सारे निशान इसकी मूर्खता और नादानी के आखर हैं सरकार...!

राजा : *(आश्चर्य के साथ)* क्या ये दोनों बातें सही हैं! बछड़ों और भेड़ों की जिन्दगी बचाने के लिए तुम अपनी जिन्दगी दाँव पर लगा देते हो...

The gadariya smiles shyly and looks down, and a low, submissive voice mutters, 'hoomm'.

The other *gadariya* laughs cloud while shifting his latthi to the other hand.

दूसरा गड़रिया : *(हँसता हुआ)* ये तो इसके घोंचूपने के बस दो चार दाने हैं! इसकी बेवकूफियों का कोई अंत थोड़े ही है...पूरी रमायन है सरकार...

राजा : *(फैसले के लहजे में)*...अब इसकी बेवकूफियाँ हम किसी और के मुँह से नहीं, इसी की जबान से सुनना चाहते हैं!

दीवान : *(हाथ जोड़कर)* हाँ अन्नदाता! सूरज ढल रहा है, साँझ उतरने वाली है। अब महल की ओर वापिसी करें सरकार! रानी साहिबा इंतजार कर रही होंगी...

The soudns of the birds, wind etc.

The setting sun is in the backdrop. Birds are seen flying.
All the men are seen, the sheep and horses are grazing.
A close shot of the Raja, he turns towards his men and says.

राजा : *(दीवान से, हुक्म के अंदाज़ में)* घोड़े खोल दो! हम अभी यहाँ

से नहीं जाएँगे! हम इस खेजरी की छाँह में आराम करेंगे और इसके अलगोझे की धुन सुनेंगे...! आह क्या जादू था...

दीवान : *(झुक कर)* जो हुकुम सरकार! नायब घोड़े खोल दो... *(गड़रिये की ओर देखकर)* सुना नहीं तूने! इस देश के राजा तेरा अलगोझा सुनना चाहते हैं! चल बजा...

Gadariya looks at him indignantly and coolly says.

गड़रिया : अभी तो भेड़ों को पानी पिलाने का बखत हो गया! पहले इन्हें पानी पिला लाऊँ! लौट कर आऊँगा तो अलगोझा बजा दूँगा! तुम राजा-रजवाड़ों के आने से इत्ती देर तक प्यासी रह गईं मेरी भेड़ें...

The gadariya pats his sheep and clicking tongue leads them aawy.
The other gadariya laughs aloud.

A soft folk tune.

दूसरा गड़रिया : *(हँसता हुआ)* देखा सरकार! इसका घोंचूपन...! इस मुलुक का राजा कह रहा है अलगोझा बजा और *(हँसता है)* ये कहता है भेड़ें प्यासी हैं...

The raja stands up in the foreground watching the gadariya walking away with the sheep in the distance.
A pictographic frame.

The sound of birds alongwith fading sound of the bleating of sheep.

Dissolve.

Scene Four

DUSK TIME.

A PICTURESQUE SHOT OF THE RAJA AND GADARIYA SITTING ATOP AT ROCK OUTCROP. THE COLOURFUL SKY CAN BE SEEN IN THE BACKDROP AFTER SUNSET.

The melodious tune of the algojha.

The gadariya and king are seen in the distance with the horses stand still in the foreground.
The gadariya is playing the algojha with his eyes closed, looking engrossed.
Peacocks and deer are seen roaming.
The other gadariya is sitting on his haunches with his head resting on

his knees, shaking his head in rhythm to the music.
Close shots of the raja, watching the birds in the sky, looking mesmerised.

The sound of the algojha stops. Silence follows with the sound of the chirping of birds.

Raja takes a deep breath and awaken.

राजा : आह! कुछ नहीं...! इसके सुख के बराबर...आसपास...! कुछ नहीं...! न राजपाट...न धन-दौलत...

The other gadariya shakes his head with an amazed expression and says.

दूसरा गड़रिया : ये अलगोझे का हुनर भी इसने कब सीखा, किसने सिखाया, कोई नहीं जानता। पूछो तो पलटकर खुद पूछने लगता है... बताओ झरनों को...और...नदियों को बहना किसने सिखाया? हवा को चलना किसने सिखाया? कोयल को गाना किसने सिखाया? अन्नदाता ये सिर्फ़ पगला है...पगला, और कुछ नहीं...!!! घोंचू...असल का...!

Close shot of Raja shows as if he doesn't listen to anything else. He is

all in smile with himself. Happy pleased as if in a trance. Gadariya waches him curiously and smiles at him.

Loud sounds of people with horse's neighing.

A group of four-five persons all costumed in royal dress arrive.

सब एक साथ : जोहार हो महाराज! सरकार सलाम!

एक : सरकार! महारानी परेशान आपकी बाट जोह रही हैं।

दूसरा : हमने सरकार को बड़ी मुश्किल में खोजा...!

तीसरा : अब चलें सरकार! यहाँ साँप-बिच्छू, कीड़े-मकौड़े, जंगली जानवर...चोर बटमार सबका खतरा है सरकार...

गड़रिया : *(ठहाका लगाकर हँसता है और अलगोझा समेटकर खड़ा हो जाता है।)* हा...हा...! तो फिर ये काहे के राजा? एक रात भी इत्तला दिए बिना घर से बाहर नहीं रह सकते...! *(अपनी भेड़ों के पास जाकर उन्हें प्यार से सहलाता है।)* देखो मुझे...! मैं एक ना-कुछ गड़रिया हूँ पर हूँ अपनी मरजी का मालिक। जहाँ मन किया सो लिया! घर गया तो गया, न गया तो कोई बात नहीं। समूची कुदरत ही मेरा घर है! फिर एक दड़बे में, जिसे आप लोग घर कहते हैं, मैं अपना सर क्यों घुसाऊँ?...

While he says these sentences, he with his algojha, is shown in a moving backdrop of fascinating topography of Rajasthan. His voice echoes and travels far.

ये झरने, ये गाछ दरख्त, ये पहाड़ियाँ..., ये हवा, ये आकाश, ये सूरज और ये पंछी...सब...मुझे पग-पग पर न्योता देते हैं! मनुहार करते हैं! पुकारते हैं! तो मैं उस खोह में, जिसे तुम सब घर कहते हो (हँसता है) घर...! उस खोह में मैं अपनी जिंदगी क्यों बिताऊँ?

Cut.

Scene Five

SAME TIME.

SAME PLACE.

A close shot of the Raja looking perturbed.
The deewan, Nayab and others are watching him.
He looks up to see them watching him and orders angrily.

राजा : सुनो! तुम लोग अभी तक खड़े क्यों हो? जाओ...! हम आज की रात यहीं रहेंगे...! खुले आकाश के नीचे! तारों के नीचे! चाँद की छाँह में! वहीं जहाँ ये सब रहते हैं! गड़रिये...इनकी भेड़ें...

दीवान : *(सभी दरबारी राजा के आदेश से भौंचक्के हैं। दीवान राजा के सामने हाथ जोड़कर कहता है)*...अन्नदाता! भला जूते पाँव को छोड़कर कहाँ जाएँगे? पर माफी सरकार! रानी साहिबा को आपका हाल खबर देने किसी न किसी को तो जाना ही होगा...

नायब : *(दाँत निपोरता हुआ)* वरना कल हमारे लिए बा-हुकुम रानी साहिबा...मौत का पयाम हाजिर है...

राजा : *(गुस्से में डाँटता हुआ)* किसी एक को नहीं...! तुम सबको जाना पड़ेगा! हम यहाँ सुकून चाहते हैं! चैन! समझे? जाओ...रानी साहिबा से कह देना, हम आज सचमुच आराम फरमा रहे हैं...*(रुक कर)* अपनी जिन्दगी में शायद पहली बार...

The other gadariya is fearfully looking all around.
The courtiers hurriedly move towards their horses after bowing to the king.
The Raja and the gadariya are standing, watching them going far off from camera.

The sound of horses' hooves.
Plesant instrumental music.

Raja turns to look at the gadariya.
The gadariya smiles back. Raja walks towards him and puts his hands on his shoulder.
Fade out.

Scene Six

NIGHT TIME.
The gadariya and the raja beneath the *khejri* tree.
The other gadariya sits in distance.

A soft tune alongwith the neighing of horse, the sound of wind and the rustling of leaves.

The gadariya pats the horse and feeds it some food. The other gadariya too reaches to him and whispers.

दूसरा गड़रिया : ए सुन! अब राजा यहाँ अकेले हैं! जरा शऊर से बात

करना...! अपने साथ-साथ सारे गड़रियों की जान आफत में मत डालना बकबक करके...! राजा बहुत बड़ा आदमी होता है समझा!

गड़रिया : *(घोड़े की गरदन सहलाता है)* आदमी में छोटा क्या और बड़ा क्या...! मेरे भेजे में नहीं घुसती तुम्हारी एक भी बात! बताओ फूल बड़ा कि जड़? तुम कहोगे फूल...? है ना? लेकिन जब जड़ ही नहीं होगी तो फूल कहाँ से आएँगे...? *(हँसता है)* छोटे और बड़े से बात करने के लिए क्या अलग-अलग जीभ होती है? *(जीभ निकालकर दूसरे गड़रिये को दिखाता है)* एक ही तो है, तुम्हारे राजा के लिए दूसरी जीभ कहाँ से लाऊँ?

दूसरा गड़रिया : *(घबराकर)*...अच्छा...अच्छा! ठीक है...ठीक है! *(भेड़ों की ओर देखकर आवाज निकालता है)*...चलूँ, भेड़ों को पहुँचाना है...! *(राजा की ओर घूम कर सलाम करता है और चला जाता है)।*

The Raja is watching him going away with his sheep.
He walks to the gadariya and says.

राजा : आज की रात हम तुम्हारे मेहमान हैं। जो खिलाओगे वो ही खाएँगे, जहाँ सुलाओगे, वहीं सोएँगे...! *(मुस्कुराकर)* मान न मान हम तेरे मेहमान...!

गड़रिया : *(खुश होकर)*...कहते हैं मेह और मेहमान बड़े भाग से आते हैं! लेकिन एक कहावत है...बोलूँ...?

राजा : बोलो भाई!

गड़रिया : *(ठहाका लगाकर हँसता है)* क्या हुआ कि एक बार एक चमगादड़ के घर मेहमान आए, तो चमगादड़ ने क्या कहा मालूम है?

राजा : क्या कहा?

गड़रिया : चमगादड़ ने कहा आओ, हम तो उलटा लटके ही हैं, तुम भी उलटा लटक जाओ...

(दोनों हँसते हैं)

Cut.

Scene Seven

IN AN OPEN AREA.

IN A LONG SHOT RAJA AND GADARIYA ARE SEEN SITTING ON NEAR A ROCK ON AN OPEN GROUND, COVERS

WITH GRASS AND SURROUNDED BY A FOREST.

The gadariya smiles and opens his *bhaatda* and takes out a *potli* of *jwaar ka aata.* The raja shivers a little. The gadariya notices this and leaving the flour, he starts preparing a fire.

The sound of blowing into the wood-fuel followed by subsequent crackling of flames.

The raja warms his hands on the fire, smiling gratefully.

Dissolve.

STYLISED GLIMPSES OF RAJA AND GADARIYA.

Gadariya is making *pattal* through leaves. Raja attempts to emulate, doesn't succeed. Gadariya laughs and teaches him.
Raja attempts to play algojha. A bad sound comes out of it. Gadariya laughs madly. He helps him holding his hands.
Gadariya making *roti* with his hands. Raja emulates and atta falls on grass.
A close shot shows gadariya putting onion, *roti,* chilli and salt on *pattal* and Raja eating with a look of pleasure. The gadariya smiles happily.
Gadariya puring water from chaagal, Raja washing his hands.
Gadariya eating near Raja.
Gadariya giving fodder and water to the horse.
Gadaiya spreading his torn dari for the Raja and himself lying down on the bare ground beside him

Dissolve.

Scene Eight

NIGHT TIME.
SAME PLACE

Nocturnal forest sounds of crickets etc.

The Raja is lying on the ground with his head on a stone, looking towards the gadariya. The glowing embers of the fire are seen before him.
The gadariya is sitting with his back resting against some rocks. The gadariya talks.

गड़रिया : तुम तो राजा हो, बहुत जानते होगे...एक बात पूछूँ?

राजा : पूछो!

गड़रिया : जब मैं बछड़ों को आग से बचाने के लिए आग में कूदा और

जल गया तो माँ ने क्या कहा मालूम है...

राजा : क्या कहा?

गड़रिया : माँ ने कहा, बेटे ये क्या पागलपन किया...?

(A flashback)

Scence Eight (A)

DAY TIME. INSIDE A HUT.

The gadariya is lying on his stomach on a cot. His body with his face is badly burnt. An old woman is sitting on the ground near his head, sobbing silently.
The gadariya opens his eyes slowly and looks at her with a smile.

माँ : बेटे तूने ये क्या पागलपन किया! किसी और के बछड़े, किसी और के पाड़े! तू क्यों आग में कूदा?

गड़रिया : माँ, तू एक माँ हो के ये कहती है? सोभा नहीं देती तेरे मुँह पर ये बात! जब आग में जलते उन बछड़ों का अरड़ाना मैंने सुना तो फिर होश ही नहीं रहा कि वो किसके हैं, किसके नहीं! सीधे मेरे दिल में उतर रही थी उनकी आवाज! बता मैं आग में जलता और चिल्लाता, तो तू न कूद पड़ती आग के भीतर?...बता माँ मैंने कौन-सा उलटा काम किया...?

Scene Eight (B)

Cutback to Gadariya and Raja sequence.

Raja has turned to his side, looking at Gadariya.
Night sky, stars scattered with moon. Moonlight effect.

गड़रिया : तुम तो राजा हो बताओ, मैंने कोई गलत किया क्या?

राजा : *(चुपचाप उसे देखता रहता है)* नहीं...! बिलकुल नहीं! अच्छा वो चीते और भेड़ वाली बात क्या थी...?

गड़रिया : *(राजा की ओर करवट बदलकर गहरी आँखों से उसे घूरता हुआ)* आप तो राजा हो...! बताओ...भेड़ें हो या प्रजा...! उनकी रखवाली का जिम्मा लेकर रखवाली न करें तो लानत है! बताओ मैं उन्हें चीते से न बचाता तो वे नहीं सोचतीं कि किस कायर के पल्ले पड़ीं...*(हँसता है)*

राजा : तुम बहादुर ही नहीं समझदार भी हो...

गड़रिया : *(चौंक जाता है)*...कैसी बात तुम कह रहे हो! बाकी सब लोग तो मुझे पागल समझते हैं, लेकिन मुझे कई बार लगता है...कि पागल या तो वो हैं...या फिर मैं! *(सोचता हुआ)* पर सब पागल कैसे हो सकते हैं! शायद मैं ही गलत हूँ...!

राजा : इसीलिए तुम अकेले बियाबान में जंगल जंगल भटकते रहते हो...

गड़रिया : *(उठकर खड़ा हो जाता है और कुछ कदम दूर चला जाता है। उसकी आवाज़ गूँजती है।)*

VOICE OVER

Shots of nature, stars, rivers, strems, trees, clouds etc. are presented in a dreamlike manner.

A pleasant folk tune is layed over.

गड़रिये की आवाज़ : आप विश्वास नहीं करेंगे, मैं एक-एक तारे को पहचानता हूँ। एक-एक वन-पाती को जानता हूँ। माटी के कण-कण की मुझे जानकारी है। पंछियों की बोलियों का मुझे ज्ञान है। जानवरों के सुभाव की मुझे परख है।...ये बिजली, ये पानी...हवा...बादल... इनकी कोई हरकत मुझसे छिपी नहीं। जो कुदरत को पहचानता है, वो ही उसका आनंद उठा सकता है। इसके सिवा किसी भी आदमी को भला और क्या चाहिए? बताइए मुझसे ज्यादा सुखी और धनवान इस जमाने में कोई और है क्या...?

राजा : *(वह भी उठ जाता है और धीरे-धीरे गड़रिये के पास पहुँचता*

है)...नहीं! तुमसे ज्यादा धनवान और कोई नहीं! मैं भी नहीं! मेरी आँखों का जाला आज कटा! आज मैंने जाना कि जिन्दगी क्या है!

गड़रिया : *(एक पल रुककर)*...ओह रात बहुत हो गई। अब आप सोएँ।

राजा : और तुम?

गड़रिया : *(मुस्कुराकर)* मैं...*(हँसता है)* मैं अभी थोड़ी देर तारों से बात करूँगा...

On the close shot of his face a facinating starlit sky appears.

A captivating flute music takes over.

Dissolve.

Scene Nine

DAWN.
SUN IS JUST TO RISE.

SAME SPOT WHERE RAJA AND GADARIYA WERE TALKING IN THE NIGHT.

Early morning sound of birds.

Raja sits up with a jerk. His eyes look sleepy. He runs his hand on his forehead. He looks around.
The spot where the gadariya had been sitting is vacant. The ashes of the night's fire are lying, just smoking.

Sound of curiousity.

Camera explores the surroundings but the gadariya is nowhere around.
Raja walks, shivering a little and warpping his *ang-vastra* tightly around him.
He climbs a mound and looks on.

The fascinating melody emanating from algojha becomes dominant.

A picturesque shot of the gadariya sitting on a hill-top, playing algojha.
The sky is in different colours as the sun is rising.
Sheep are scattered around him.
A close shot of the Raja looking mesmerized and lost.

Music becomes stronger and melodious.

Raja walks as under spell, towards the gadariya.

Gadariya puts down his algojha and smiles at Raja.

गड़रिया : आँख खुल गई...?

राजा : *(प्रसन्नता में विभोर)*...ओह! तू इस आनंद के खजाने को कहाँ छुपा के रखता है? (खुशी में डूबा हुआ, दोनों बाँहें ऊपर उठाए घूम जाता है) आह! आह! कुदरत का सारा रूप जैसे इसी जगह सिमट आया है! *(जोरों से चीखता है उसकी आवाज दूर-दूर पहाड़ियों तक गूँजती है।)*...हजार-हजार बरस तक मैं लगातार...लगातार कुदरत की इस खूबसूरती को देखूँ तो भी मेरा मन नहीं भरेगा।

गड़रिया : राजा, कभी आप पहाड़ी पर बरसात की तेज बौछारों में भीगे हैं...

राजा : *(उसका चेहरा उदास हो जाता है)* मैंने तो कभी आज तक बरसात ही नहीं देखी! मैं तो रंगमहल में होता हूँ...! रात का आकाश भी मैंने यहीं देखा...! और वो...*(इशारा करता है)*...सूरज का पहाड़ियों के पीछे से निकलना...! इतने सारे रंगों के साथ...!

(सूर्योदय का दृश्य)...तू सचमुच बहुत धनवान है भाई! मैं हूँ... गरीब तेरे सामने...

Sound of sheep.

The gadariya looks at Raja and laughs loudly then he clicks his tongue to call the sheep. The raja imitates him.
The gadariya smiles at the Raja. They both hold each other's hands and walk behid sheep herd.
A back shot of both of them leading the sheep toghter.
Dissolve.

Scene Ten

LITTLE LATER.
UNDER THE KHEJRI TREE.

They both stand under the *khejri tree.* Horse is grazing near by with sheep scattered around.

राजा : मैं तुमसे एक खास बात करना चाहता हूँ!

गड़रिया : *(बेफिक्री के साथ)*...तो चलो चलते-चलते बात कर लेंगे! मेरा भेड़ों को चराने का बखत हो गया...

राजा : *(परेशानी और उलझन के साथ)*...सुनो...! अगर मैं तुमसे कुछ

माँगूँ तो मुझे दोगे...?

गड़रिया : *(ताज्जुब के साथ)* मैं...! मैं एक नाकुछ-सा गड़रिया एक राजा को क्या दे सकता है!

राजा : *(परेशानी में अपना सिर पकड़ लेता है)*...कैसे समझाऊँ? अच्छा बताओ, अगर मैं आग में जलते उन बछड़ों की तरह चिल्लाऊँ...तो तू मुझे बचाने आएगा...? जैसे अपनी भेड़ों को तूने चीते से बचा लिया...?

गड़रिया : *(असमंजस में)*...पहले से क्या बताऊँ? मौका आने पर पता चलेगा...

राजा : तो समझ लो कि मौका आ गया है! *(दोनों हाथ जोड़ लेता है)*...सच मान, मैं इस समय आग में फँसे उन बछड़ों से भी ज्यादा मुसीबत में हूँ...! मैं तेरे हाथ जोड़कर बिनती करता हूँ...हुकूमत का जोर तो तुझ पर चलेगा नहीं...लेकिन मैं तुझे अपना दीवान बनाना चाहता हूँ...

गड़रिया : *(भौंचक्का रहा जाता है)* दीवान...? वैसा दीवान जो उधर आया था...? नहीं, कुदरत के इस राज को छोड़कर मुझे इंदर का भी सिंहासन नहीं चाहिए...

राजा : *(गिड़गिड़ाता हुआ)*...देख मेरी बात तो सुन...

गड़रिया : बात क्या सुनना...? जीते जी तो दूर, मैं मरकर भी यह ठौर नहीं छोड़ना चाहता...

राजा : *(उसे घूरता है और दृढ़ आवाज़ में कहता है)*...तुझे चलना ही होगा!...तुझसे मिलकर मैं एकदम कंगाल हो गया...! कंगाल..! मैं अब अपना राज तेरी समझ से चलाऊँगा...और एक बात सुन...*(गड़रिया घबराया हुआ उसको देख रहा है)*...अगर तूने इनकार किया...तो...तो...*(वह अपनी तलवार निकाल लेता है)* मैं यहीं, इसी वक्त तेरे सामने आत्मघात कर लूँगा...

Tense sound effects.

Gadariya falls silent. He is tense. Drowned in his own thought.

राजा : बछड़ों को बचाने तो तू अंधा होकर आग में कूद पड़ा और मुझे बचाने के लिए इतना सोच रहा है...? बोल मैं बछड़े की तरह...

(राजा बछड़ों की तरह अरड़ाता है। उसकी आवाज पूरे जंगल में गूँजती है। पेड़ों पर बैठी चिड़ियाँ पंख फड़फड़ा कर उड़ जाती हैं। अँधड़ आता है और पेड़ हिलते हैं)

Loud sound effects.

Gadariya gets up. Walks a little. He is very tense, he turns and says to Raja, staring deep in to his eyes.

गड़रिया : *(ठंडी लेकिन सख्त आवाज़ में)* ठीक है...! लेकिन मेरी सरत तुम्हें भी माननी पड़ेगी...! मानोगे...!

राजा : *(खुशी के मारे चेहरा खिल उठता है)*...हर शर्त मानूँगा...!

गड़रिया : *(सख्त भराई हुई आवाज में)* तो सुनो राजा...! मेरी सरत ये है कि एक साल से ज्यादा मैं वहाँ एक पल नहीं रहूँगा...और अगर कहीं आपने कोई टोका-टाकी की या मेरा कहा टाला तो उसी पल मैं वापस आ जाऊँगा...

Sound effects with strong music.

Raja looks at him stunned and Gadariya stares him.
Cut.

Scene Eleven

EVENING.
A VILLAGE.

A sad music.

A crowd of villagers (gadariya community) are standing cround.
Cut away shots of smiling women, boys, children etc.
A few teenage shepherd girls pointing towards the Raja subtly, with awed expressions.

The gadariya hugs his sheep, with tears in his eyes. The other gadariya puts a hand on his shoulder.
A close up of the other gadariya, with tears in his eyes.
The gadariya puts the other gadariya's hand on the sheep and turns away, walking towards the Raja.
The Raja is seen holding the rein of the horse with one hand and the hand of the gadariya with the other, walking away.
Sun sets slowly behind a hill.
Dissolve.

VOICE OVER

तो इस तरह...गाँव वाले जिस गड़रिये को पागल समझते थे वह राजा का दीवान बल्कि एक तरह से राजा ही बन गया। सवाल यह उठता है कि राजमहल की धन-दौलत और भोग-विलास में डूबकर कहीं वह कुछ और तो नहीं बन जाएगा? दीवान के रूप में गड़रिया कौन से गुल खिलाएगा, देखिए 'अनमोल खजाना' की अगली कड़ी...

दूसरा भाग

Scene One

IN A PALACE.
THE SCENE STARTS WITH A LONG SHOT OF A PALACE, TYPICAL OF RAJASTHAN'S RAJPUTANA ARCHITECTURE.

Cut to the inner hall.

Soft instrumental tune along with the running of footsteps and muffled noise.

Various activities for Gadariya being prepared to ready him for the crowning.
In cut aways hectic activities of palace employees are seen.
Attendants and maids hurry around the gadariya with articles of clothing, while he stands bare-chest looking around with innocent curiosity.
A maid brings him a fine *sherwaani* and helps him wear it.
He looks embarrassed and takes it from her.
The maid turns away with a suppressed mischievous smile.
His hair is being combed. He looks at himself in a royal mirror.

A VOICE OVER BRIEFS ABOUT THE LAST EPISODE'S ANECDOTES LEADING HIM TO THE PALACE.

अनमोल खजाना की पिछली कड़ी में आपने देखा कि कैसे शिकार की तलाश में जंगल में भटकते राजा को एक गड़रिए ने पानी पिलाकर उसकी जान बचाई और राजा उसके जादू में ऐसा खोया कि उसे अपने साथ लेकर ही राजमहल लौटा। इस प्रतिज्ञा के साथ कि वह उस भेड़ चरानेवाले गड़रिए को अपना दीवान बनाएगा। इसके बाद क्या हुआ, देखिए इस कड़ी में...

Scene Two

INSIDE THE COURT.

Sound of Shehnai, mridanga and Mangaldhwani.

The gadariya is standing by the throne, dressed in royal fineries fidgeting with the jewellery around his neck.
The camera zooms out to show courtiers including Deevan, Nayab, Purohit, Senapati and a galaxy of officials sitting on their allotted seats along with women and attendants with *thaals* and *aarti* standing by.
They all talk to each other in whispers.
Suddenly all the courtiers get up.

Sound effects.

Munaadiwaalah announces.

मुनादी : बा-अदब बा मुलाहिजा होशियार महाराजाधिराज कुंवर सूरजदेव सिंह दरबार में पधार रहे हैं...

Shell is blown followed by nagada.

The Raja enters in the hall with firm steps and a royal aura.
He sits on his throne and looks at the gadariya with a smile. He says to Purohit.

राजा : राजपुरोहित ! शुभ कार्य प्रारम्भ करें...

पुरोहित : जो आज्ञा श्रीमान !

Purohit starts chanting mantras. He puts a tilak on gadariya's forehead.
Raja and other courtiers, (In reaction cut shots) are watching the proceedings attentively.

Purohit ties a raksha kavach on gadariya's wrist. He wriggles his hand.

गड़रिया : *(डरा हुआ परेशानी में राजा की ओर देखता है)*...ये क्या है...?

राजा : *(हँसता है)*...डरो नहीं, तुम्हें हथकड़ी लगाकर गिरफ्तार नहीं किया जा रहा है....

All courtiers laugh.
Raja orders that the gadariya's *pagri* be removed.

राजा : दीवान इसकी पगड़ी उतारो...

दीवान : जो आज्ञा अन्नदाता...*(आगे बढ़कर गड़रिए की पगड़ी उतारता है)*

A tense silence.

Gadariya's confused expression is seen as an attendant removes his *pagri*.

गड़रिया : *(डरा हुआ है। गला सूख रहा है फिर भी मुस्कुराने की कोशिश करता है।)* इत्ती जल्दी उतारना था ये पग्गड़, तो मेरे मूड़ में लपेटा ही क्यों था...बेमतलब...

Deewan and Nayab smile at each other.
Raja gets up from his throne and approaches the gadariya.
He takes off the crown from his head and places it on gadariya's.

Sound effects. Whispers and muffled noise is heard.

Cut-way shots of the Rani (through the purdah in the balcony), *raj-purohit* and courtiers' shocked looks and murmurs/whispers in the court.

दीवान : *(भौंचक्का होकर)* महाराज...! क्षमा करें...महाराज...! ये हम क्या देख रहे हैं...

राजा : *(शान्त भाव से)*...दीवानजी आप वही देख रहे हैं, जो आपकी आँखें आपको दिखा रही हैं...

पुरोहित : *(परेशानी में)*...परन्तु श्रीमान् ! यह राजमुकुट है ! आपके पूर्वजों का...आपके राजकुल की वंश परम्परा का प्रतीक... ! किसी भेड़ चरानेवाले गड़रिए के सिर पर रखकर इसकी अवमानना न करें महाराज...! (ठोस आवाज में)...शास्त्रों के अनुसार यह उचित नहीं है महाराज...!!

A close up of gadariya's shocked questioning look as he stares up at Raja.
Raja smiles at him affectionately, straightening the string of pearls around gadariya's neck.

राजा : *(व्यंग्य के साथ पुरोहित और दीवान को देखता है)*...शास्त्रों में क्या लिखा है, क्या नहीं, यह हम नहीं जानते। लेकिन इतना जरूर जानते हैं कि राजा का धर्म बस एक ही होता है. ..राजधर्म...!! जिसका कर्तव्य है प्रजा का कल्याण...!
(पुरोहित को घूरकर देखता है) पुरोहित जी ? हम अपना राजधर्म निभा रहे हैं...

Faces of Purohit and Deewan turn pale.

The music stops. Sound of murmurs in the court.

Maharani, sitting on the upper floor balcony and watching the proceedings, stands up and says.

रानी : ...क्षमा करें महाराज...और क्षमा करें समस्त सभासद...! हम मर्यादा के विपरीत यह आचरण कर रहे हैं...! परन्तु हमें *(रुककर। उसकी आँख में आँसू छलक रहे हैं)*...परन्तु हमें महाराज की मानसिक अवस्था पर पहली बार सन्देह हो रहा है...

Sound effects to intensify tension.

Senapati, looking up at the balcony at Maharani, stands up from the seat and his hands go to his sword.
A few soldiers standing in the hall, look at him and become alert.

Sound effects. Chaos and murmur converting in to a noise.

Raja, unperturbed, takes gadariya up to the thrown and makes him sit on it.
Raja turns to the court, claps and says in a very firm voice.

राजा : महारानी जी...और हमारे सभासदो...! हम आपकी दुविधा और सन्देह...और *(रुककर)*...और राज्य के प्रति आपकी चिन्ता का अनुमान लगा रहे हैं ! लेकिन ये जो कुछ आप देख रहे हैं यह सिर्फ कुछ ही समय तक चलनेवाला एक नाटक है...! एक परीक्षा...! एक इम्तहान...!! *(ऊपर रानी की ओर देखकर)* महारानी...! आपके पुत्र और हमारे राजकुमार के उत्तराधिकार पर कोई आँच नहीं आएगी...यह हम वचन देते हैं...*(मुस्कुराकर)* ...और हमारे सभासदो...मंत्रिगण...हमारी अभी मृत्यु नहीं हुई है *(हँसता है)* हम अब भी आपके राजा हैं...अवकाश में विश्राम करते संवैधानिक महाराज...! राज्य के समस्त प्रदत्त अधिकार अन्ततः आपात के समय, हमारे पास ही तो हैं...! यह तो एक ऋतु परिवर्तन है...! मात्र बारह महीने का एक नया मौसम...! आज से एक वर्ष तक यही होंगे आपके राजा और हम आपसे आग्रह करते हैं कि आप सब...दीवान, राजकोषाधिकारी, सेनापति एवम् समस्त राज्याधिकारी नए राजा से ही निर्देश प्राप्त करें ! *(ताली बजाता है)*...चलिए अपने नए अन्तरिम राजा के राज्याभिषेक का स्वागत करिए...

Courtiers are shocked and indecisive. Suddenly Maharani, from the terrace starts clapping smiling and they all follow.

Applaud, ghanta ghadiyaal, shell etc.

Raja walks down from the stage and moves to the exit door.
Gadariya sitting awkwardly on Simhasana, looking bewildered and lost.

Cut.

Scene Three

ROYAL BEDROOM.

A maid keeps a *thaal* with fruits and milk on a table beside the bed and leaves, bowing before Maharani.
Raja is sitting beside the Maharani resting against a masnad.
Raja picks up grapes from the *thaal* when Maharani says.

रानी : महाराज ! वैसे तो आप पर हमारा पूरा विश्वास है परन्तु आप जो कुछ कर रहे हैं, क्या आपने उस पर पूरा विचार किया है...

राजा : *(मजाक में अंगूर खाता हुआ)*...हम इस मामले में आपसे जरा भिन्न हैं महारानी...! आप कुछ करती पहले हैं, विचार बाद में करती हैं...

रानी : *(चौंककर)*...अच्छा ? कोई ऐसा उदाहरण है आपके पास...?

राजा : है...! एक है...! *(अंगूर खाने लगता है)*...

रानी : क्या? कौन सा ? कहाँ ?

राजा : *(हँसता है)* वो उदाहरण इस समय अंगूर का सेवन कर रहा है...! हमसे विवाह करने के पहले आपने विचार किया था क्या...?

रानी : *(मुस्कुराती है)*...वो हमारी भूल थी...! *(गम्भीर होकर)*... देखिए...! वो एक मामूली गड़रिया है जिसे आपने राजा बना दिया...अपना सिंहासन और राजमुकुट तक उसको सौंप दिया...! आपने तो हमसे कहा था कि आप उसे सिर्फ दीवान का ओहदा देंगे...

राजा : हाँ कहा तो था ! लेकिन फिर हमें लगा कि कोई कार्य आधा-अधूरा नहीं करना चाहिए...!

रानी : परन्तु क्षमा करें महाराज ! वह भेड़ें चरानेवाला राजकाज और इसकी मर्यादा, संविधान क्या जाने...? आपने तो सिंहासन और राजवंश की परम्परा का प्रतीक अपना राजमुकुट तक उसे दे डाला ! हमें समझाइए, हम आपके हाथ जोड़ते हैं, आपने ऐसा क्यों किया ?

राजा : *(रानी को प्रेम से देखता हुआ)*...समझाएँ क्या...हमने ऐसा किया एक वर्ष तक आपके साथ रहने के लिए ! आप शिकायत किया करती थीं न कि हमें राजकाज से कभी फुर्सत ही नहीं मिलती...

रानी : *(चिन्तित होकर)*...आप हमें बहलाइए नहीं, कोई न कोई योजना अवश्य है आपके दिमाग में...! क्या आप अपनी अर्द्धांगिनी से भी उसका साझा नहीं करेंगे...?

Raja gets down from the bed and paces up and down in the room. Maharani watches him with silence and anxiety.
Close shot of Raja shows that he is very serious and perturbed.

राजा : देखिए महारानी ! मैं उस गड़रिए के माध्यम से इंसान की एक परीक्षा लेना चाहता हूँ..! एक बहुत बड़ा इम्तहान...! आज तक

सत्ता और धन-दौलत की माया से कोई इंसान नहीं बचा...! जंगल-जंगल भेड़ों के साथ भटकनेवाला गड़रिया, जिसकी दुनिया में अब तक था क्या ? सिर्फ छागल का पानी, जंगली फल-फूल, ज्वार की जली-भुनी सूखी रोटी...*(रानी की ओर गहराई से देखता हुआ)* गिनती की पाँच भेड़ें...बिछाने के लिए धरती और ओढ़ने के लिए आकाश...! वो क्या जाने कि दौलत का सुख क्या होता है...? सत्ता की...ताकत की खुमारी क्या होती है...? रूप का जादू क्या होता है? भोग-विलास का नशा और आनन्द क्या होता है...

रानी : *(उठकर राजा के सामने थाल पेश करती है। राजा दूध का गिलास उठा लेता है। रानी उसे देखकर मुस्कुराती है)*...तो आप उस बेचारे सीधे-सादे गरीब गड़रिये को बरबाद करने का खेल खेल रहे हैं ! राजाओं के मन बहलाने के खेल भी अजीबो-गरीब होते हैं...*(हँसती है)*

राजा : *(दूध का गिलास पीकर वापस थाल में रखता है और रानी के कन्धे पर हाथ रखता है।)*...हँसने की बात नहीं...! कल जितनी देर मैं उसके साथ रहा...एक-एक पल वो मुझे बौना...एक छोटा सा आदमी बनाता चला गया...! लगा कि राजा तो वो है और मैं हूँ एक भिखमंगा...! एक दरिद्र...! *(दोनों पलंग की ओर बढ़ते हैं। रानी थाल मेज पर रखकर राजा की बगल में बैठ जाती है।)*...मैं अपने जीवन में पहला युद्ध बिना हथियार चलाए हारा...! उसने मुझे पराजित कर डाला महारानी...! *(रानी के कन्धों पर हाथ रखकर उसकी आँखों में देखता है)* क्या आपको अच्छा लगेगा कि एक नाकुछ गड़रिए से हारा हुआ पुरुष आपके साथ इस तरह बैठे...?

रानी : आप कैसी बात कर रहे हैं महाराज ? मैं आपके दुख को समझती हूँ...

राजा : दुख ? दुख नहीं महारानी, ईर्ष्या...! हीनता का बोध...!! मैंने उसे इतना कुछ आज दिया है...राजपाट, मुकुट, सिंहासन, धन-दौलत, सत्ता, ताकत...किसलिए ? इसलिए कि मैं देखना चाहता हूँ कि वह एक दिन मेरे कदमों पर एक चापलूस...एक पाखंडी...एक भिखमंगे की तरह लोटे...! अपनी नौकरी और ओहदा बचाने के लिए गिड़गिड़ाए...*(जोरों से ठहाका लगाकर हँसता है। उसकी आवाज राजमहल में गूँजती है।)*

रानी : *(डर गई है)*...मुझे डर लग रहा है महाराज...जाने क्यों ? *(उसके सीने पर अपना सिर रख देती है)*...कितना डरावना...काला...

जला-कटा उसका चेहरा है...! आप जानते हैं, आपके सिंहासन पर कितनों की गिद्ध जैसी निगाहें लगी हैं ! राजमहल के षड्यन्त्रों में कितनी बार फँस चुके हैं आप...!! जरा होशियार रहिएगा महाराज...! मेरा दिल घबराता है...

Suspense sound effects.

Raja plays with her hair but his face bears an astonished expression.

Scene Four

BACKYARD OF THE PALACE.

Music of suspense.

The gadariya is seen walking in a long narrow, dimly lit corridor.
He looks around stealthily and opens a door into a dark room with just a window opening.
The gadariya locks the door dehind him.

Screeching sound of door combined with mysterious effects.

Inside, Gadariya impatiently takes off his royal clothes and casts them aside
His close shot shows his deadly dark face covered with scars.
He picks up a blanket and wraps it, a dagger glints hanging by his waist.
A close up of the gadariya as he ruffles his hair wildly and grins like a mad-man.
He stretches his arms with excited joy and taking a *latthi* turns towards the door.
Door opens again, he looks around guardedly and sneaks out.

Nocturnal sounds.

Scene Five

NIGHT.
NEAR A SHOP DESIGNED LIKE IN OLD DAYS.

Three-four persons are talking to the shopkeeper.

सेठ : *(हींग निकाल कर तौलता हुआ)* माल आ रहा था आगरा से...! वो जोधपुर के पास लूट लिया लुटेरों ने सारा असबाब...

पगड़ीधारी : *(चौंककर)* अच्छा...? कब...?

सेठ : कल रात! माल का बयाना मैं पहले ही दे चुका था...! बताओ आगरे के हमारे साढ़ू की गाड़ी थी...! कौन भरेगा अब हरजाना...! बनिया बनिये को कैसे मारे...वो भी अपनी नातेदारी में...

पगड़ीधारी : *(चिंतित होकर)* बहुत बढ़ गई है लूट-खसोट आजकल! अब तो लुटेरों का राज है...! सिपाही कोतवाल भी कुछ नहीं करते...! शिकायत करने जाओ तो उलटा डाँटते हैं...

सेठ : *(गुस्से में)* सिपाही कोतवाल क्यों मदद करेंगे...? उनकी ऊपरी कमाई नहीं मारी जाएगी...?

तीसरा आदमी : *(फुसफुसाते हुए)*...मैंने तो सुना है नायब कोतवाल ने उदयपुर में अपनी ससुराल के पास बहुत जमीन खरीदी है और एक इतना बड़ा महल बनवाया है जितना हमारे राजा के पास भी नहीं है...

सेठ : *(व्यंग्य के साथ)*...हमारा राजा तो भइया लल्लू है...! उसको तो शिकार खेलने और रंगमहल में सोने से फुरसत मिले तो कुछ देखे...!

Gadariya disguised as a fakir, moves to them and extends his katora towards *Seth*. Shot freezes.

Scene Six

AFTERNOON.
OUTSIDE A *CHHEENPA* (OR BUNKAR/ KARGHAWAALAS) HOUSEHOLD.

An old man is working on his loom.
Two-three farmers are seen, through the threads of the loom, sitting before him, touching and seeing the materials (*dari* and *kambal*) spread out.

एक किसान : तुम्हारी उँगली में आज तक वही हुनर है...! पूरे राजस्थान में ऐसा ताना-बाना कहीं न मिले...! एक-एक सूत बराबर...

दूसरा किसान : *(कंबल को उलट-पलट कर देखता हुआ)* असली मजे तो तुम बुनकरों-छीपों के हैं। न हल जोतने की जरूरत, न फसल की रखवाली की चिंता, न आसमान की ओर टकटकी लगाने की फिकर...! *(पहले किसान से)* है ना भाई...?

बुनकर : *(अचानक करघा रोक देता है और गुस्से में बोलता है)*...अरे हम जुलाहों-बुनकरों का दुख भी तुमसे कम नहीं! अभी जो पसंद आएगा, कंबल, दरी, चादर लपेट के चल दोगे इधर से। उधारी में बरकत हुई है आज तक किसी की? *(उठकर अपनी कमर*

सीधी करता है) ओह कमर टेढ़ी हो गई! आँख की रोशनी चली गई धागा, सूत, ताना-बाना निहारते-निहारते...! *(चिल्लाता है)* अरे भ्रष्ट राज में रह रहे हैं हम...! अभी तुम चार पैसा दे के जाओगे...जरा देर में गंध सूँघता पहुँचेगा राजा का कोई कारिंदा और वसूल ले जाएगा अपना घूस...!

A very tense pensive tune is played in the background.

A *fakir* extends his katora to him.
Cut.

Scene Seven

DAY TIME.
A VILLAGE LANE.

Two-three villagers are sitting outside a hut smoking *hookah*. in the background a *munaadi-waala* is seen coming around the bend of the road, beating a *nagara* and making an announcement. A few children are running after him.
A close shot of the *munaadi-waala* as he announces.

Sound of nagara and munadiwallah.

मुनादीवाला : *(कमर में बँधा नगाड़ा जोरों से बजाता हुआ)*...सुनो!...सुनो..... सुनो!!! गौर से सुनो!! नये राजा...महाराजाधिराज गड़रियादेव की ओर से...हर आमो-खास को इत्तेला दी जाती है कि आज से राज के किसी भी इलाके में होने वाली चोरी, लूट-खसोट, राहजनी, बटमारी और किसी भी जुर्म की जिम्मेदारी इस इलाके के कोतवाल और सिपाहियों की होगी! सुनो...सुनो...सुनो...! महाराजाधिराज के हुक्म से राजमहल के राजद्वार पर आज से टाँग दिया गया है इंसाफ का घंटा! हर आमो-खास को इत्तेला दी जाती है कि

राजकर्मचारी, हाकिम, हुक्काम, मुंशिफ, कोतवाल किसी की भी जोर-जबर्दस्ती, घूसखोरी और नाइंसाफी की सूरत में कोई भी जाकर इंसाफ का घंटा बजाए और राजा तक सीधे अपनी फरियाद पहुँचाए...!! सुनो...! सुनो...!!

Munaadiwallah goes out of the sight repeating his announcement.
Cut away shots of the happy expressions of the villagers.
Cut.

Scene Eight

DAY.
A CHAUPAL

Few people from different backgrounds, villagers and urban both, sitting and talking to each other excitedly.

नौजवान : दादा! सुना आपने? आज नायब कोतवाल जिंदान सिंह को गड़रिया राजा ने मुअत्तल कर दिया...

बुजुर्ग : मुअत्तल ही नहीं बेटे, उसको सदर जेल भेज दिया गिरफ्तार करके! सुना है उसकी जायदाद जप्त की जा रही है...

एक आदमी : *(जोश में है)*...कमाल ही हो गया...! न कभी ऐसा देखा, न सुना...! चार सिपाही भी पकड़े गए हैं...! उधर कई कानूनगो और पटवारियों को बरखास्त कर दिया गया है...

(दो-तीन बच्चे दौड़ते हुए आते हैं और चौपाल के पास रुककर चिल्लाते हैं)

बच्चे : हमने देख लिया...! देख लिया...! कितना बड़ा है...

नौजवान : *(बच्चों से)* क्या कितना बड़ा है ?

सभी बच्चे : *(पूरा गला फाड़ कर)* इंसाफ का घंटा...!!

Very loud sound of ghanta takes over.
It is heavy, loud matallic strike sound.

Scene Nine

EARLY MORNING.
PLACE EXTERIOR.

Laud gongs of the bell.

A *ghanta* is seen hanging just near the main gate of the palace.

A woman in torn and dirty colthes hammers (a heavy wooden hammer) the bell in a possessed manner.
A young girl is kneeling on the ground, weeping. Her face and clothes are dirty and scratched.
An old man and a young boy are standing close-by.
A couple of soldiers come running and orders the woman to stop the noise.

दरबान : ए...ए...! क्या कर रही है? रुक...रुक...!

The woman, in on obsessed maddening spell keeps striking at the ghanta with a heavy hammer.
She is held by the guards but succeeds striking one more time.

INSIDE PALACE.

Faint sound of the bell is heard.

A close shot of the gadariya seen rushing from his room, half dressed, looking concerned.
A few buttons of his *sherwaani* are open and his crown is tilted. His hair is rumpled.
He calls out to his men to see who is clanging the bell.

Scene Ten

COURT ROOM.

Cries of a woman and noises are heard.

Two soldiers enter from the door leading the woman and her family into the court.
The gadariya is sitting on his haunches on the throne, his crown tilted and face screwed up in concentration.

गड़रिया : *(सिपाहियों को डाँटता हुआ)*...छोड़ो उस औरत को! छोड़ो...! आने दो उसे हमारे पास...!

The guards are taken aback. They release her arms.
The woman rushes forward and bows before the gadariya and says.

औरत : *(रोती और हाँफती हुई)*...सरकार! महाराज! इंसाफ...! इंसाफ चाहिए हमें...! बड़ा नाम सुना है हमने महाराज गड़रिया देव का...

गड़रिया : बोलो...! क्या बात है? क्या हुआ है तुम्हारे साथ?

औरत : *(दोनों हाथ जोड़कर)* ...बोलते भी नहीं बनता मालिक सरकार!

लेकिन आप बताओ...अगर कुआँ अपना जल खुद पीने लगे, खेत अपनी फसल खुद खाने लगे, रखवाला खुद चोरी करने लगे...तिजोरी खुद जेवर-गहने चुराने लगे..., तो...तो क्या होगा...?

The gadariya jumps from his throne and sits down near the foot-rest on his haunches. Cut away shots of the Nayab and Deewan, sniggering.

गड़रिया : *(चौंककर सिंहासन से कूदकर नीचे बैठ जाता है)* ...गजब हो जाएगा...! अगर नदी अपना पानी पी जाए...! कोतवाल डाका डाले...! राजा परजा को पालने की जगह मारने लग जाए... *(चिल्लाता है)* अँधेर मच जाएगा...! अँधेर! *(औरत से)* क्या हुआ है तुम्हारे साथ? बेफिकर बोलो...!

औरत : *(उसकी सिसकियाँ रुक जाती हैं। वह अपनी बेटी को इशारा करती है। उसकी सुंदर-सी बेटी उसके करीब खड़ी हो जाती है।)*...महाराज ! ये मेरी बेटी है...! सोचती थी इस साल लगन मुहूरत देखकर इसके हाथ पीले करूँगी...! पर सरकार *(रोने लगती है)*

गड़रिया : ...बोलो...! बोलो! क्या हुआ इसके साथ!

औरत : एक पापी...दरिंदे की नजर पड़ गई मेरी नादान बेटी पर सरकार...! बिलकुल नासमझ है ये अभागी...! सोलह बरस की भी नहीं हुई अभी...

गड़रिया : कौन है वो दरिंदा...? उसका नाम बताओ हमें...?

औरत : *(हाथ जोड़कर)* डर लगता है सरकार! हमारी जान की बख्सी हो...

गड़रिया : बिलकुल मत डरो ! अगर वो हम हैं तो हमारा नाम लो...! इंसाफ के सामने राजा-परजा में कोई भेद नहीं...!

The Nayab with a pale expression looks towards the Deewan.
The woman's face shows she is trembling with indecision but in a spurt of the courage, she says.

औरत : *(फुसफुसाकर)* महाराज उसका नाम है...कमाल सिंह...!

Gadariya jumps like a monkey on to the throne and shouts.

गड़रिया : कौन है ये कमाल सिंह? दीवान जी, कमाल सिंह को फौरन हाजिर किया जाय...!

The Deewan nods imperceptibly and walks towards the gadariya. He whispers in his ears. Gadariya turns to stare at him stone-faced and says.

गड़रिया : वो कोई भी हो...! अगर वो नायब दीवान का कपूत है तो उसे और सख्त सजा मिलनी चाहिए...!

The woman smiles in tears. She is shaking with disbelief.
Gadariya shouts at Nayab Deewan.

गड़रिया : इस गरीब धोबन की बेटी को अपनी बहू बनाओगे नायब दीवान ठाकुर मलखान सिंह...?

Close shot shows Nayab Deewan in a shock.
The woman cries with gratitude.
Her daughter and relatives look amazed.

औरत : जैसा सुना था वैसा दरसन पाया महाराज गड़रिया देव!

Dissolve to quick stylized sequences.
1.A young man in shackles, held by two soldiers is being taken into a dungeon. His rich clothes are dirty and in fatters. His face is all in dirt.
Dissolved to:
2.The same woman with her daughter and many more relatives, in the court. They are smiling happily and dressed in clean clothes. The woman comes towards the gadariya and falls before the throne.
The gadariya jumps back into his seat, on his haunches like an ape and looks bewildered.

Scene Eleven

A SERIES OF VISUALS TO ESTABLISH THE PROSPERING KINGDOM.

A happy folk fune plays.

1. Some labourers are digging a canal.
2. Farmers are seen working in green fields. Tilling and harvesting etc.
3. A low angle shot of grains pouring as the women thresh.
4. A shopkeeper gives something to customer, smilling.
5. *Chheenpas* are seen drying colourful, dyed clothes. Screen is covered with all seven color textiles. Sunlight radiates through them.
6. A potter working with his potter's wheel.
7. Women working on *charkhas.*
8. *Women singing, swinging on jhoola* etc.

Scene Twelve

NIGHT.
A CORRIDOR IN THE PALACE.

Candles are placed in *chiragdans*. Bottles of wine with snacks are seen.
The Nayab, Deewan, kotwaal, treasurer and two-three other courtiers are playing *chaucer.*
Nayab throws the dice in a frustrated manner. His close shot shows his utter disappointment.

दीवान : *(गुस्से और झुंझलाहट में)*...धत्! फिर वही तीन काने...! हर दाँव

उलटा पड़ रहा है! हर बाजी हार रहा हूँ मैं!

नायब : शनीचर सवार है हम सबके सिर के ऊपर...

दीवान : खाने-पीने के लाले पड़े हैं...! ईनाम, इकराम, नजराना बख्शीश सब बंद...! शनीचर तो सिंहासन पर बैठा है आकर...! गावदी...

कोतवाल : कोई भी ऐरा-गैरा घुस आता है कोतवाली में रपट लिखाने! इंसाफ का घंटा बजा के!

एक हाकिम : मेरा तो दिल दहल जाता है उस मनहूस इंसाफ के घंटे की आवाज सुनकर...! पता नहीं किसकी बारी आई...

खजांची : *(अचानक गंभीरता से)* दीवान जी, राजा से भेंट का अवसर जुटाओ...! मैं बदलता हूँ उनका दिमाग...! *(आँखें चढ़ाकर फुसफुसाता है)*...पता है राजकोष खाली हो गया...! हजार अशर्फियाँ भी नहीं बचीं राजा के खजाने में...

दीवान : *(चौंककर)* सच? कंगला बना के छोड़ेगा ये गावदी राजा को...! नहीं...हम सबको...! *(चुटकी बजाता है)* राजखजांची, कल सबेरे ही कर लो तुम राजा से मुलाकात...! सारे बही-खाते खोलकर रख दो उनके सामने...

खजांची : होश उड़ जाएँगे राजा के! जितना खर्चा खजाने से पिछले आठ साल में नहीं हुआ, उतना आठ महीने में हो गया...! दोनों हाथों से उलीच रहा है ये गड़रिया राजकोष का धन...

Deewan laughs in pleasure and throws again a dice. All of them shout together.

सब के सब एक साथ : *(हँसते हुए जोरों से)* पौ बारह...

Scene Thirteen

EARLY MORNING.
PALACE GARDENS.

Chirping of birds and early morning sounds.

The Raja is feeding pigeons/deer in the garden/shed.

Sound of coughing.

The Deewan, Nayab and the treasurer walk towards Raja.
The pigeons fly away as they come close.

Raja looks at the men with annoyance.
They bow before Raja. Deewan says.

दीवान : *(उत्तेजना के साथ)* क्षमा करें महाराज ! बिना इत्तिला और बिना आज्ञा हम लोग आ गए...!! लेकिन...राज्य पर संकट की घड़ी है महाराज...

राजा : *(चौंककर)* क्यों ऐसी कौन-सी विपदा आ पड़ी दीवान जी...?

दीवान : *(खजांची की ओर देखकर)* ...बताइए राजकोषाधिकारी...! महाराज को सब कुछ बताइए...

खजांची : *(अपने साथ लाए गए सारे बही खाते खोलने लगता है और गंभीर आवाज में कहता है)* ...महाराज...आपके कुल की तीन पीढ़ियों से मैं कोषाधिकारी रहा हूँ...! आपके पिता और पितामह सब का अटूट भरोसा था मुझ पर...! तीन पीढ़ियों से राजकोष और राज्य के आवक जावक, खर्च-आमदनी, सब का लेखा-जोखा सँभालता रहा हूँ महाराज...

राजा : *(बेचैनी से)* ...तो...? तो...अब क्या हो गया...?

दीवान : *(बीच में टपककर)* ...वो हो गया महराज जो आज के पहले कभी नहीं हुआ था...*(खजांची को डाँटता हुआ)*...जल्दी बताइए न...ये गोल...गोल जलेबी क्या बना रहे हैं इतनी देर से...

खजांची : *(दोनों हाथ जोड़कर थरथराती आवाज़ में)*...राजकोष खाली हो गया महाराज...! राज्य के खजाने में एक अशर्फी तक नहीं बची अन्नदाता...

राजा : *(चौंककर खड़ा हो जाता है)*...क्या...? कैसे हुआ ये...?

खजांची : जान की बख्शी हो अन्नदाता! नए राजा ने दोनों हाथों से उलीच दिया है धन...और *(भेद भरे स्वर में)* बहुत से धन का तो कोई हिसाब ही नहीं...

राजा : *(चिंतित होकर चीखता है)*...आप लोगों ने पहले क्यों नहीं बताया हमें...?

दीवान : *(व्यंग्य से मुस्कुराकर खजांची को देखता है, फिर संजीदगी से कहता है)* ...डर लगता था महाराज...

Raja is in deep thought, looking perturbed, He paces towards the palace.
Deewan and *khajanchi* exchange looks. Deewan gives a wicked smile and says.

दीवान : पौ बारह...! इस बार बाजी अपने हाथ...!

खजांची : गया गड़रिया भेड़ चराने...!

Scene Fourteen

INSIDE A PALACE ROOM.

Raja is pacing up and down.
The gadariya comes behind him, his crown is tilted and clothes untidy.
Raja smiles cynically and says.

राजा : *(व्यंग्य से)*...आइए...आइए...! महाराज गड़रिया देव! पधारिए...

गड़रिया : *(ठंडी आवाज में)*...तुमने बुलाया था मुझे...! जरा देर हो गई...

राजा : देर तो होनी ही है! भई अब राजा हो तुम...! हम तो ठहरे मामूली इंसान...

गड़रिया : *(परेशानी से)* ...ये बूझ-बुझौवल क्या खेल रहे हो राजा...? साफ-साफ बताओ क्यों बुलाया था...?

राजा : *(गहरी आँखों से घूरता है)* राजा का खजाना खाली हो गया...! कहाँ चली गई सारी दौलत...? तुमको पता है, तीन पीढ़ियों से आज तक कभी हमारा खजाना खाली नहीं हुआ था, और तुम्हारे राज के सात महीने में...? कंगाल बना दिया हमें तुमने...!

गड़रिया : *(हँसता है)* बस...इत्ती-सी बात? वैसे ही पूछ लिया होता...! देखो...खजाने का सारा धन लगा है नहर, सिंचाई, व्यापारी मार्ग...के काम में! पाँच महीने और इंतजार करो...फिर देखो कैसे लबालब भरता है तुम्हारा खजाना...! अशर्फियाँ छलक कर बाहर न गिरने लगें तो मैं भेड़ चराना बन्द कर दूँगा...

राजा : *(आश्चर्य से उसके चेहरे को निहारने लगता है)* ...अरे...अरे...! ये तू बोल रहा है...! इतनी जल्दी बोलना आ गया तुझे...? कैसे छलकेंगी अशर्फियाँ, बताएगा तू...?

गड़रिया : *(हँसता है और चुटकी बजाता है)* ...ऐसे...! ऐसे...! *(उकडू जमीन पर बैठ जाता है)* देखो, राज को सबसे ज्यादा आमदनी होती है खेती से और ब्यौपार से...! है कि नहीं...?

राजा : *(सुनता हुआ)* ...हाँ ! सो तो है...

गड़रिया : तो...सुनो...! हमने इस साल तीन नहरें खुदवा दी हैं...! गाँव-गाँव पोखर और कुएँ...! सिंचाई होगी...और इस साल फसल का छठांस इतना होगा...जितना आठ साल में भी कुल मिलाकर नहीं होता...! जरा राजमहल से बाहर निकल कर तो देखो...! पूरे राज्य में फसल लहलहा रही है...! किसान अलमस्त हैं...

राजा : *(आगे बढ़कर उसके कंधे पकड़ लेता है)* ...सच...! सच बोल रहा है तू...?

गड़रिया : आगे सुनो...! इन सात महीनों में लूटपाट, राहजनी और बटमारी नहीं हुई...! खजाने के पैसे से राजमार्ग बन गए हैं...! पुलिस गश्ती पर है...! ब्यौपारियों का सारा माल पहुँच रहा है और जा रहा है...! इस साल किसानों से लगान और सेठों से ब्यौपार के राजकर में इतना धन मिलेगा...कि अशर्फी खजाने में अंटेगी नहीं...! *(हँसता है)* बाहर गिरेगी छन्न...छन्नाक...! छन्न... छन्नाक...!

राजा : *(जोश में उसे बाँहों में भर लेता है)* ...छन्न...छन्नाक...! छन्न...छन्नाक...!! वाह रे मेरे महाराज गड़रिया देव...!

Gadariya wriggles to get free. He says.

गड़रिया : बस...अब चलने दो मुझे...! बहुत सारा काम बूता अटका पड़ा है...*(गड़रिया जैसे ही घूमकर जाने लगता है, राजा उसे पकड़कर अपनी ओर घुमा लेता है और अपनी कमर में खुँसी चाभी*

निकालकर उसे देता है।)

गड़रिया : *(चौंककर)* ...ये क्या है?

राजा : गुप्त खजाने की चाभी! आज तक इसकी जानकारी मेरे अलावा और किसी को नहीं...!

Gadariya has a bewildered expression.

Sound effects.

Rani is staring at them from a window. She is shocked.
Cut.

Scene Fifteen

INSIDE A ROOM IN PALACE.

Soft strains of a stringed instrument.

Maharani is playing a *veena*, she looks absorbed in the music.
A decadent atmosphere with lamps buming, flowers floating in a big vessel beside her.
A beautiful voluptuous woman dressed in a sensual costume comes in.
Maharani looks at her with a mysterious smile, her fingers are still strumming the strings.

रानी : *(वीणा के तारों पर एक तेज झंकार देती है)*...इस बार तेरा इम्तहान है मालिनी...! अगर कामयाब हो गई तो शुजालगढ़ के जलमहल का पूरब वाला हिस्सा तेरा...

मालिनी : *(आश्चर्य से)* किसी दुश्मन देश के राजा को सेज-युद्ध में हराना है, महारानी?

रानी : *(रहस्य भरे अंदाज में)* ...नहीं, उससे भी बड़े दुश्मन को...

मालिनी : *(उत्सुकता के साथ)* ...मैं समझी नहीं, महारानी...

रानी : *(वीणा उठाकर एक ओर रख देती है)* ...तुझे हराना है एक ऐसे चिकने घड़े को जिस पर आज तक कोई जादू नहीं चल पाया...! न रुपया न सत्ता...!...मैं उसे तेरे रूप की माया में फँसा हुआ देखना चाहती हूँ...!

मालिनी : *(मुस्कुराती है। उसकी मुस्कान के साथ ही सितार अपने आप बज उठता है)*...समझ गई महारानी!...आज तक कभी आपकी इस दासी ने आपका सिर नीचा होने दिया है?

रानी : ...लेकिन इस बार...! चुनौती बहुत बड़ी है ..मालिनी...

मालिनी : *(टेढ़ी मुस्कान के साथ)* जाल में फँसे कबूतर की तरह

फड़फड़ाएगा वो...! आज के बाद से सोते-जागते उसके गले से एक ही आवाज निकलेगी...

रानी : *(हँसती हुई वीणा के तारों को छेड़ देती है)* मालिनी... मालिनी...! कहाँ हो...हमारी मालिनी...?

Malini burst out with laughter. Rani too joins her.
Dissolve.

Scene Sixteen

GADARIYA'S ROYAL BEDROOM.

Gadariya's voice singing a folk tune.

The gadariya is seen bare-chest sherwani is open from the front.
He is humming a folk to himself.
Malini enters and sensuously comes just behind him, holding a *thaal* of fruits.
The woman lows low, smiling coyly. She offers him *thaal*.

मालिनी : *(बहुत ही मीठी आवाज में)* ...महाराज! आपकी सेवा में राजमहल में आज से मुझे लगाया गया है! *(मुस्कुराकर)* मालिनी नाम है मेरा...!

He takes the entire *thaal* from her and tells her to leave.

गड़रिया : *(डरकर सकपकाता हुआ)* अच्छा अच्छा...! अच्छा नाम है...! मैं खा लूँगा...! खा लूँगा! अभी भूख नहीं है...! आप जाएँ...

मालिनी : *(मुस्कुराकर अदा के साथ)* ...मुझे आदेश है महाराज...कि जब तक आप फल-दूध का आहार न कर लें मैं आपके पास ही रहूँ...!

गड़रिया : *(थाल में रखा दूध का गिलास उठाता है और एक साँस में पी जाता है)* ...पी लिया...! उधर जंगल में मैं तीन सेर दूध पी जाता था...! *(खिलखिलाकर हँसता है)* ...अब तुम जाओ...

मालिनी : आपको कुछ और चाहिए महाराज...?

गड़रिया : *(घबराहट के साथ)* नहीं कुछ नहीं...चाहिए...

Malini walks closer to his bed smilling.

A sensuous music is played.

Gadariya watches her bewildered.

मालिनी : कुछ तो चाहिए होगा महाराज...?
गड़रिया : *(काँपती आवाज़ में)* ...नहीं...! कुछ नहीं चाहिए! कसम से...!

Malini is smiling mysteriously and says.

मालिनी : थक गए होंगे महाराज! पैर दबा दूँ...?

He looks at her pertified and shakes his head hard in refusal, pulling the bedsheet from his bed. Malini stumbles.
Gadariya walks hurriedly outside, the sheet trailing on the ground behind him.
A close shot of Malini's look of complete surprise.
Gadariya sleeps on floor of the corridor snoring heavily.

Sound of snoring.

Scene Seventeen

BACKYARD OF THE PALACE.

The sound of echoing footsteps.

Deewan, senapati and treasurer are walking through a long narrow, dimly lit corridor. Deewan turns on a bend in the corridor and stops abruptly. They all too.

Sound of supense.

The gadariya is seen stepping out of a kothri, situated in the backyard. He is looking around stealthily. He is holding a necklace and few jewellery in his hands.
A close shot of his hands turning the key in a huge lock at the door.
The Deewan and the treasuser peep from the bend in the foreground, while the gadariya looks around him, awkwardly wearing the jewellery, and walks in the opposite direction in the background.
Deewan, Senapati and treasurer exchange meaningfull looks and smile deviously.

दीवान : *(फुसफुसाकर)*...देख लिया न अपनी आँख से...? पता चल गया न कि राजकोष का इतना सारा धन जाता कहाँ है...?
सेनापति : *(गुस्से में)* मन तो करता है अभी गिरफ्तार करके कोड़े लगाता इसे राजा के पास ले चलूँ...! ये तो राजा के गुप्त खजाने में एक कौड़ी तक नहीं छोड़ेगा...!
खजांची : दीवान जी! सिंहासन के असली हकदार तो आप हो...! पीछा

नहीं छोड़ा इस मायावी बटमार का...! सुराग लगा ही लिया...

दीवान : अब बचकर कैसे जाएगा...? इस बार तो चौसर पर सारे पाशे बता रहे हैं कि बाजी अपने हाथ में है।

सेनापति : हाँ...पौ बारह...!!

Scene Eighteen

DUSK.
PALACE EXTERIOR. LAWNS.

Tunelees sound of algojha.

Raja is fidgeting and trying to play *algojha* with a concentrated expression.
Deewan, Nayad-deewan and treasurer walk in with excited hurry and bow before him. Raja looks at them with deep annoyance.

राजा : *(चिढ़ते हुए)*...अब कौन सी बिपदा आ पड़ी तुम लोगों पर...?

दीवान : *(हाथ जोड़कर)*...नाराज न हों अन्नदाता!...इस बार महाराज ने हमारी ना सुनी तो बिपदा बहुत बड़ी हो जाएगी सरकार...!

राजा : बोलो! बात क्या है ?

दीवान : महाराज...! इस गड़रिया महाराज के पेट में दाढ़ी निकली...

खजांची : और ये पता चल गया कि राजखजाने का सारा धन कहाँ छुपा के रक्खा है उसने....

सेनापति : *(गंभीर आवाज में)*...हमने अपनी आँख से देखा है!

दीवान : रत्ती भर भी वहम न रखें अन्नदाता! गुप्त खजाने का सारा माल उस कोठरी में न मिले तो आप हम तीनों का सर कलम करा दें...!

खजांची : ऐसा काइयाँ और पाखंडी सारी दुनिया में खोजे न मिलेगा! पिछले जन्म में बगुलों का बाप था...!

A close shot of the Raja's expression of shock. He throws away *algojha* in disgust.

राजा : *(उठकर खड़ा हो जाता है)* बहुत होशियारी से काम करना होगा। उसके कान में भनक भी पड़ गई तो गुप्त खजाने का सारा माल वापस ठिकाने पर पहुँचा देगा। उसकी कोठरी के चौतरफ सख्त पहरा लगा दो...! मैं खुद छापा मारकर तलाशी लूँगा...! रँगे हाथ पकड़ना है महाराज गड़रिया देव को... *(आदेश देते हुए)* सेनापति! मेरे नाम से सौ सिपाही इकट्ठा करो...!

(अपनी उँगली से अँगूठी उतार कर सेनापति को देता है) मेरी अँगूठी लेते जाओ...वरना कोई तुम्हारा आदेश नहीं मानेगा...

Raja walks out.
Deewan, Senapati and treasurer exchange smile with a look of victory on their faces.

Scene Nineteen

SAME TIME.
ROYAL BEDROOM.

Maharani is sitting by a window, an expression of deep thought on her face. A maid is combing her hair.
Raja comes behind her, smiling excitedly.
The maid bows and leaves immediately. Rani is surprised.

रानी : *(आश्चर्य से)*...अरे...! महाराज...आप? बिना किसी पूर्व सूचना के?

राजा : *(खुशी के मारे फटा पड़ रहा है)*...हम आज बहुत खुश हैं महारानी...! ग्यारह महीने तक दिन-रात चले इस युद्ध के फैसले की घड़ी आ गई...

He comes and puts flower on Rani's *juda*.

राजा : हर रोज हार रहा था मैं! मेरी ही प्रजा मुझे भूल गई थी! जिसे देखो वह गड़रिया महाराज...महाराज गड़रिया देव की माला जप रहा था!

रानी : *(उत्सुकता से)*...और अब...

राजा : *(जोश में लट्टू की तरह घूम जाता है)* ...जीत गया मैं! वो गड़रिया निकला एक शातिर गिरहकट...! एक मक्कार चोर...! ग्यारह महीने में वो बन गया एक दूसरा ही आदमी...

रानी : बधाई हो महाराज! उसका डरावना चेहरा उसके मन का ही प्रतिबिंब है महाराज...

राजा : *(महारानी के बिल्कुल करीब झुकते हुए)*...कल जंजीरों में जकड़ा महाराज गड़रिया देव राजदरबार में खड़ा होगा मुजरिमों की तरह और...*(चीखता है)* हम बजाएँगे इंसाफ का घंटा...

Loud sounds of the bell are heard repeatedly.

Scene Twenty

LATE EVENING.
BACKYARD OF THE PALACE.

Suspense music with effects.

Gadariya's kothri is seen in a long shot.
Guards and soldiers are hiding behind bushes.
Senapati giving them instructions and himself hiding behind a fencing.
Raja walks through the dimly lit corridors. The Deewan, treasurer,

Nayab-deewan and few other courtiers and soldiers are following him hurriedly.
Shot of the kothri.

Sound effect to generate suspense.

The door of the kothri opens with a creaking sound.

Creaking sound of door.

The gadariya steps out, his crown is tilted and jewellery askew. He locks it hurriedly.
A close shot of his hand keeping the key safely in his side pocket. He looks around guardedly.
Raja is seen coming from the opposite direction. A look of resoluteness and anger on his face.
Deewan says in whispers.

दीवान : बिल्कुल सही वक्त पर पहुँचे महाराज!

Gadariya stops with a surprised look on seeing them and says.

गड़रिया : *(आश्चर्य से)* अरे आज इधर कैसे रास्ता भूल गए...?

राजा : *(गहरी आँखों से घूरकर)* रास्ता मैं नहीं, तुम भूल गए हो, *(व्यंग्य से)* महाराज गड़रिया देव!

गड़रिया : *(मासूमियत से)*...फिर से वही बूझ-बुझौवल...?

राजा : *(सख़्ती के साथ)* कसूर इसमें तुम्हारा नहीं! ये माया होती ही ऐसी है। भूल तो मेरी थी, मैंने आँख मूँदकर तुम पर भरोसा किया! अपने राजवंश की मर्यादा तुम्हारे सिर पर रख दी, गुप्त खजाने की चाबी तक सौंप दी, क्या इसलिए कि तुम उसे चोरी से अपने घर ले जाओ...?

गड़रिया : *(दोनों हाथों से अपने कान ढाँप लेता है)* ओह...! ऐसा सुनना तक पाप है...! *(वितृष्णा के साथ)*...अच्छा ही हुआ जो तुमने मुझ पर शक किया! अब एक पल भी मैं यहाँ नहीं रुक सकता...

राजा : अब क्यों रुकोगे? सारा खजाना हड़पकर भी मन नहीं भरा...?

गड़रिया : *(ठंडेपन के साथ)*...यह खजाना जो मैंने इस कोठरी में छुपा रखा है...वह जब से मैंने होश सँभाला है तब से मेरे पास है! न वह कभी खत्म हुआ है, न कभी होगा...!

राजा : *(चिढ़कर गुस्से में)* अब तुम्हारी किसी बात का जादू नहीं चलेगा

मेरे ऊपर, समझे! सारा खेल खत्म! *(दीवान को आदेश देते हुए)* तलाशी लो इस पूरी हवेली की!

Senapati jumps out from behind the wall and shouts.

सेनापति : *(जोरों से चीखता है)* सिपाहियो! कार्रवाई शुरू।

A big sound effect with a march on tune.

In quick cuts soldiers are seen searching each part of the *haveli*.
Nayab deewan whispers in Raja's ear.

नायब दीवान: *(फुसफुसाते हुए)* बदमाश ने खजाने का माल इस कोठरी में छुपाया है महाराज!

A sound to generate anxiety.

दीवान : क्यों गड़रिया जी...! अब इस कोठरी की तलाशी भी ले ली जाए...?

गड़रिया : *(राजा से)* महाराज, इसकी तलाशी न लें तो अच्छा है...*(परेशानी में)* उस दिन आपने मेरे सामने हाथ जोड़े, आज मैं हाथ जोड़ता हूँ! *(दोनों हाथ जोड़ता है)*।

राजा : *(गुस्से से)* चुपचाप शराफत से दरवाजा खोल दो, वरना इसे तोड़ना पड़ेगा...

गड़रिया : *(दयनीय आँखों से देखता है)*...देखिए एक बार फिर कहता हूँ...जिद न करें...

दीवान : *(जोरों से डाँटता है)*...बेकार वक्त बरबाद मत करो महाराज का...! चलो चुपचाप दरवाजा खोलो...! तुम्हारी कोई बहानेबाजी अब नहीं चलेगी...

Gadariya moves to the door, takes out the keys from his waist and opens the lock with trembling hands.
Close shot shows his hands tremble when he turns the key inside the lock.

Sound effects.

With a bang Raja, Deewan, Nayab, Senapati barge inside the kothri pushing Gadariya aside.
Camera exposes slowly and inquisitively the interior, exploring the gadariya's belongings *(algojha, aate ka bhaatra,* old torn clothes, torn shoes, *gamchha*, *saafa*, *rassi ka dhera* etc.*)*

A close shot of Raja's stunned, speechless expression as he stares.
The courtiers look at each other with fear and surprise.
Gadariya takes off the crown and puts it in Raja's hand.
Raja stands like a lifeless statue watching as the gadariya takes off the sherwani and puts his *chhagal* and *algojha* on his shoulders and picks his ohter belongings, clutching them to his chest, talking all the time.

गड़रिया : मैंने कहा था, इस कोठरी में आप लोगों के काम का कुछ भी नहीं है।...खैर! यही वो मेरा अनमोल खजाना है जिसके बल पर मैंने राज की माया और आपके सिंहासन को तिनके के बराबर समझा...! मैं हर रोज दो घड़ी चुपचाप अकेले बैठकर अपने इस अनमोल खजाने को सँभालता था और अपने आपको याद दिलाता था कि मैं कौन हूँ...? *(अपने पहले वाले कपड़ों में राजा के ठीक सामने आकर खड़ा हो जाता है। राजा की आँखें नीची हो रही हैं।)*

आपके कहने पर मैं इस दलदल में फँसा! देखिए आज ग्यारह महीने पूरे हुए हैं...! मेरी शर्त थी इस नरक में आने के पहले...कि जिस दिन आपने मेरी बात नहीं मानी या आपने मुझ पर शक किया उसी पल मैं इस सबको छोड़कर लौट जाऊँगा! आज दोनों बातें एक साथ हो गईं! मैं तो खुद इस कैद से छूटने

के लिए छटपटा रहा था...! जो हुआ, मेरे लिए अच्छा ही हुआ...
अच्छा राजा जी! मैं जा रहा हूँ! *(ऊपर की ओर दूर देखता है)* वह खेजड़ी, वो उगता सूरज, वह टेकरी और वे तारे जाने कब से मुझे बुला रहे हैं! और मेरी भेड़ें मेरे बिना इतने दिनों तक भूखी और प्यासी बैठी होंगी...! मेरा दिल उनसे मिलने को तड़प रहा है...! मैं जा रहा हूँ...! सलाम...!!!

Absolute silence.

Gadariya walks away down the corridor.
A back shot of Raja reclining on a column in a defeated manner, while the gadariya is seen walking away in the background.
Close shot of Raja. He is in tears.

A nostalgic folk tune takes over.

A picturesque shot of gadariya going towards horizon against a sunset.

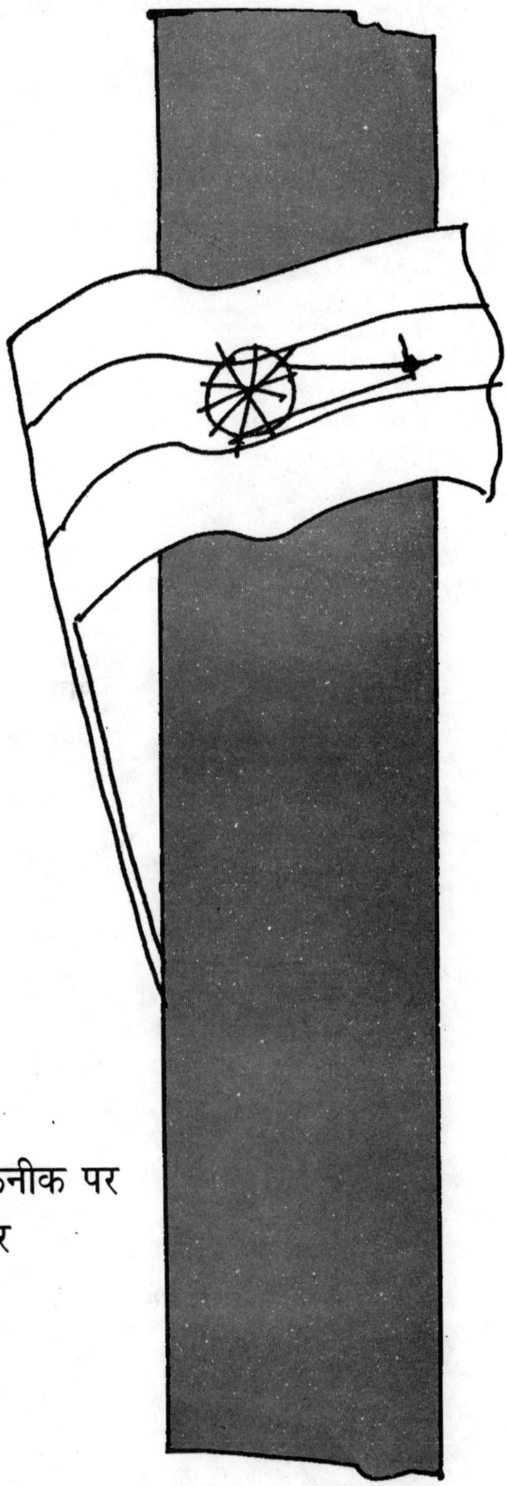

जंगे-आज़ादी

दृश्यों-गीतों और फ्रीज तकनीक पर आधारित एक सिलसिलेवार बाल नाटक

कमलेश्वर

पात्र

मुनादीवाला/उद्घोषक
बहादुर शाह जफर
हजरत महल
बिरजिस क़दर
लक्ष्मीबाई
तिलक
गांधी जी
लाल लाजपत राय
भगतसिंह
आज़ाद
शिव वर्मा
बटुकेश्वर दत्त
जवाहरलाल नेहरू
अरुणा
नेताजी सुभाषचंद्र बोस
सार्जेंट मेजर
कमांडर
कोतवाल बख्त खाँ
मार्टिन
लारेंस
हडसन
कमिश्नर
डायर
सैंडर्स
मकसूद
मोतीबाई
सागर सिंह
गौस खाँ
माधव सिंह
कालिका सिंह
इनके अलावा किसान, सिपाही, अफसर व जनसाधारण की भूमिका में कई पात्र

पर्दा उठता है !
एक मुनादीवाला ढोल पीटता आता है।

मुनादीवाला : *(ढोल पीटकर)*

खलक खुदा का !
मुलक *(मुल्क)* बादशाह का !
गद्दीनशीं मुगल बादशाह बहादुरशाह के फरमान पर कान धरो !
हुक्म है कि गैर मुल्की फिरंगियों को अपने मुल्क से खदेड़ दो।
शहंशाह ने सँभाल ली है हिन्दोस्तान के बलिदानियों की कमान।
खदेड़ दो फिरंगियों को मुल्क से बाहर—
यही है शहंशाह का ऐलान और फरमान !

ढोल पीटता है—

खलक खुदा का !
मुलक बादशाह का !

ढोल रखकर मुनादीवाला ही उद्घोषक बन जाता है।

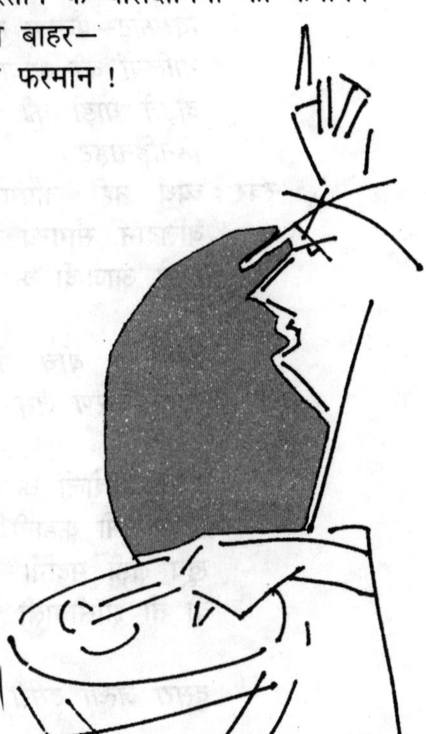

उद्घोषक : बादशाह बहादुर शाह ने जंगे-आजादी की कमान कैसे सँभाली, यह सम्भव कैसे हुआ ?...मैं बताता हूँ ! नहीं, नहीं बताता नहीं, दिखाता हूँ ! तो हाजरीन,
देखिए—

प्रस्थान

मंगल पांडे : माँ !...आज विदेशी लोगों ने हमारी स्वतन्त्रता छीन ली है। वे हमारे धर्म को भी बिगाड़ रहे हैं। हमें मालूम है जगदम्बे माँ कि जो अपनी मदद आप नहीं कर सकता, भगवान भी उसकी

मदद नहीं करता है...हे भारत माता !
क्या तुम्हें लगता है कि तुम्हारी
सन्तान निकम्मी हो गई है ? या
मर गई है ? लेकिन तुम उदास
मत होना माँ, क्योंकि मैं अभी
जिन्दा हूँ, तुम्हारा मंगल पांडे
अभी जिन्दा है।

मंच पर क्रम से प्रकाश
होता जाता है।
बैकग्राउंड में—
तोपों की गर्जना...
विस्फोट—फैलता हुआ धुआँ
गोलियों की आवाजें
दौड़ते घोड़ों की टापें और उनकी
हिनहिनाहट।

स्वर : व्यर्थ नहीं जाएगा मंगल पांडे का
बलिदान, सौगन्ध उठाकर शुरू किया है
हमने आजादी का यह संग्राम !

इसी के बीच नेपथ्य से उठते संगीत के विस्फोट के साथ—चारण जैसे जुझारू गायकों की एक टोली आती है—

: बुंदेले हरबोलों के मुँह
हमने सुनी कहानी थी
खूब लड़ी मर्दानी
वो तो झाँसीवाली रानी थी।

दूसरा जत्था दूसरी ओर से गाता हुआ आता है—

: सिंहासन हिल उठे
राजवंशों ने भृकुटी तानी थी
बूढ़े भारत में भी आई
फिर से नई जवानी थी।

तीसरा जत्था गाता हुआ आता है—

: गुमी हुई आजादी की कीमत
सबने पहचानी थी
दूर फिरंगी को करने की
सबने मन में ठानी थी।

तीनों जत्थे—समवेत

: बुंदेले हरबोलों के मुँह
हमने सुनी कहानी थी।
खूब लड़ी मर्दानी
वो तो झाँसीवाली रानी थी !

उद्घोषक
मुनादीवाला : *(नैरेट करता हुआ)* 'खोई हुई आजादी की कीमत सबने पहचानी थी और दूर फिरंगी को करने की सबने मन में ठानी थी—' इसी भावना और जज्बे से हुआ था सन् 1857 की महाक्रान्ति का आग़ाज ! 19 मार्च, 1857 को मेरठ छावनी में हो गई थी विद्रोह की शुरुआत !
(उद्घोषक नेपथ्य में जाता है)

मेरठ छावनी

पैदल सैनिकों की बड़ी टुकड़ी के कुछ सैनिक इनफील्ड-रायफल्स और कारतूसों की पेटियों के साथ। सामने खड़ा सार्जेंट मेजर हगसन ! मंगल पांडे आगे बढ़कर चीखता है।

मंगल पांडे : ...आप कुछ भी कहो सार्जेंट मेजर साहब, आपकी इस इनफील्ड रायफल का यह गाय और सूअर की चर्बी वाला कारतूस हम मुँह से नहीं काटेंगे ! *(सिपाहियों से)* क्यों साथी सिपाहियो !
सार्जेंट मेजर हगसन गुस्से से मंगल पांडे को देखता है—

आवाजें : नहीं काटेंगे...नहीं काटेंगे...

: चर्बीवाला कारतूस हम मुँह से नहीं काटेंगे।

सा.मेजर : *(भड़ककर)* क्या बकता है तुम मंगल पांडे और तुम बागी लोग...

पांडे : बकता नहीं...ये हमारे दीन-धर्म का मामला है ! क्यों भाइयो ?

आवाजें : मंगल पांडे ठीक कहता है...ठीक कहता है...हम तुम्हारी फौज में अपना दीन-धरम गँवाने नहीं आए हैं।

आवाजें : नहीं...नहीं...

सा.मेजर : *(बिफरकर)* चोप्प ! खामोश ! *(मंगल पांडे की ओर मुड़कर)* मंगल पांडे ! तुम कम्पनी बहादुर की फौज का सिपाही हय... तुम अपने फौजी लोग को भड़काता हय, जानता—इसका अंजाम क्या होने सकता।

सिपाही मकसूद आगे बढ़ आता है।

सिपाही : अंजाम कुछ भी हो हगसन साहेब...इस कारतूस को हम मुँह से नहीं काट सकते...इसमें वो चर्बी है जो हमारे लिए हराम है !

सा.मेजर : तुम कइसी बात करता है मकसूद ? तुम तो मुसलमान होता—हमारा माफिक मटन, चिकिन बीफ—सब खाता। तब चर्बी से परहेज काय को करता ?

मंगल पांडे : सुनिए सार्जेंट मेजर साहब। हम हिन्दुस्तानी हिन्दू और मुसलमान—अपने दीन-धरम के पक्के हैं, हिन्दू के लिए गोमाता की चर्बी और मुसलमान के लिए सूअर की चर्बी हराम है...हम इन कारतूसों को मुँह से काटना तो दूर—हाथ तक नहीं लगाएँगे।

कहता हुआ वह कारतूस की पेटी फेंकता है।

कई सिपाही : हाँ ! हाँ !

कहते हुए और सिपाही भी पेटियाँ फेंकते हैं

सा.मेजर : *(क्रुद्ध होकर चीखता है)* मंगल पांडे ! तुम लोग फौज का कानून तोड़ेगा, तो हम तुम्हारा कोर्ट मार्शल करेगा।

पांडे : तुम कुछ भी करो हगसन साहब, लेकिन तुम फिरंगी लोगन के लिए हम अपना दीन-धरम भ्रष्ट नहीं करेंगे...

सा.मेजर : *(चीखता है)* ह्वाट दीन-धरम ! सिपाही का एक ही दीन-धरम होता है—वफादारी ! समझा तुम।

मंगल पांडे : हाँ वफादारी! अपनी मातृभूमि के लिए...भारतमाता के लिए...

(अकड़कर खड़ा होता है)

सा.मेजर : तुम्हारा यह जुर्रत ! हम तुमको सबक सिखा देगा।

मकसूद : वही सबक—जो आप फिरंगियों ने बहरामपुर में उन्नीसवीं नेटिव इंफैंटरी को सिखाया है ?

मंगल पांडे : *(चीखता है)* लेकिन हम बहरामपुर नेटिव इंफैंटरी की तरह हथियार नहीं डालेंगे !...

सा.मेजर : तो क्या करेगा तुम बागी लोग ?

मंगल पांडे : हम क्या करेंगे...*(बन्दूक तानकर)* तो लो !...हम यह करेंगे।

बन्दूक की किर्च सार्जेंट मेजर हगसन की छाती में घुसेड़ देता है। सार्जेंट मेजर चीखता-कराहता गिरता है—

और बगावत शुरू हो जाती है—
हड़कम्प-हंगामा।

आवाजें : एक-एक अंग्रेज को काट डालो...मारो काटो...

आवाजें : गैरिसन पर कब्जा करो !
जेल के ताले तोड़ दो...
सारे लोग हथियारबन्द हो जाओ !
कोई फिरंगी जिन्दा न बचने पाए !

विद्रोही सैनिक दौड़ते-भागते निकल जाते हैं !

वही मंच
अंग्रेज बटालियन कमांडर का आफिस—कुछ सैनिक आते हैं।

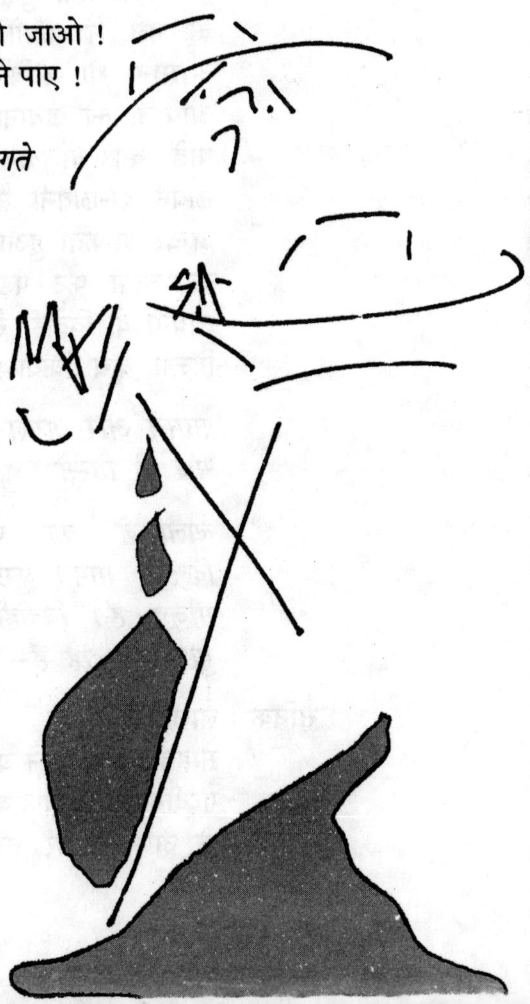

सैनिक : सर...सर...

कमांडर : *(घबराकर)* यह कइसा हंगामा होता ?

तभी खून से लथपथ एक सिपाही आता है।

सिपाही : *(सैल्यूट मारता है)* सर !

कमांडर : *(चौंकता है)* हवलदार धनीराम यह ब्लड...तुम घायल होता...

सिपाही : सर...अपनी इंफैंटरी में

बगावत हो गई है...

कमांडर : बगावत ! *(चीखता है)*

सिपाही : यस सर...सिपाही मंगल पांडे ने सार्जेंट मेजर हगसन साहब को जान से मार डाला है।

कमांडर : सिपाही मंगल पांडे ने सार्जेट हगसन को मार डाला हय... उसका यह जुर्रत ! हम मंगल पांडे को फाँसी पर चढ़ा देगा।

फ्रीज़-

उद्घोषक मुनादीवाला : सारे देश में क्रान्ति की तारीख–31 मई, 1857 तय थी, लेकिन तारीख से पहले ही मेरठ में मंगल पांडे ने 19 मार्च, 1857 को सैनिकों की स्वतन्त्रता का उद्घोष कर दिया। मंगल पांडे को मौत की सजा सुनाई गई...और उन्हें बैरकपुर ले जाकर फाँसी के फन्दे पर लटका दिया गया ! ब्रितानी हुकूमत के लिए मंगल पांडे के गले में फाँसी का फन्दा डालना तो आसान था लेकिन उसकी विद्रोही आवाज को दबाना मुश्किल ! मंगल पांडे का बलिदान रंग लाया और छावनी-दर-छावनी सैनिकों के अन्दर दहकता हुआ आजादी का लावा फूट पड़ा ! मेरठ छावनी के विद्रोही सैनिकों ने दिल्ली कूच किया !

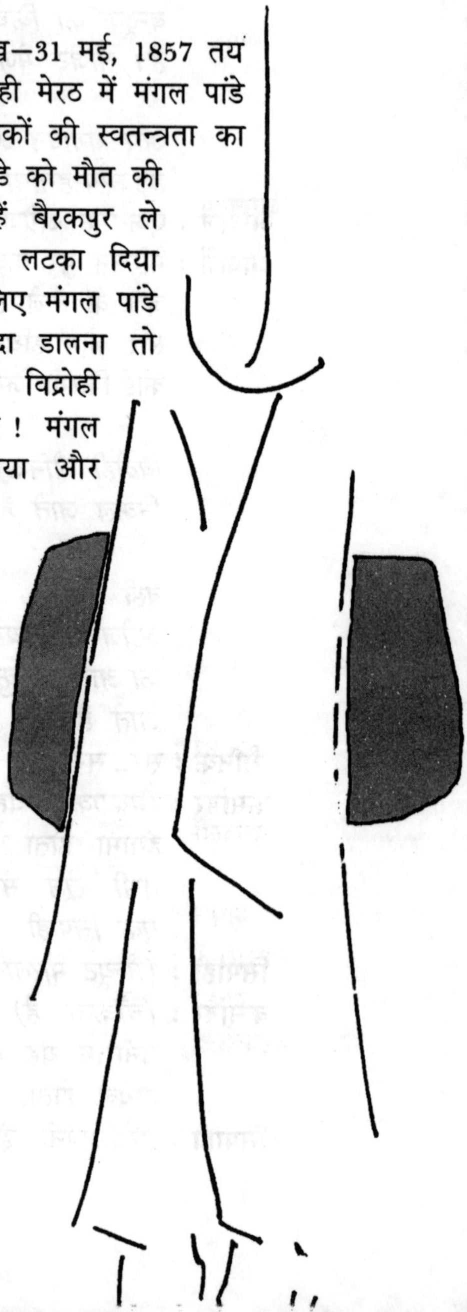

सामने और अगल-बगल के मंच के हिस्से

लालकिले का परकोटा–दिल्ली। सामने कुछ दरबारी मौजूद हैं। विद्रोही सैनिक गुहार कर रहे हैं–

सैनिक : लालकिले के कोतवाल साहब ! हम अपने बादशाह–गद्दीनशीन शहंशाह बहादुरशाह के आस्ताने पर सर झुकाने

और एक जरूरी दरख्वास्त लेकर हाजिर हुए हैं !

कोतवाल *(बख्तखाँ)* **:** लेकिन आप लोग तो फिरंगी सरकार के फौजी लग रहे हैं... आप यहाँ क्यों आए हैं ?

सैनिक : कोतवाल साहब-बख्तखाँ साहब ! हम आपको पहचानते हैं... इसीलिए तो हम आपके पास आए हैं।

तीसरा : हम शहंशाहे-आलम बहादुरशाह साहब से मुलाकात करना चाहते हैं।

बख्तखाँ : सुनिए ! शहंशाहे-आलम फिरंगी फौजियों से मिलना मंजूर नहीं करेंगे !

चौथा : बख्तखाँ साहब ! आप बादशाह सलामत को जाके बताइए—हमारी वर्दियाँ जरूर कम्पनी सरकार की हैं लेकिन हमारे दिल हिन्दुस्तानी हैं ! हम अंग्रेजों के खिलाफ हथियार उठा चुके हैं !

बख्तखाँ : तो आप लोग जहाँपनाह शहंशाहे-आलम से चाहते क्या हैं ?

छठा : बख्तखाँ साहब ! हम चाहते हैं कि हिन्दुस्तान के शहंशाहे आलम—आजादी की इस जंग में हमारी रहनुमाई करें।

आवाजें : हाँ ! हाँ।

सातवाँ : शहंशाह हुजूर से कहिए—हमारी प्रार्थना है...वो आजादी की इस जंग की रहबरी और रहनुमाई मंजूर करें !

(फ्रीज़ अँधेरा)

ठीक सामने का मंच

बादशाह बहादुरशाह जफर का निजी बैठकखाना। दस-बारह दरबारी, चोबदार और नौकर-चाकर मौजूद हैं। बख्तखाँ भी है।

जफर : हम बागी-क्रान्तिकारियों की रहबरी और रहनुमाई मंजूर करें... इस पेशकश पर हमें गहराई से गौर करना पड़ेगा बख्तखाँ।

बख्तखाँ : हुजूरे-आलिया...बागी क्रान्तिकारी लोग वजिद हैं कि आप उनकी दरख्वास्त और पेशकश मंजूर फर्माएँ !

जफर : ये बागी-क्रान्तिकारी कहाँ से आए हैं ?

दरबारी-1 : हुजूरे-आला...फौजियों की यह टुकड़ी मेरठ से आई है...

जफर : मेरठ छावनी से...यानी ये अंग्रेजी फौज के सिपाही हैं...

दरबारी-2 : जी हुजूर ! लेकिन यह लोग अंग्रेजों के खिलाफ बगावत में उठ खड़े हुए हैं...और अब यह बगावत, विद्रोह की यह आग सूबए बंगाल की बहारामपुर और बैरकपुर छावनी से लेकर दिल्ली

तक फैल चुकी है।

जफर : दिल्ली तक बगावत की चिंगारियाँ पहुँच गई हैं तो बाकी हिन्दुस्तान भी सुलग उठेगा...

बख्तखाँ : हुजूरे-आलिया ! यह आग अब अंग्रेजों को खाक करके ही बुझेगी...उनकी खाकी वर्दीवाली फौज के तीन लाख सिपाहियों में से डेढ़ लाख बागी हो चुके हैं।

जफर : यह तो एक दिन होना ही था बख्तखाँ। आखिर अंग्रेजों की काली फौज में हमारे मुल्की किसानों के बेटे ही तो मौजूद हैं ...अंग्रेजी अमलदारों ने किसानों पर लगान की दर दूनी कर दी है...हमारे वक्त में तो ऐसा नहीं था।

बख्तखाँ : आप ठीक फरमा रहे हैं, हुजूर...

जफर : *(गहरी साँस लेकर)* बख्तखाँ, 21,000 ताल्लुकेदारों को अंग्रेजी निजाम ने कौड़ी-कौड़ी के लिए मोहताज बना दिया है...अंग्रेजी माल की आमद से हमारे दस्तकारों के धन्धे चौपट हो गए हैं ...बेतहाशा लगान और लगान-वसूली के गैर-इंसानी तरीकों ने काश्तकारों की तो कमर ही तोड़ दी है...

बख्तखाँ : जी हुजूर...और ऊपर से किसानों पर जमींदारों, ठेकेदारों और महाजनों के जुल्मों-सितम...पूरा हिन्दोस्तान फिरंगियों के गैर-इंसानी कानून, तिजारती लूट-खसोट, टैक्स, महसूल और दोगुने लगान

की चपेट में कराह रहा है...

जफर : ऐसे में किसान का फौजी वर्दीवाला बेटा बगावत नहीं करेगा तो क्या करेगा !...

फ्रीज़-अँधेरा

उद्घोषक : उस रात मेरठ छावनी में भड़के आग के शोले दिल्ली पहुँच गए थे, जहाँ अंग्रेजी साजिशों की बदौलत शहंशाह-ए-हिन्द बहादुरशाह जफर की सल्तनत सिर्फ लालकिले की चारदीवारी तक ही महदूद रह गई थी ! एक बार बहुत पहले शहंशाह जहाँगीर के जमाने में एक लम्हे ने अंग्रेज व्यापारियों पर मेहरबानी करने की खता की थी—उसी की कीमत हिन्दुस्तान चुका रहा था। शहंशाह बस अपना वक्त गुजार रहे थे।

फ्रीज़ टूटता है !
तभी बागी सिपाही अन्दर आ जाते हैं।

नारे : शहंशाहे हिन्द !
: जिन्दाबाद !
: पाइंदाबाद !

सिपाही : *(अपने साथियों के साथ आकर)* बादशाह सलामत ! हम एक इल्तजा लेकर आए हैं। हम मेरठ छावनी के सवार हैं। हम मुल्क को अंग्रेजों के चंगुल से छुड़ाना चाहते हैं। हम चाहते हैं आप हमारी सरपरस्ती करें। हमारी कमान सँभालें।

जफर : सरपरस्ती...हम कमान सँभालें...सुनो भाई, हमें बादशाह कौन कहता है। हम तो फकीर हैं। हमारे पास अपनी फौज की तनख्वाह देने के लिए खजाना नहीं है। तुम्हारी मदद के लिए फौज नहीं...

दूसरा सिपाही : बादशाह सलामत ! हमें कोई तनख्वाह, कोई मदद नहीं चाहिए...हमें तो सिर्फ आपकी रहबरी चाहिए...

तमाम दरबारी, जिनमें बख्तखाँ और ओहदेदारों की भीड़। चहल-पहल

जफर : हिन्दोस्तान की आजादी की जंग का ऐलान इन जाँबाजों ने कर दिया है ! किया जा चुका है। बक्सर की लड़ाई के बाद जो जिल्लत मुल्क के अवाम, ताल्लुकेदारों, नवाबों, राजे-महाराजों ने झेली है...उसके खात्मे का वक्त आ गया है...तवारीख ने

करवट बदली है और अब फिरंगी हुकूमत को खत्म करना ही हमारा कौमी मकसद है...

दो-तीन सरदार : शहंशाहे हिन्दोस्ताँ का हुक्मनामा हमारे सिर-माथे पर...*(हाँ-हाँ कर शोर)*

आपका ऐलान हमारे सिर-माथे पर

नारे : बादशाह सलामत पाइंदाबाद !

: आपके फरमान पर सौ फीसदी अमल होगा ! शहंशाहे-आलम !

जफर : बख्तखाँ !

बख्तखाँ : हुजूरे-आलिया !

जफर : हमारी मोहर के साथ ऐलाने-जंग का फरमान—राजपूताना, पंजाब और सिंध सूबे की तमाम उन रियासतों को भिजवा दिया जाए जो कम्पनी सरकार के अरदम में गुलामी का तौक डाले बैठे हुए हैं—

बख्तखाँ : हुक्म की तामील होगी हुजूरे-आलिया...

फ्रीज़-अँधेरा

एक कोने की रोशनी में

उद्‌घोषक : लालकिले के कोतवाल और दिल्ली की खास फौज के सिपहसालार बख्तखाँ को सारे बन्दोबस्त की कमान सौंप दी गई—बख्तखाँ ने पहली बार हुकूमत को लोकतन्त्री रूप दिया। दरबारी भाषा फारसी की जगह पहली बार तब हिन्दी और उर्दू इस्तेमाल की गई !

इश्तहार और फरमान आसान—सरल हिन्दी और उर्दू में जारी किए गए ! जगह-जगह डोंडियाँ और मुनादियाँ पिटवाकर इत्तला पहुँचाई गई ! शहंशाह बहादुरशाह जफर के कमान सँभालते ही पूरा देश जोश से भर उठा ! नवाबी अवध में तो भूचाल ही आ गया !

(प्रस्थान)

सामने का मंच

बेगम हजरतमहल की छाया

में खड़ा 14 साल का नवाब बिरजिस कदर ऐलान पढ़ता हुआ—भारी भीड़—सुनती हुई।

हजरतमहल : बेटे बिरजिस क़दर ! फरमान पढ़ो...*(कन्धा थपकती है)*

बिरजिस क़दर : 'सब हिन्दू और मुसलमान जानते हैं कि हर इंसान को चार चीजें बहुत प्यारी हैं, पहली—मजहब और ईमान ! दूसरी—इज्जत और शान ! तीसरी—अपनी और अपने लोगों की जान ! चौथी—अपनी जमीन और आजादी। अपनी हुकूमत में हरेक अपने ईमान पर चलता था। हरेक की इज्जत बराबरी की थी। शपीफ लोग चाहे मुसलमान सैयद, शेख, मुगल, पठान खानदान के हों, या हिन्दू बिरहमन, क्षत्री, महाजन या कायस्थ हों, अपनी-अपनी काबिलियत के हिसाब से इज्जत पाते थे। क्या सुलूक किया है इन फिरंगियों ने हमारी झाँसी की रानी लक्ष्मीबाई के साथ ! *(अटक-अटक के पढ़ता है)*

फ्रीज़-अँधेरा

झाँसी का महल -

मार्टिन एक लम्बा कागज निकालकर हुक्मनामा पढ़ता है—

मार्टिन : *(पढ़ता है)* राजा गंगाधर राव की मौत के बाद झाँसी रियासत में अब कोई ऐसा शख्स नहीं है जो रियाया के अमन-अमान की देखभाल कर सके और इंसाफ से राजकाज चला सके—इसलिए...*(अटकता है)*

गुस्से और घबराहट की तेज प्रतिक्रियाएँ।

मार्टिन : इसलिए...अमन-अमान, इंसाफ और राज के बन्दोबस्त को कायदे और कानून से चलाने के लिए सरकार झाँसी रियासत को अपने अधिकार में लेती है...

लक्ष्मीबाई : *(चीख पड़ती है)* नहीं, मैं अपनी झाँसी नहीं दूँगी ! *(ईको !)* नहीं मैं अपनी झाँसी नहीं दूँगी !

फ्रीज़-अँधेरा

मंच पर अन्धकार
तोपों के दहाने खुल जाते हैं—आवाजें—
भयंकर युद्ध की आवाजों का शोर।
चीख-पुकार

उभरता गीत : बुंदेले हरबोलों के मुँह
हमने सुनी कहानी थी...

खूब लड़ी मर्दानी
वह तो झाँसीवाली रानी थी।

मंच के अलग-अलग हिस्से

युद्धक्षेत्र में कहीं—रात

पुरुष वेश में रानी लक्ष्मीबाई आदेश देती हुई। साथ में योद्धा वेश में चार-पाँच महिलाएँ—सुन्दर, मुन्दर, काशीबाई, जुही और अन्य—मोतीबाई और बखिशन भी, मौजूद हैं—तोपची गुलाम गौस खाँ, खुदाबख्श, भाऊ बख्शी, कुँवर सागरसिंह वगैरह !

लक्ष्मीबाई : तोपची गुलाम गौस खाँ—आप दक्षिणी बुर्ज पर रहेंगे, कुँवर सागरसिंह आप खांडेराव फाटक को सँभालिए। खुदाबख्श रहेंगे सैयद फाटक पर और दुल्हाजू ओरछा फाटक की जिम्मेदारी सँभालेंगे...दिन में इन सारे मोर्चों और तोपखानों की जिम्मेदारी आप लोगों की रहेगी, और रात में इन मोर्चो और तोपों को हमारी स्त्री फौज की सुन्दर, मुन्दर काशीबाई, बख्शिन, जुही और मोतीबाई सँभालेंगी !

तभी खुशी से भरी हुई मोतीबाई दौड़ती आती है—

मोतीबाई : *(हाँफते हुए)* महारानी साहिबा...महारानी साहिबा ! बेतबा घाट की लड़ाई हमने जीत ली है...*(जय हो ! जय हो !)* सैयद

फाटक पर हुए हमले का हमने मुँहतोड़ उत्तर दिया है ! *(जय हो ! जय हो !)* और...और जासूसों ने खबर दी है कि अंग्रेजों का जनरल रोज अब चोरी-छिपे अपने तोपखाने को कामासिन देवी के मन्दिरवाली पहाड़ी की तरफ लाना चाहता है।

सागरसिंह : यानी दुश्मन मन्दिरों की ओट लेना चाहता है !

सुन्दर : हाँ...बिलकुल यही...बिलकुल यही...दुश्मन दक्षिणी परकोटे के बाहर गोसाइयोंवाले मन्दिरों के पीछे भी तोपखाना लगाने की योजना बना रहे हैं !

गौस खाँ : *(सबको चिन्तित देखकर)* आप लोग फिक्र मत कीजिए—जब तक अल्लाह का यह बन्दा गुलाम गौस खाँ जिन्दा है—तब तक एक भी मन्दिर को नुकसान नहीं पहुँचेगा लेकिन मन्दिरों के पीछे छिपे अंग्रेजी तोपखाने को उड़ा दिया जाएगा।

तभी संगीत उभरता है
चारण गायक अलग-अगल एंट्री लेते हैं, पर गीत समवेत है।

: खूब लड़ी मर्दानी, वो तो
झाँसीवाली रानी थी...
दूर फिरंगी को करने की
सबने मन में ठानी थी...
खूब लड़ी मर्दानी, वो तो झाँसीवाली रानी थी !

मंच पर चारण एक-दूसरे को क्रास करते रहते हैं।
फ्रीज : अँधेरा

दिल्ली दरबार

कुछ दरबारी तीन-चार खबरिये हाथों में पर्चे लिए मौजूद बहादुरशाह के हाथों में दो-तीन लम्बे-लम्बे कागज।

बहादुरशाह : अल्लाह का शुक्र है...हमें सारी खबरें हाथो-हाथ मिल रही हैं ! झाँसी में रानी लक्ष्मीबाई ने आजादी का परचम फहरा दिया है ! मुजफ्फरनगर, बुलन्दशहर और इलाहाबाद में हमने अपना सूबेदार तैनात कर दिया है ! पूरा शुमाली हिन्दुस्तान फिरंगियों की गिरफ्त से आजाद हो चुका है। अब पूरा हिन्दुस्तान एक जिन्दादिल कौम की तरह जाग उठा है ! अब ना तो कोई हिन्दू है न मुसलमान ! अब इस मुल्क का हर फरजन्द सिर्फ हिन्दुस्तानी है और सूबए अवध में बेगम हजरत महल और नवाब बिरजिस क़दर के परचम तले लखनऊ में आजादी की जंग जारी है।

फ्रीज़—अँधेरा

कुछ दरवेश लोग गाते हुए आते हैं,
अलग-अलग जगहों पर होती लड़ाइयाँ—
बैकग्राउंड में भी गीत की लाइनें—वे गाते गुजरते रहते हैं,

गीत : इसकी रूहानियत से रौशन है जग सारा,
कितना कदीम, कितना नईम, सब दुनिया से प्यारा
करती है जरखेज जिसे गंगा-जमन की धारा !
आया फिरंगी दूर से, ऐसा मन्तर मारा
लूटा दोनों हाथ से प्यारा वतन हमारा
आज शहीदों ने है तुमको अहलेवतन ललकारा
तोड़ो गुलामी की जंजीरें, बरसाओ अंगारा
हिन्दू मुसलमाँ, सिख हमारा भाई-भाई प्यारा
यह है आजादी का झंडा, इसे सलाम हमारा।

फ्रीज : अँधेरा

लखनऊ : *वही पुराना दृश्य पर फार्मेशन अलग*

बिरजिस क़दर : *(जोश से)* अहलेवतन बलिदानियो ! सीतापुर, मुहम्मदी, औरंगाबाद, सिकरौरा, गोंडा, बहराइच, मल्लपुर, फैजाबाद, चिनहट, सुल्तानपुर, सलोन, बेगमगंज, दरियाबाद—ये सारे इलाके आजाद हो चुके हैं...अब सिर्फ लखनऊ से अंग्रेजों के पाँव उखड़ने बाकी हैं... आजादी की मंजिल अब दूर नहीं...चलो और रेजिडेंसी को धर लो ! कमांडर हेनरी लारेंस को गिरफ्तार करके हमारे सामने हाजिर करो !

फ्रीज़

गोलों-तोपों की आवाजें—
'हर-हर महादेव' और 'अल्लाहो अकबर' के नारों के साथ युद्ध के साउंड इफैक्ट्स

रेजीडेंसी : चार-पाँच अंग्रेज अफसरों के बीच

लारेंस : *(पागलों की तरह)* हमारा रेजिडेंसी पर अटैक हुआ है...हमारे को मालूम है—हिन्दू राजा लोग और जमींदार बेगम हजरतमहल का साथ दे रहा है...गोंडा का राजा देवीबख्श सिंह अपनी फौज लेकर उसकी मदद के लिए आ गया है...चन्द्रापुर का गद्दार

राजा शिवदर्शन सिंह 10,000 का फौज लेकर आया है...और वो...वो अमेठी का राजा लालबख्श सिंह तोपें और घुड़सवार लेकर बागियों में शामिल हो गया है...

तभी तोपों के गोले फटने की तेज आवाज–

एक अफसर : *(घबरा के)* सर...अब क्या होगा...बेगम हजरतमहल के दरिन्दे फौजियों ने हमें घेर लिया है...

लारेंस : घबराओ मत ! घबराओ मत !...अपने तोपचियों को हुक्म दो–गोला-बारूद बरबाद न करें...चार गोलों का जवाब एक गोले से देने को बोलो ताकि हमें टाइम हासिल हो जाए...तब तक आगरा, सहारनपुर और मुजफ्फरनगर का गारद हमारा मदद के वास्ते पहुँच जाएगा। जाओ...जाके बोलो ! फास्ट...फौरन...

अफसर : ...यस सर...

कहके भागता जाता है

लारेंस : हम फिर बोलता–घबराओ मत...हिन्दुस्तान का आधा रियासती लोग हमारे साथ होता...ये भूखा-नंगा हिन्दुस्तानी लोग हमारा मेहरबानी पर पलता। यहाँ का रईस, ट्रेडर, व्यापारी, ताल्लुकेदार, महाजन–सब ऐय्याश और लालची होता...वो सब हमारा साथ देगा...घबराओ मत हमने अपनी पॉलिसी के तहत आधा हिन्दुस्तान को, आधा बागी हिन्दुस्तान के खिलाफ लड़वा दिया है...नुकसान बहुत होगा लेकिन गद्दार हिन्दुस्तानी हमारा साथ देगा ! जीत हमारा होगा !...हिन्दुस्तान का गद्दार हमारा वफादार होगा ! वो ही हमें विक्टरी दिलवाएगा ! विक्टरी इज अवर्स !

तभी अंग्रेजों के खुफिया विभाग के दो-तीन लोग भागते अन्दर आते। सैल्यूट देकर

एक : सर ! लाँग लिव द कम्पनी...सर ! बहुत अच्छा खबर मिला है...

लारेंस : अच्छा खबर ! जल्दी बताने का...कोई मैसिंजर आया होता ?

दो : सर...खबर बेतार के तार पर...

तीन : दिल्ली किंग्सवे कैम्प से मिला हय...

तीनों : सर ! म्यूटिनी का सरदार...दिल्ली का बागी बादशाह बहादुर शाह को अपनी फौज ने हुमायूँ के टोम्ब से गिरफ्तार कर लिया है !

लारेंस : ब्रेवो। इट्स ग्रेट। *(एक अफसर से)* एंडरसन;

: सर।

लारेंस : तुम लाउडस्पीकर से फौरन इस खबर का ऐलान करो।

रेजिडेंसी को जिन बागी लोग ने घेरा है, उनको बताओ, तुम्हारा सरगना बागी सरदार बहादुरशाह दिल्ली में पकड़ा गया है। हमारा कुमुक भी आगरा और मेरठ छावनी से लखनऊ पहुँच गया है। रेजिडेंसी का घेरा उठाओ, नहीं तो एक-एक बागी को हलाक कर दिया जाएगा।

फ्रीज अँधेरा

मंच पर तीन-चार अंग्रेज अफसर लाउडस्पीकर लिए अलग-अलग दिशाओं में ऐलान करते हुए—(लारेंस के ही शब्द) : तुम्हारा सरगना बागी सरदार...एक-एक बागी को हलाक कर दिया जाएगा।

लारेंस : *(आकर)* और हम बताता, सुनो। हिन्दुस्तान का एक-एक गद्दार पकड़ा गया या मारा गया है...दिल्ली का बादशाह बहादुरशाह को हमारा हुकूमत ने 20 सितम्बर को *(1857)* हुमायूँ के टोम्ब से गिरफ्तार करके रंगून भेज दिया है...उसको जलावतनी का सजा दिया गया है

फ्रीज़

उदास संगीत उभरता है—
और बहादुरशाह जफर का अशआर—

कितने बदनसीब हैं जफर हम
दो गज जमीं भी मिल न सकी कूचे यार में...

कोई अकेली जगह—
आधे घायल और पस्तहिम्मत क्रान्तिकारी फौजी

पहला : (तैश में) शहंशाह बहादुरशाह जफर अगर गिरफ्तार न हो पाते तो आज हमारे मुल्क का नक्शा दूसरा होता...

दूसरा : लेकिन अब किया क्या जाए...हमारी झाँसी की रानी लक्ष्मीबाई ने अपनी शहादत दे दी...वह चिराग भी बुझ गया...

तीसरा : जगदीशपुर के राजा कुँवरसिंह भी लड़ते-लड़ते चल बसे !

चौथा : और अपने कालपी बिठूर के तात्या टोपे के साथ एक कम्पनीपरस्त जमींदार ने गद्दारी की...उन्हें अंग्रेजों के हवाले कर दिया...

पाँचवा : और अंग्रेजों ने हमारे रहनुमा तात्या टोपे को फाँसी पर चढ़ा दिया है...

छठा : लेकिन शायद बच-बचाकर नाना साहब नेपाल की तरफ निकल गए हैं...

सात : अब हमारी क्रान्ति को दिशा देनेवाला कोई सेनापति नहीं है...

आठ : तो अब किया क्या जाए ?

नौ : हमें अपनी पराजय अब मंजूर कर लेनी चाहिए और अपनी जान बचानी चाहिए...ताकि अगली लड़ाई की तैयारी की जा सके और किया भी क्या जा सकता है ?

फ्रीज अँधेरा

उद्घोषक : 1857 की क्रान्ति की विफलता से देश हताश और उदास था, पर नितान्त निराश नहीं—अंग्रेजी सत्ता को अपनी सरजमीं से उखाड़ फेंकने के इरादे थम जरूर गए थे, लेकिन रुके नहीं थे। हिम्मत पस्त जरूर थी परन्तु ध्वस्त नहीं थी।

विद्रोही सैनिकों की भगदड़ और आवाजें—मोंताज

: फिरंगी अब हमारे खून का प्यासा हो गया है...

: अब कत्लेआम होगा...

: और लूटमार...

: फिरंगियों के कमांडर हेनरी लारेंस ने रेजिडेंसी पर दुबारा कब्जा कर लिया है...

: मच्छी भवन में भी अंग्रेजी सेना पहुँच गई है

: अब लखनऊ सुरक्षित नहीं है...

: हमें फौरन नेपाल की तराई की तरफ निकल चलना चाहिए..

: उसी रास्ते बेगम हजरतमहल नेपाल की तरफ गई है... भिठौलागढ़ और बौंडीगढ़ होती हुई...

: उसी रास्ते निकल चलो...शायद बेगम कहीं डेरा डालें हों !

(प्रस्थान)

नेपाल की तराई के आस-पास-
बेगम हजरतमहल, 14 साल का नवाब बिरजिस क़दर—साथ में उनके

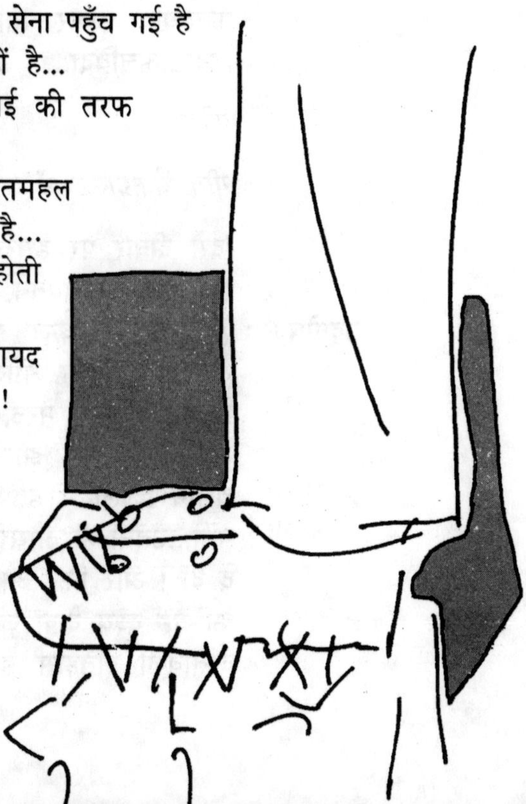

अंगरक्षक राजा माधवसिंह और राजा कालिका सिंह।

माधव सिंह : बेगम साहिबा ! अब हम बखैरियत नेपाल की तराई तक आ गए हैं...

कालिका सिंह : यहाँ कुछ देर डेरा डालकर सुस्ता लीजिए...अंग्रेजी फौज बहुत पीछे छूट गई है...

हजरतमहल : राजा साहब...अपना वतन भी तो बहुत पीछे छूट गया है...*(रो पड़ती है)* अब शायद जिन्दगी में अवध की सरजमीं फिर देखने को नहीं मिलेगी...*(सिसकती है)*।

माधवसिंह : धीरज रखिए बेगम साहिबा...

हजरतमहल : कैसे धीरज रखूँ राजा माधवसिंह जी...यह ठीक है कि नेपाल के राणा ने पनाह देना मंजूर कर लिया है लेकिन सुनिए...एक बात मत भूलिएगा...मैं मजबूरी में पनाह ले रही हूँ...लेकिन एक दिन मैं नेपाल से कलकत्ते पर हमला करूँगी और अपने साहिबे-हयात वाजिदअली शाह को अंग्रेजों के चंगुल से छुड़ाकर उन्हें अवध की गद्दी पर दुबारा गद्दीनशीन करूँगी।

साथवाले : आमीन ! बेगम साहिबा, आमीन ! सल्तनते-अवध को आपका और अपनी आँखों के तारे नवाब वाजिदअली साहब का इन्तजार रहेगा।

हजरतमहल : राजा साहिब लोग...अब आप लोग वापस जाइए...और उस दिन का इंतजार कीजिए जब मैं कलकत्ते पर हमला करूँगी और फतहयाब होकर साहिबेआलम के साथ लखनऊ लौटूँगी... विदा...अलविदा...

फ्रीज़

गीत बैकग्राउंड में उभरता है—

'दरो दीवार पर हसरत से नजर करते हैं
खुश रहो अहलेवतन, हम तो सफर करते हैं...'

उद्घोषक : *(धीरे-धीरे आवाज उभरती है—सन्नाटे के बाद)* मौत का सन्नाटा...जालिम अंग्रेजों ने मासूम जनता से क्रान्ति का बदला लिया। दिल्ली, मेरठ, अलीगढ़, इलाहाबाद, कानपुर, कालपी, आरा, लखनऊ, झाँसी को श्मशान बना दिया...सिर्फ कूचा चेलान दिल्ली में डेढ़ हजार नागरिकों को मौत के घाट उतारा गया...उतनी ही औरतों ने कुँओं में छलाँग लगाकर अपनी जान दे दी ! और फिर आज भी दिल्ली के खूनी दरवाजे ने बर्बरता का वह दृश्य देखा जो अंग्रेजी कौम की नृशंसता का शर्मनाक दस्तावेजी इतिहास है !

खूनी दरवाजा—दिल्ली का

रस्सियों में बँधे बहादुरशाह जफर के तीन शहजादों—मिर्जा मुगल, मिर्जा खिज्र सुलतान और मिर्जा अबू बक्र को अंग्रेज फौजी अफसर हडसन लाता है—साथ में उसके सैनिक—घबराए पर खामोश कुछ लोग—

शहजादा-1 : जनाब हडसन...आप हमें कहाँ ले जा रहे हैं ?

हडसन : *(हिकारत से)* क्यों, तुम अपना अब्बा से नहीं मिलेगा—शहंशाहे हिन्दुस्तान बहादुरशाह से—जिसे हमने कल तुम्हारा दादा-परदादा हुमायूँ के टोम्ब से गिरफ्तार किया...मिलना चाहेगा न...हयँ ? मिलना चाहेगा ?

तीनों शहजादे : हाँ...हाँ... ! जरूर !

हडसन : लेकिन तुम मुगलिया सल्तनत के जहरीले साँप का बच्चा

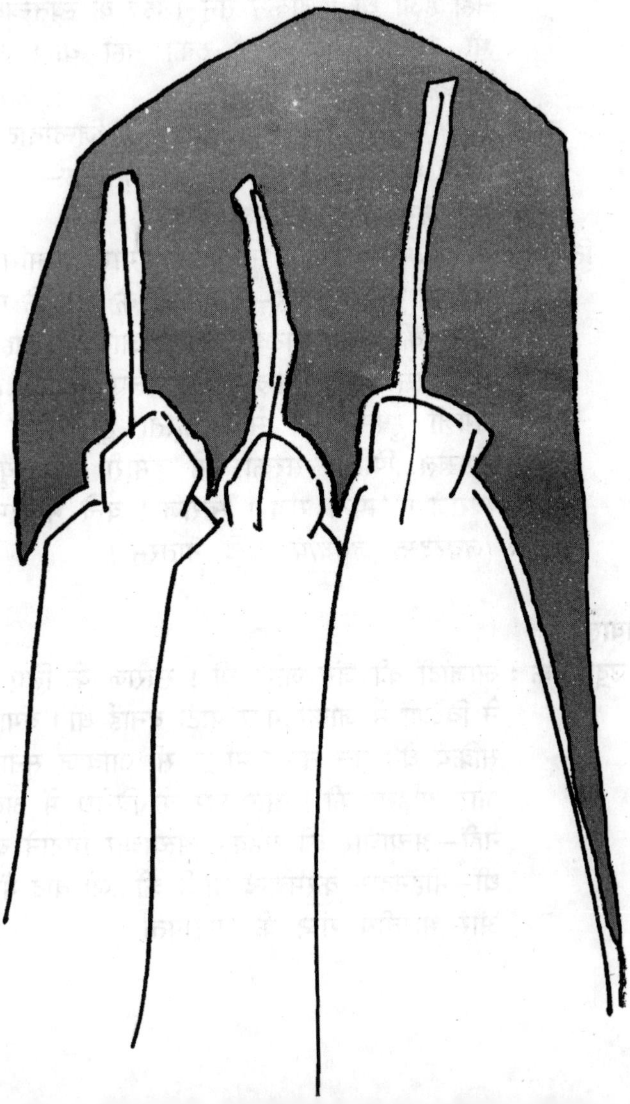

होता...इसलिए जिन्दा रहेगा तो फिर काटेगा...इस खातिर तुम्हारा अपने अब्बा से नहीं तुम्हारा मौत से मिलना ज्यादा जरूरी हय...

कहता हडसन तीनों शहजादों पर एक-एक करके गोली चलाता है। वे चीखते हुए मरते हैं।

जनता के लोग सर झुकाए आँखें बन्द कर लेते हैं—

हडसन : *(चीखता है)* नायब हवलदार ! इन तीनों शहजादों का लाश इधर दिल्ली दरवाजा पर लटका दो...ताकि जाहिल हिन्दुस्तानी बगावत करने और उनका अंजाम देखने का सबक ले सकें !

फ्रीज-अँधेरा

मुनादीवाला

उद्घोषक : दुनिया के इतिहास में इतना भयानक, बर्बर हत्याकांड कहीं नहीं हुआ था ! लेकिन सन् 1857 के स्वतन्त्रता संग्राम के बाद भी आजादी का संघर्ष रुका नहीं था ! लोकमान्य गंगाधर तिलक ने घोषणा की थी—

नारे : बाल गंगाधर तिलक जिन्दाबाद ! जिन्दाबाद!

भारी भीड़ को सम्बोधित करते तिलक—

नारे लग रहे हैं। उसके बाद।

तिलक : स्वदेशप्रेमी भाइयो ! स्वतन्त्रता हमारा जन्मसिद्ध अधिकार है ! आपको तो मालूम है—मैं अंग्रेजों के बर्मा के मांडले जेल में छह बरसों की सजा काटकर वापस आया हूँ...यह कीमत मैंने देश और प्रेस की स्वतन्त्रता के लिए चुकाई है...और अब...मैं अंग्रेजी हुकूमत से माँग करता हूँ—स्वराज की ! स्वराज... होमरूल...फिरंगी सरकार से हमारी यह न्यूनतम माँग है... स्वराज ! अपना राज ! स्वराज ! वन्दे मातरम् !

भीड़ : *(जबरदस्त जयघोष)* वन्दे मातरम् !

मुनादीवाला

उद्घोषक : आजादी की जंग जारी थी ! स्वराज के लिए पंजाब के सिखों ने विदेशों में जाकर गदर पार्टी बनाई थी। बंगाल में क्रान्तिकारी सक्रिय थे। उस समय मद्धिम-सी आवाज सुनाई पड़ी थी—सत्य और अहिंसा की ! अत्याचार के विरोध में अत्याचार करने की नहीं—अत्याचार को सहकर अत्याचार मिटाने की ! यह आवाज थी—मोहनदास करमचन्द गांधी की...जो बाद में महात्मा कहलाए और भारतीय राष्ट्र के राष्ट्रपिता !

गांधीजी साऊथ अफ्रीका से सन् 1915 में स्वदेश लौट आए—और यह दृश्य, जो सामने आएगा, उनके साबरमती आश्रम का है—

साबरमती आश्रम में गांधीजी—उम्र 45-46।
सामने खड़े बेतिया चम्पारन के किसान—हाथ जोड़े।
10-12 किसानों का नेता राजकुमार शुक्ला

पृष्ठभूमि में भजन—
वैष्णवभजन तो तैने कहिए—जे पीर पराई जाने रे...

शुक्ला : *(हाथ जोड़े)* गांधीजी महाराज...ई सब हमारे गाँव के किसान लोग हैं।

गांधीजी : आप लोग कहाँ से आए हैं ?

शुक्ला : जी हम लोग बेतिया... चम्पारन...बिहार से आए हैं...

गांधीजी : अच्छा...जहाँ आज भी नील की खेती होती है...

किसान : खेती नहीं सरकार... अत्याचार होता है...

गांधीजी : हमें सरकार मत कहिए...मोहनदास गांधी कहिए...हाँ... आगे बताइए।

किसान : हम लोग पे बहुत जुलुम हो रहा है सर... *(अटक के)* गांधीजी...

शुक्ला : हम लोग को अंग्रेज मालिक लोग ने 'तिनकथिया' ठेके में बाँध लिया है...

गांधीजी : यह 'तिनकथिया' सिस्टम क्या है ?

शुक्ला : यही कि हम चाहें या न चाहें, हमें अपने बीस बिसवा जमीन में से तीन बिसवा सबसे उपजाऊ जमीन पर नील की खेती करनी ही पड़ेगी...

गांधीजी : मर्जी न भी हो, तब भी !

कई : हाँ...हाँ...उन मालिक लोग ने हमको कानूनी कागज में बाँध लिया है...

: कर्जा चढ़ाय दिया है...

: हम मना करें तो उनके लठैत हमें मारते-सताते हैं...

: जबरदस्ती हमारे गाय-गोरू खोल ले जाते हैं...कारखाने में हमारे हल रखवा लेते हैं।

: उनका अमला लोग हमारी औरत लोग को बुलाते हैं...

: अपनी कचैरी *(कचहरी)* में बुलाके मारते-पीटते हैं...दस्तूरी माँगते हैं...

गांधीजी : हूँ...आपलोग सब सह लेते हैं ?

शुक्ला : तो और क्या करें हम...अपनी हालत दिखाने, हम आपको चम्पारन बुलाने आए हैं।

गांधीजी : हम चम्पारन जरूर आएँगे।

फ्रीज़ : अँधेरा

दृश्य बदलता है

चम्पारन जिले के अंग्रेज कमिश्नर का ऑफिस। कुछ पुलिसवाले और कारिन्दे–

कमिश्नर : *(चीखता है)* ह्वाट ! मि. गांधी चम्पारन आ रहा है।

पुलिसवाला : सर !

कमिश्नर : तो उसको हमारा आर्डर सर्व करो...मि.गांधी को बोलो, वो चम्पारन में नहीं घुस सकता...

पुलिसवाला : सुना है सर...मि. गांधी कानून की ज्यादा परवाह नहीं करते...

कमिश्नर : वो परवाह नहीं करेगा तो तुम उसे गिरफ्तार करके हमारे सामने हाजिर करेगा...

बौखलाए खड़े गाँववाले-
अपने नेता राजकुमार शुक्ला के साथ

किसान-1 : ददुआ यह तो बहुत गड़बड़ हो गया...

किसान-2 : ई में तो हमारा बहुत बदनामी होई कि हम लोग गांधीजी को बुलाया रहा, लेकिन पुलिसिया उनको गिरफ्तार कर लिया !

शुक्ला : गाँववालों को बोलो–सब तैयार रहे...प्रदर्शन करने की जरूरत पड़ी तो भारी प्रदर्शन होना चाहिए...मैं कमिश्नर साहब के यहाँ जाके देखता हूँ !

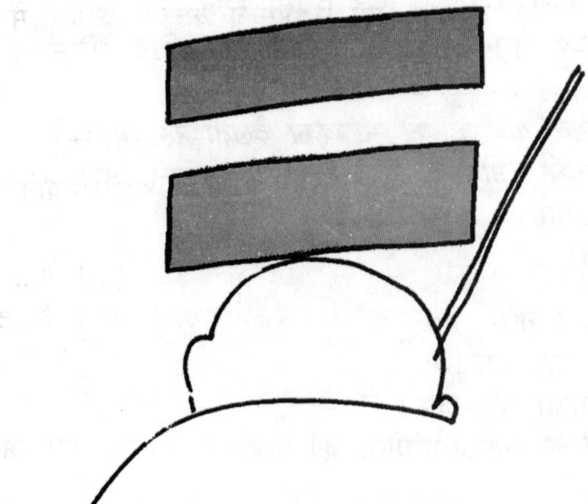

चम्पारन के अंग्रेज कमिश्नर का वही आफिस—वही पुलिसवाला, कारिंदे (पहलेवाले दृश्य के)
और गाँधीजी—

कमिश्नर : मि. गांधी ! आप चम्पारन में किसानों को भड़काने आया है ! आपको मालूम होता कि सेक्शन 144 क्रिमिनल पेनल कोड में आपको पकरा गया...क्योंकि आप कानून मानने से इनकार किया...

गांधीजी : हमको रोकने की कोई जरूरत नहीं थी कमिश्नर साहब !

कमिश्नर : था ! था मि. गांधी...चम्पारन का इंडिगो प्लांटर्स और फार्मर्स के बीच मिसअंडरस्टेंडिंग चलता है इन दिनों!

गांधीजी : मिसअंडरस्टेंडिंग ! नहीं कमिश्नर साहब, एक्सप्लॉयटेशन चल रहा है...

कमिश्नर : ओह समझा...यानी आप इधर वही करना चाहता है जो आप साउथ अफ्रीका का कॉलोनी में किया...यानी वही एजिटेशन !

गांधीजी : जी नहीं, मेरा ऐसा कोई इरादा नहीं है...मैं नील के किसानों और प्लांटर्स की प्रॉब्लम को समझना चाहता हूँ।

कमिश्नर : लेकिन हम आपको आर्डर किया, आप कानून तोड़कर चम्पारन नहीं जाने सकता !

गांधीजी : कमिश्नर साहब...मैं कानून नहीं तोड़ना चाहता, लेकिन कानून टूटता है तो मैं उसकी सजा पाने के लिए तैयार हूँ।

कमिश्नर : *(चौंकता है)* ह्वाट ? ये आप क्या बोलता ! ताज्जुब है...कानून भी तोड़ेगा और उसका सजा उठाने को भी तैयार है तुम... स्ट्रेंज ! आज तलक इंडिया का कोई पॉलिटिकल लीडर ऐसा

नहीं बोला...योर स्टेंड इज रियली स्ट्रेंज...

गांधीजी : जी, यह मेरा तरीका है...सत्याग्रह है...पैसिव रेजिस्टेन्स फॉर ट्रुथ...

कमिश्नर गांधीजी को भौंचक्का देखता रह जाता है...

कमिश्नर : मि. गांधी *(सोच के)* यू कैन गो टू चम्पारन...आप जा सकता है...चम्पारन !

(फ्रीज़)

जबरदस्त नारे

गांधी की...जय !

भारतमाता की–जय !

गरीबों के मसीहा/गांधीजी की जय !

मुनादीवाला

उद्घोषक : चम्पारन के बाद गांधीजी ने खेड़ा के किसानों और अहमदाबाद के मिल मजदूरों का मसला उठाया और सुलझाया–और तब भारतीय आजादी की लड़ाई की भाषा और तेवर ही बदल गए ! हिंसा की जगह ले ली अहिंसा ने !

दमन के सामने आया सत्याग्रह !

सशस्त्र क्रान्ति की जगह ले ली सविनय अवज्ञा ने...अपमान के विरोध में जागा स्वाभिमान ! लेकिन तभी घटित हो गया–जलियाँवाला बाग कांड !

जलियाँवाला बाग

पचास गोरे और सौ देसी सिपाही खटाखट पोजीशन लेते हैं।

डायर : फायर ! फायर !

और गोलियाँ चलने लगती हैं

प्रकाश और अँधकार का साइकेडेलिक दृश्य

भयानक दृश्य

चीखते-चिल्लाते लोग–आहें, कराहें–औरतों बच्चों की।

गिरते–खून से लथपथ लोग

मुनादीवाला

उद्घोषक : जलियाँवाला बाग हत्याकांड में करीब 1000 लोग मरे थे और 2500 जख्मी हुए ! अंग्रेजों का दमनचक्र अभी रुका नहीं था। तब भारत में आया साइमन कमीशन, पंजाब के शेर लाला लाजपत राय ने उसका विरोध किया था !

झंडों और परचमों के साथ विरोध करती भीड़।

भीड़ : साइमन कमीशन !
: वापस जाओ...वापस जाओ
: हमें झूठी आजादी का
: सबक पढ़कर मत सिखाओ !
: साइमन कमीशन !
: वापस जाओ...वापस जाओ...
: आजादी का ये नाटक बन्द करो !
: हमारे लाला लाजपत राय की हुँकार सुनो !

नारे लगाते लोग प्रस्थान करते हैं

मंच : पंजाब
भीड़ को नेतृत्व देते लाला लाजपत राय

लाजपत राय : साइमन कमीशन एक नाटक है...दिखावा है...इसके इरादे बहुत खतरनाक हैं...यह कमीशन हमें मजहब, जाति और धर्म के बहाने तक्सीम करने आया है...

नारे : साइमन कमीशन ! गो बैक ! गो बैक... !
वापस जाओ...वापस जाओ !

लाजपत राय : यह कमीशन हमारी हिन्दू-मुस्लिम एकता को तोड़ता चाहता है ...आज मजहब के नाम पर कोई हमारी एकता को नहीं तोड़ सकता ! साइमन कमीशन इस एकता को तोड़ने और इलेक्शन की सीटों का बँटवारा धर्म के आधार पर करने आया है...यह मजहबी बँटवारा हमें मंजूर नहीं...

नारे : मंजूर नहीं...मंजूर नहीं !
: साइमन कमीशन के इरादे
: नाकाम करो ! नाकाम करो !
: साइमन कमीशन...
: गो बैक ! गो बैक...
: वापस जाओ...वापस जाओ...

तभी पुलिस एस.पी. सैंडर्स चीखता है—

सैंडर्स : पुलिस ! डिमांसट्रेटर्स को

डिस्पर्स करो...
लाठी चार्ज ! चार्ज !

लाठीचार्ज के साउंड इफैक्ट्स।
चीख-पुकार—

आवाजें : हम तुम्हारी लाठियों से नहीं डरते !

लाजपत राय : *(जैसे लाठी पड़ती है, चीखते हैं)* निहत्थों पर लाठीचार्ज ! ये बर्बरियत है...*(लाठी खेकर)* ओह...हैवानियत है...ओह...आह...

एक : *(देखकर)* लालाजी को बचाओ...लालाजी को...

चलती लाठियों के इफैक्ट्स—

सैंडर्स : *(चीखता हुआ)* हमारा हुक्म है...फौरन डिस्पर्स हो जाओ...
साउंड इफैक्ट्स—जारी हैं

आवाजें : लालाजी घायल हो गए...

आवाजें : बुरी तरह घायल हैं लाजपत राय जी...इन्हें फौरन अस्पताल पहुँचाओ।...उठाओ...ले चलो...अस्पताल पहुँचाओ।
फ्रीज : अँधेरा

क्रान्तिकारियों का ठिकाना
मौजूद हैं—चन्द्रशेखर आजाद, सरदार भगतसिंह, शिवराम राजगुरु, शिव वर्मा, जयगोपाल, विजयकुमार आदि—

भगतसिंह : मैं लालाजी के हत्यारे सैंडर्स को जहन्नुम पहुँचा कर ही दम लूँगा !

आजाद : इतना ही नहीं भगतसिंह ! हमें बिस्मिल, राजेंद्र लाहिड़ी, रोशनसिंह और अशफाकुल्ला जैसे अपने शहीदों का बदला भी लेना है !

शिव वर्मा : आजाद ! तुम तो हमारी हिन्दुस्तानी समाजवादी रिपब्लिकन आर्मी के कमांडर-इन-चीफ हो, तुम जो आदेश दोगे, वही होगा...

आजाद : तो जयगोपाल, तुम सैंडर्स और उसके आला अफसर मि. स्टोक की टोह में रहो...इन दोनों का वध करना जरूरी है ताकि फिरंगी को माकूल उत्तर दिया जा सके !

साथी : वन्दे मातरम् *(नारा)*

आजाद : इन दोनों का वध करने के लिए दो टुकड़ियाँ रहेंगी—पहली टुकड़ी में मैं रहूँगा, और साथ होंगे—भगत सिंह, राजगुरु और

जयगोपाल—दूसरी टुकड़ी में रहेंगे—शिव वर्मा और विजय कुमार !

मुनादीवाला उद्घोषक : क्रान्तिकारियों ने सैंडर्स का वध करके आखिर बदला ले ही लिया ! और इसी के तत्काल बाद असेम्बली में बम का वह धमाका हुआ जिससे साम्राज्यवादी सत्ता का सिंहासन हिल उठा। तारीख थी—8 अप्रैल सन् 1929 ! (धमाके की आवाज)

भगतसिंह : इन्कलाब !

बटुकेश्वर दत्त : जिन्दाबाद !

जिन्दाबाद !

नारे रिपीट होते हैं।

असेम्बली की बालकनी—

उसमें मौजूद दोनों क्रान्तिकारी—शान से खड़े—भगतसिंह और बटुकेश्वर दत्त !

नारे लगाते हुए—

भगतसिंह-दत्त : वन्दे मातरम् !

: इन्कलाब !

: जिन्दाबाद !

: साम्राज्यवाद का—

: नाश हो ! नाश हो !

और वे तमाम पर्चे नीचे असेम्बली हॉल में फेंकते हैं—उड़ते पर्चे—

डरे हुए मेम्बर, सँभलते-काँपते मेजों के नीचे से निकलते हैं *(सर जार्ज शूस्टर और सर वामनजी दलाल के हलकी चोटें आई हैं...)*

बालकनी में सुरक्षाकर्मी दोनों को पकड़ने के लिए दौड़ते हैं।

सुरक्षा अफसर : पकड़ो दोनों बागियों को ! भागने न पाएँ...

दत्त-भगत सिंह : *(पर्चे फेंकते हुए)* हम भागने के लिए नहीं आए हैं...

भगतसिंह : बहरों को सुनाने के लिए इस धमाके की जरूरत है !

: साम्राज्यवाद का !

: नाश हो ! नाश हो !

: इन्कलाब !

: जिन्दाबाद !

मुनादीवाला

उद्घोषक : इन्कलाब जिन्दाबाद ! इस नारे के प्रवर्तक थे—भगतसिंह !... भगतसिंह और बटुकेश्वर दत्त ने इम्पीरियल असेम्बली की दर्शक-दीर्घा में शान, बान और आन से गिरफ्तारी दी...और लाहौर षड्यन्त्र केस का सहारा लेकर अंग्रेज सरकार ने 16 लोगों पर राजद्रोह का मुकदमा चलाया और 17 अक्टूबर, 1930 को इस मुकदमे का फैसला सुना दिया गया ! इसमें भगतसिंह, राजगुरु और सुखदेव को फाँसी की सजा दी गई...

भगत सिंह, राजगुरु और सुखदेव फ्रीज होकर बुतों की तरह खड़े हैं।

बैकग्राउंड में उन्हीं पर गीत उभरता है—

गीत : मादरे हिन्द ! गमगीन न हो,
अच्छे दिन आनेवाले हैं !
आजादी का पैगाम तुझे हम,
जल्द सुनानेवाले हैं।
माँ—तुझको जिन जल्लादों ने
दी है तकलीफ जईफी में,
मायूस न हो, इन मगरूरों को हम—
मजा चखानेवाले हैं !

गाते हुए चारण मंच से गुजरते रहते हैं।

मुनादीवाला

उद्घोषक : आजादी के दीवानों को फाँसी देते जाने का सिलसिला लगातार जारी रहा ! क्रान्तिकारी बिस्मिल, अशफाकुल्ला और रोशन सिंह को फाँसी पर चढ़ा दिया गया ! क्रान्तिकारियों के बलिदानों ने हमें आजादी के दरवाजे तक पहुँचा दिया ! और तब इन्कलाब जिन्दाबाद से होता हुआ अपना स्वतन्त्रता-संग्राम पूर्ण स्वराज, मुकम्मिल आजादी तक पहुँचा ! दिसम्बर सन् 1929 ! रावी का किनारा। अधिवेशन के प्रेसीडेंट युवा सम्राट जवाहरलाल नेहरू ने पूर्ण स्वराज्य की घोषणा की। भारतीय स्वतन्त्रता संग्राम के इतिहास में यह एक ऐतिहासिक घोषणा थी।

: नौजवान नेता—पं. नेहरू

: जिन्दाबाद !

: इन्कलाब ! जिन्दाबाद !

: हमारा लक्ष्य—पूर्ण स्वराज !

: इन्कलाब ! जिन्दाबाद !

नारे : पं. जवाहरलाल नेहरू ! जिन्दाबाद ! जिन्दाबाद !

: भारतमाता की जय !

: युवा सम्राट—जवाहरलाल नेहरू ! जिन्दाबाद !

नेहरू : *(माइक पर)* नारे और तालियाँ बन्द कीजिए...मेरी बात सुनिए ...हमने अब पूर्ण—स्वराज यानी मुकम्मिल आजादी का ऐलान कर दिया है...आधी-अधूरी आजादी हमें अब मंजूर नहीं *(तालियाँ)* किसी का भी हो, किसी एक का भी बलिदान बेकार नहीं जाएगा...अब हम आजाद होकर रहेंगे ! *(जबरदस्त तालियाँ)* और मैं यह साफ तौर पर बताए देता हूँ कि मैं—जवाहरलाल नेहरू—मैं एक समाजवादी हूँ और लोकतन्त्र में यकीन रखता हूँ...*(जबरदस्त तालियाँ)*...लेकिन पूर्ण-स्वराज—मुकम्मिल आजादी को हासिल करने के लिए आपको, हमारे किसान और मेहनतकश जनता को बड़ी कुर्बानियाँ देनी हैं !

भीड़ : पं.नेहरू ! तुम आगे बढ़ो—देश तुम्हारे साथ है !

नेहरू : आजादी की माँग करते हुए हम कोई खुफिया साजिश नहीं कर रहे हैं—हम लाहौर की अपनी सरजमीं पर खड़े होकर खुली साजिश के तौर पर यह खुला ऐलान करते हैं कि अब हमें मुकम्मिल आजादी चाहिए...उससे कम कुछ भी नहीं !

बेहद जबरदस्त तालियाँ—खुशी की चीत्कारें और नारे।

नारे : वन्दे मातरम् !
: भारतमाता की जय !
: इन्कलाब जिन्दाबाद !
: आजादी हमारा-
: जन्मसिद्ध अधिकार है !
: हमारा लक्ष्य—पूर्ण स्वराज
: इन्कलाब ! जिन्दाबाद !

नेहरू : और अब आज से 26 जनवरी हमारे अहद और प्रतिज्ञा का दिन होगा कि हमारा आजाद भारत एक लोकतान्त्रिक राज्य

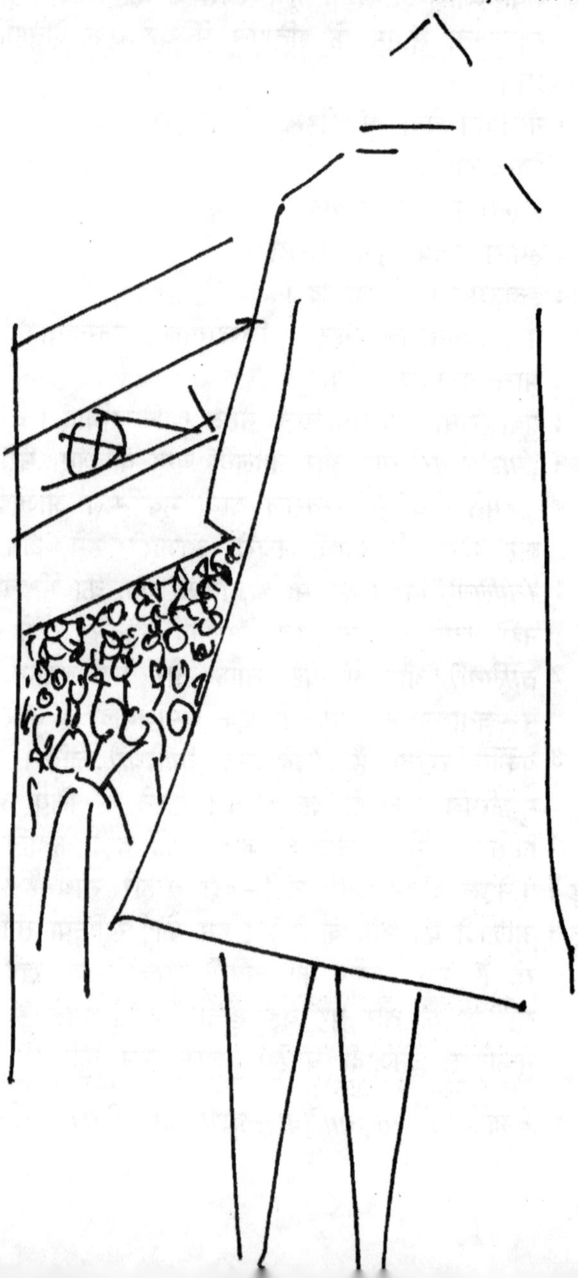

होगा ! आजाद भारत में मजहब के नाम पर कोई फर्क, भेदभाव नहीं होगा !

फ्रीज़

उसी फ्रीज़ के पीछे से उभरता गीत–

'अरूजे कामयाबी पर कभी हिन्दोस्ताँ होगा,
रिहा सैयाद के हाथों से अपना आशियाँ होगा।
चखाएँगे मजा बरबादिए गुलशन का गुलची को,
बहार आ जाएगी उस दिन, जब अपना बागवाँ होगा !'

तभी गाधीजी मंच पर दिखाई देते हैं !

गांधीजी : खासतौर से बहनों से मेरा कहना है–वे सम्मान के साथ घरों से बाहर निकलें और विलायती माल और शराब बेचनेवालों की दुकानों पर धरना दें...गाँवों की हमारी बहनें तकली और चरखा चलाएँ...विद्यार्थी नौकरशाही शिक्षा का बहिष्कार करें ! किसान लोग लगान देना बन्द कर दें...

फ्रीज़ और अँधेरा

मुनादीवाला उद्घोषक : और तब आया सन् 1942 ! गाँधीजी ने अगला हुक्म दिया– 'अंग्रेजो ! भारत छोड़ो'

परेशान-घबराए स्वतन्त्रता सेनानी–हुजूम में

1 : *(उत्तेजना से)* सरकार ने गांधीजी समेत सारे नेताओं को गिरफ्तार कर लिया है...

2 : तो क्या हुआ...भारत के पास आजादी के दीवाने लीडरों की कमी नहीं है...

3 : लेकिन हम गोवालिया टैंक तक पहुँच नहीं सकते...वहाँ तो पुलिस और गारद पड़ी है...

4 : वहाँ अब आजादी का झंडा कौन फहराएगा ?

2 : देखते रहो ! सारी फौज और पुलिस के रहते आजादी का झंडा फहराएगी–हमारी अरुणा आसफ अली !

गोवालिया टैंक–बम्बई 9 अगस्त 1942

जबरदस्त नारेबाजी और सरकारी पहरेदारी के बीच से भीड़ को चीरती युवा अरुणा आसफ अली आती हैं और झंडा फहराती हैं–

अरुणा : *(झंडा फहराते हुए)* भाईयो और बहनो ! गांधी जी के हुक्म के मुताबिक हम गोवालिया टैंक पर झंडा फहरा रहे हैं ! वन्दे मातरम् ! भारतमाता की जय !

: वन्दे मातरम्! भारतमाता की जय !

झंडा फहराने के बाद लोगों को उत्प्रेरित करती अरुणा।

अरुणा : अपने इस राष्ट्रीय कौमी झंडे का ऐलान और पैगाम है कि आज से हम आजाद हैं !

जबरदस्त नारे : इन्कलाब जिन्दाबाद !

: अरुणा जी ! जिन्दाबाद ! जिन्दाबाद !

: भारत अब आजाद है...

: अरुणा हमारे साथ है...

मंच

गोवालिया टैंक–कांग्रेस का झंडा फहरा रहा है। चलती गोलियों की आवाज।

अरुणा : भाइयो और बहिनो ! यह बलिदान देने का वक्त है...करो या मरो ! अंग्रेजों को देश से बाहर करो...भाइयो ! हमारे सारे नेता–गांधीजी, जवाहरलाल, मौलाना आजाद, सरदार पटेल–गिरफ्तार कर लिए गए हैं–लेकिन हमारे पास बलिदानियों की कमी नहीं है–अब आजादी के लिए हमें और आपको–किसानों, मजदूरों, महिलाओं, छात्रों, दुकानदारों और आम आदमी को अपना खून देना है।

तभी बैकाग्राउंड से उभरती हैं–पंक्तियाँ

वक्त लिखेगा कहानी इक नए मजमून की !
जिसकी सुर्खी को जरूरत है तुम्हारे खून की !

आवाजें : उखाड़ दो रेल की पटरियाँ...कब्जा करो पुलिस थानों पर...

कई आवाजें : अंग्रेजी सत्ता को मिटा दो ! देश को आजाद करो ! आजाद करो !

तभी फ्रीज दृश्य पर गीत उभरता है–गाते–एक-दूसरे को क्रास करते गायक चारणों पर–

गीत : छीन सकती है नहीं सरकार वन्देमातरम्,
हम गरीबों के गले का हार 'वन्देमातरम्,
हुक्मरानों के सरों में चक्कर आता है जरूर,

कान में पहुँची जहाँ झनकार वन्देमातरम्,
जेल में चक्की घसीटे, भूख से भी मर रहा
उस समय भी चीखता वह बेजार—वन्देमातरम्,
मौत के मुँह में खड़ा है, कहा रहा जल्लाद से,
डाल दे गर्दन में फन्दा—वन्देमातरम्, वन्देमातरम्,
ईद होली शुबरात से भी सौ गुना
है हमारा लाड़ला त्यौहार वन्देमातरम्,
जालिमों का जुल्म भी काफूर-सा उड़ जाएगा,
फैसला होगा सरे दरबार, वन्देमातरम् !

मंच

मशालें लिए भागती आती क्रान्तिवादियों की भीड़—

मुनादीवाला उद्घोषक : आजाद भारत का एक और कदम—उधर तो 21 अक्टूबर सन् 1943 में नेताजी सुभाष चन्द्र बोस ने भारत की आजाद अन्तरिम सरकार का गठन किया—और वे राष्ट्राध्यक्ष के रूप में अपनी जमीन पर अधिकार करने 29 दिसम्बर 1943 को अंडमान-निकोबार पहुँचे—कालेपानी के नाम के कुख्यात इन टापुओं को उन्होंने शहीद और स्वराज नाम दिया और आजादी का प्रतीक तिरंगा झंडा वहाँ फहरा दिया !...

नेताजी सुभाष वार करोस्पोंडेन्ट्स से घिरे हुए हैं—

नेताजी सुभाष : गांधीजी ने ठीक कहा है भारत की जमीन हमारी थी, और हमारी है...हमें देश से सारी खबरें मिल रही हैं...वहाँ कई सूबों में हमारी सरकारें बन गई हैं...और यहाँ विदेश में हमारी संवैधानिक अस्थाई सरकार मौजूद है !

पत्रकार : क्या आपकी सरकार को अन्य देशों ने मान्यता दी है ?

नेताजी सुभाष : एक नहीं, नौ शिखर देशों से हमें मान्यता मिल चुकी है...और 18 मार्च 1944 को हमारी आजाद हिन्द फौज की टुकड़ियाँ भारत में प्रवेश कर चुकी हैं...और अंग्रेजों को खदेड़ बाहर करने के लिए हमारा युद्ध अब भारत भूमि पर ही चल रहा है !

विदेशी पत्रकार-2 : इसके साथ आपकी और युद्ध योजनाएँ क्या हैं ?

नेताजी सुभाष : यह योजनाएँ तो गुप्त हैं—परन्तु एक योजना स्पष्ट है, वह है—भारत की आजादी ! और हमारा नारा—चलो दिल्ली ! मैं आजादी के दीवाने नौजवानों से कहता हूँ...तुम मुझे खून दो,

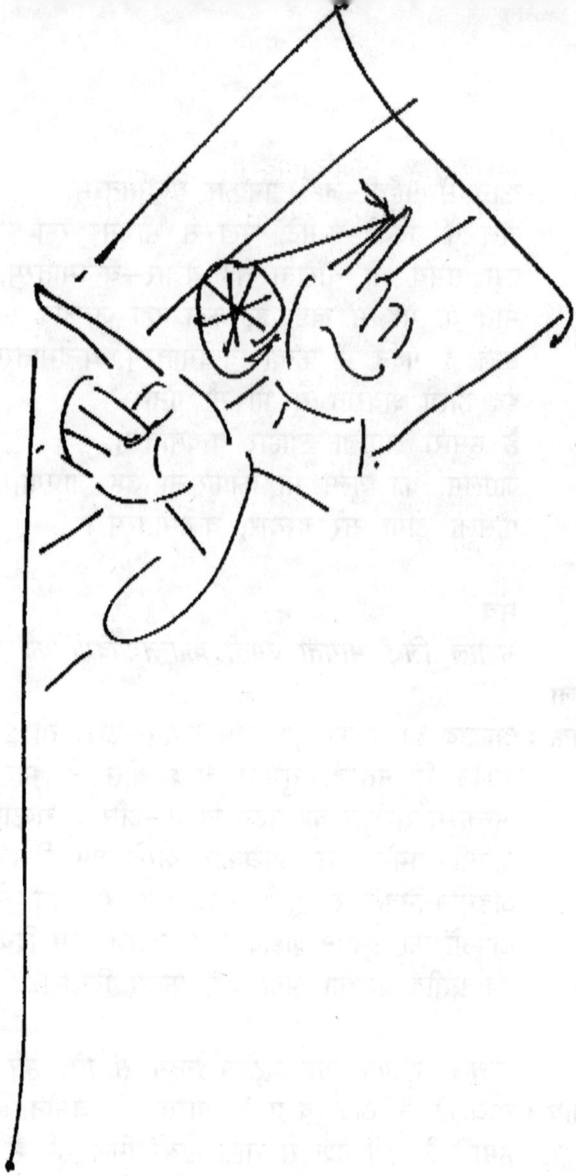

मैं तुम्हें आजादी दूँगा !...बहादुरो ! बढ़े चलो–वहाँ, कुछ ही दूर, उस नदी के पार, उन जंगलों से आगे, उन पहाड़ियों के उस पार फैली है हमारे सपनों की धरती ! जिस धरती में हम जन्मे थे और जिसकी गोद में हम अब लौट रहे हैं ! लहू को लहू बुला रहा है...चलो...चलो दिल्ली ! लाल किले पर तिरंगा फहराना है !

मुनादीवाला

उद्घोषक : वन्देमातरम्–अब दिल्ली दूर नहीं थी, आजादी दूर नहीं थी ! और तब बनी भारत की संविधान सभा ! जिस के चेयरमैन बने दलितों के उद्धारक मसीहा–बाबा साहब अम्बेडकर !

नारे : बाबा साहब अम्बेडकर !

: जिन्दाबाद ! जिन्दाबाद !
: देश में परिवर्तन और देश की एकता के रहबर !
: अम्बेडकर ! अम्बेडकर !

मुनादीवाला उद्घोषक : और तब आजादी की कीमत पर देश ने विभाजन की विभीषिका देखी !...एक तरफ 15 अगस्त को आजादी के हस्तांतरण की तैयारियाँ हो रही थीं, तो दूसरी तरफ नोआखाली और बिहार में साम्प्रदायिक दंगों की भयानक आग भड़क रही थी–
बापू–महात्मा गांधी स्वतन्त्रता के जश्न को छोड़कर नोआखाली में दंगाग्रस्त इलाकों का दौरा कर रहे थे...
एक तरफ था भयानक साम्प्रदायिक दंगों का मातम–तो दूसरी तरफ था, लहूलुहान आजादी का जश्न !
और फिर 14 अगस्त की आधी रात यानी 15 अगस्त 1947 को आया साम्प्रदायिक दंगों और करोड़ों विस्थापितों की आहों से आहत वह रक्तरंजित आजादी का क्षण !

नेहरूजी द्वारा यूनियन जैक उतारा जाता है और आजादी का प्रतीक तिरंगा फहराया जाता है !

सेन्ट्रल हॉल में नेहरू-14-15 अगस्त, 1947 की रात।

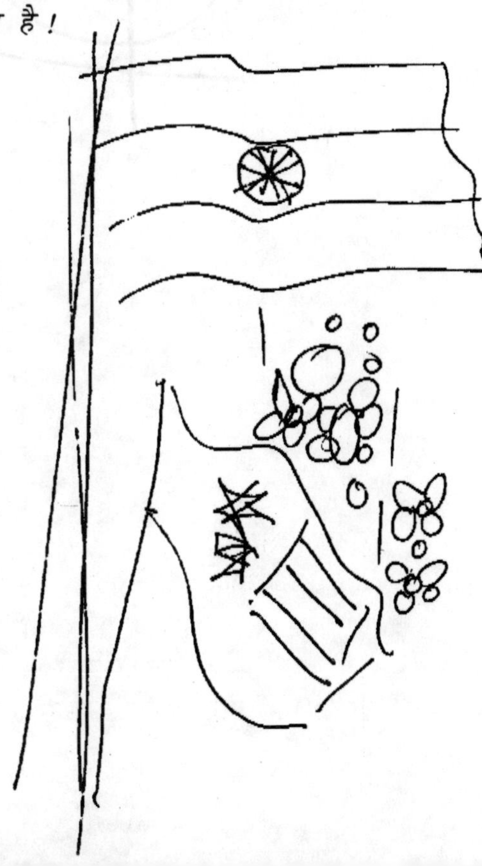

प्रधानमन्त्री नेहरू : हमने भविष्य से मुलाकात की एक तारीख तय की थी। वह तारीख आज आ गई है...आधी रात की इस घड़ी में–जब दुनिया सो रही है–भारत जागकर अपनी जिन्दगी और आजादी हासिल करेगा ! एक पल ऐसा आता है–जो इतिहास बन जाता है...क्योंकि तब हम पुराने युग से नए युग

में कदम रखते हैं...गुलामी का एक युग आज खत्म होता है और एक राष्ट्र की अरसे से दबी आवाज और आत्मा आज बोल पड़ी है...यह हमारे लिए वही पवित्र और पावन आजादी का पल है—जब हम भारत की जनता की सेवा—और उससे भी बढ़कर इंसानियत और आजादी के लिए हर गुलाम देश की सेवा करने की सौगन्ध लेते हैं...

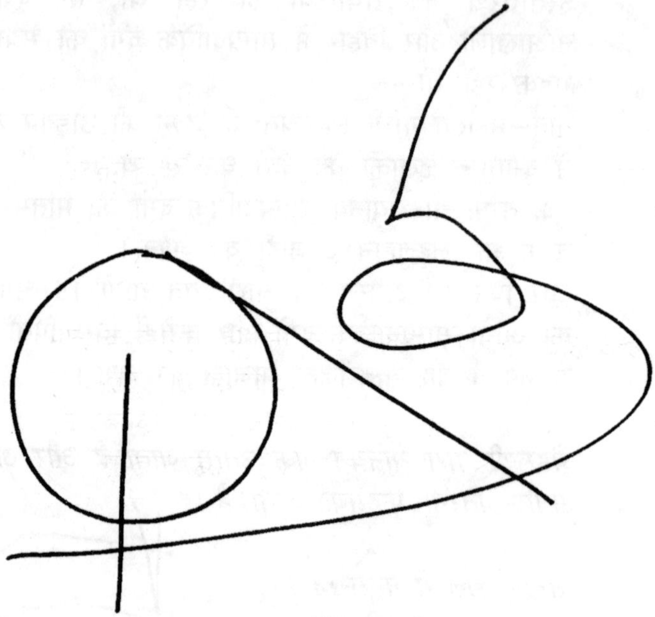

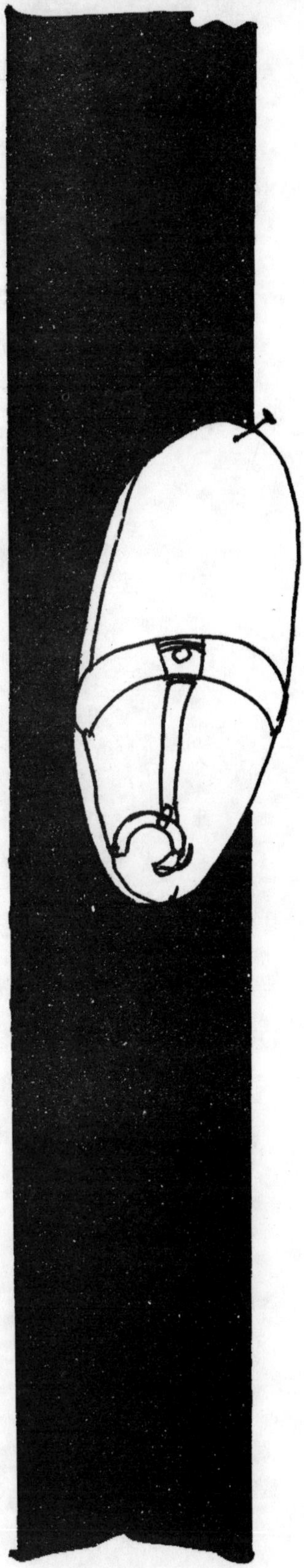

चप्पल-कांड

राजेश जैन

पात्र

राजू
गुड्डू
रानी
डोली
फेरीवाला
मिट्ठू
राजाभाई

(मोहल्ले के लड़के राजू, गुड्डू, मिट्ठू और मुन्ना क्रिकेट खेल रहे हैं, रानी और डोली खिड़की से खेल देखकर परस्पर कमेंट्री कर रही हैं)

राजू : वाह क्या शॉट है...अरे देखना...कैच न छूटे...

गुड्डू : ही इज आउट...वाह क्या कैच लिया है मिट्ठू...

रानी : गया मुन्ना काम से...जीरो स्कोर पर...

डोली : मुन्ना को अंडे बहुत पसन्द हैं

रानी : लगता है उसे क्रिकेट में भी अंडे अच्छे लगते हैं, तभी तो गोल-गोल यानी स्कोर भी अंडा...

डोली : एक बात देखी तुमने रानी ?

रानी : क्या ?

डोली : यही कि आजकल मुहल्ले की क्रिकेट में जोर नहीं है...

रानी : हाँ, काफी डल है...पता नहीं कैसे मुन्ना टेस्ट खिलाड़ी बनेगा ? बड़ा बोलता था सेंचुरी बनाऊँगा।

डोली : सेंचुरी...यानी सौ रन...अरे इसके लिए उसे सौ बार जन्म लेना

पड़ेगा...पर तुझे बताऊँ क्रिकेट इसलिए डल है क्योंकि आजकल इनके ट्यूटर यानी राजा भाई इन लोगों से नाराज हैं। न इनके साथ क्रिकेट खेलते हैं और न ही इन्हें कुछ सिखाते हैं...

रानी : और न ही इन्हें कुछ खिलाते हैं...

डोली : *(हँसकर)* सच...नहीं तो पहले जैसे ही कोई फेरीवाला निकलता और राजा भाई ने बच्चों को चीजें बँटवाई।

रानी : जानती हो राजा भाई क्यों नाराज हैं ?

डोली : नाराज होने का उन्हें शौक तो नहीं...वे क्यों नाराज हैं...

रानी : राजा भाई कहते हैं कि आजकल बच्चे बड़े लापरवाह और मूर्ख हैं...वे कोई बुद्धिमानी का काम नहीं करते...उनका कहना है जिस तरह हमारी प्रधानमन्त्री के 20 सूत्रीय कार्यक्रम ने देश को नई दिशा दी है...सुखद हलचल पैदा कर दी है...उसी तरह मोहल्ले के बच्चों को भी अपना 2 सूत्रीय कार्यक्रम बनाना चाहिए...

डोली : यानी खूब खेलो और खूब पढ़ो...

रानी : हाँ, पर राजा भाई के अनुसार बच्चे बस खेलते हैं...पढ़ते नहीं या बुद्धिमान नहीं बनते..

डोली : बने भी कैसे ? मोहल्ले के सारे बच्चों के हिस्सों की अक्ल तो दरअसल राजा भाई के दिमाग में समा गई है...तभी तो वे कितने इंटेलीजेंट हैं...कॉलेज में हमेशा फर्स्ट आते हैं...डिबेट करते हैं...कहानियाँ लिखते हैं और क्रिकेट भी खेल लेते हैं...

रानी : राजा भाई किसी का हिस्सा नहीं मारते...वे तो इतने उदार हैं कि अगर उनका वश चले तो वे अपनी अक्ल भी बच्चों में बाँट दें...

डोली : कर भी यही रहे हैं...तभी तो हमें कितनी सामान्य-ज्ञान की बातें बताते रहते हैं...मम्मी राजू से बोलती है राजा भाई जैसा बनो...

रानी : और उनके जैसा चश्मा लगाने को नहीं बोलती...

डोली : *(हँसकर)* चश्मा कोई बुद्धिमान होने का सर्टिफिकेट है क्या ?

रानी : होगा, तभी तो राजा भाई चेहरे पर उसे हमेशा टाँगे रहते हैं। *(तभी फेरीवाला निकलता है)*

फेरीवाला : चूड़ावाला...सेव नमकीन...गरम समोसा...पेस्ट्री...केक ले लो...

डोली : लो खोमचा आ गया...

फेरीवाला : सेव नमकीन...गरम समोसा...

रानी : देखो, मोहल्ले के लड़के कैसे सन्न हैं।

मिट्‌ठू : अरे राजू...क्या देख रहा है...चल फील्डिंग कर...

राजू : देख तो नहीं...सुन रहा हूँ...तू भी नहीं सुन रहा...

मुन्ना : अरे हाँ, मैं भी सुन रहा हूँ...खोमचेवाले की आवाज...

फेरीवाला : पेस्ट्री...केक...मक्खनवाला...

गुड्डू : कानों में ऊँगली क्यों नहीं ठूँस लेते ?

मुन्ना : पर जीभ का क्या करें...उसमें पानी यूँ आ रहा है जैसे वहाँ नल लगा हो...

गुड्डू : नल की टोंटी टाइट कर लो...

राजू : काश राजा यहाँ होते?

मुन्ना : यहाँ होते और हमसे खुश होते...

मिट्‌ठू : हमें कुछ करना चाहिए...

राजू : बेशक...कुछ तो करना पड़ेगा...

(इधर खिड़की पर डोली और रानी बात कर रही हैं)

डोली : देखा...किस तरह मुँह लटक गया सब लड़कों का...

रानी : जैसे सबके सब एक ही बॉल में आऊट हो गए हों...

डोली : एक बात बता, इस वक्त राजा भाई कहाँ होंगे ?

रानी : किसी किताब में आँख गड़ाये बैठे होंगे ?

डोली : शाम के वक्त वे पढ़ते नहीं...हमसे भी यही कहते हैं कि शाम को थोड़ा खेलना चाहिए...पढ़ना नहीं...

रानी : तो जरूर बगीचे में होंगे...

डोली : अरे हाँ, चलो बगीचे में चलते हैं, वहाँ हौज पर से छलाँग लगाने में कितना मजा आता है...

रानी : दो-तीन किलो मजा तो आता ही है...चलो...

(रानी और डोली बगीचे की ओर चल पड़ती हैं, वहाँ राजा भाई घूम रहे हैं)

रानी : *(हाँफकर)* डोली तू तो चढ़ गई हौज पर..जरूर पिछले जन्म में बन्दरिया रही होगी...

डोली : पिछले जन्म की तो नहीं कह सकती...हाँ, इस जन्म में तू भी बन्दरिया बन जा...आ चढ़...मेरा हाथ पकड़ ले...

रानी : लाओ दो अपना हाथ...

(रानी डोली का हाथ पकड़कर हौज पर चढ़ जाती है)

डोली : वो देखो राजा भाई फूलों के पास खड़े हैं...

रानी : फूलों पर रिसर्च कर रहे होंगे...या उन्हें भी उपदेश पिला रहे होंगे...कि शाम को जरा खेला करो...

डोली : खैर, चलो कूदा जाए...एक...

रानी : मुझे डर लगता है...

डोली : काहे का डर...एक...दो...

रानी : ढाई...

(डोली हँसती है)

राजा भाई : अरे...अरे रुको...वहाँ से कूदना नहीं..रुको...रुको...

(लेकिन डोली कूद जाती है और कराहने लगती है)

रानी : अरे डोली क्या हुआ ? तू तो कूद गई...भैया मना कर रहे थे...

डोली : अ...अ...बाप रे...हाय...*(रुआँसी होकर)* मैं क्या करूँ...

राजा भाई : *(पास आकर)* कहा था न मत कूदो...पर मानी नहीं...शायद मेरे कहने में ही देर हो गई...

रानी : पर राजा भाई...आपने मना क्यों किया था ?

राजा भाई : मैंने मना इसलिए किया था कि देखो यहाँ काँच का टूटा गिलास पड़ा हुआ है...

डोली और रानी : *(एक साथ)* हाय राम...

राजा भाई : हाँ, यह तो अच्छा हुआ कि डोली मोटी चप्पल पहने थी जिससे काँच उसके पैर में न गड़कर जमीन पर गड़ गया...

डोली : हाय...मैं बच गई...

रानी : लेकिन आपने इतनी देर से क्यों कहा ? पहले ही क्यों नहीं बताया ?

राजा भाई : गलती हो गई...दरअसल मेरा दिमाग ट्यूब-लाइट है न इसलिए...

डोली : क्या मतलब ?

राजा भाई : हाँ, ट्यूब-लाइट में क्या होता है कि स्विच ऑन कर देने के बाद भी जलने में वह थोड़ा समय लेती है, उसी तरह मुझे बात जरा देर से समझ आती है...समझी...नहीं समझी...

डोली : हम भी क्या ट्यूब-लाइट से कम हैं ?

(डोली और रानी खिलखिला पड़ती हैं)

रानी : लेकिन यह गिलास यहाँ आया कैसे ?

राजा भाई : किसी ने तोड़ दिया...

डोली : किसने ?

राजा भाई : तुम मम्मी से कह दोगी, इसलिए नहीं बताऊँगा!

डोली : नहीं बताऊँगी...

राजाभाई : सच...

डोली : बिलकुल सच...

राजा भाई : प्रोमिस...

डोली : हाँ, प्रोमिस...

राजा भाई : तो बताता हूँ, मम्मी को मत बताना।

डोली : नहीं बताएँगे...अब बताइए न...

राजा भाई : देखो प्रोमिस मत भूलना...बताऊँ कि गिलास...

डोली : हाँ, बताइए न किसने तोड़ा है ?

राजा भाई : *(रहस्यमयता से फुसफुसाकर)* गिलास न...एक लड़के ने तोड़ा है।

रानी : पर वह लड़का है कौन ?

डोली : कहीं आप खुद तो नहीं...

राजा भाई : मर गए, पकड़ लिया...हुआ यह था कि इस गिलास से लैमन पर पानी सींच रहा था...एक बार पानी फेंका तो गिलास भी हाथ से छूट गया और फूट गया।

रानी : कोई बात नहीं...कोई बात नहीं...हम कसम खाते हैं...कि किसी से कुछ नहीं कहेंगे...

राजा भाई : खूब चाव से कसम खा रही हो, कोई स्वादिष्ट फल है...खैर हम तो यहाँ बेंच पर चप्पलें उतारकर बैठेंगे...आराम से...

रानी : हाँ भैया, उस दिन आप कह रहे थे कि घास पर नंगे पैर चलने से आँखों को फायदा होता है...

राजा भाई : हाँ, सुबह-सुबह ऐसा करने से अच्छा होता है...अच्छा हम बैठे हैं...तुम लोग क्या करोगे ?

डोली : हम लोग जाएँगे...

राजा भाई : तो जाओ...

(रानी डोली चली जाती हैं...भैया बेंच पर पैर फैलाकर बैठ जाते हैं...थोड़ी देर बाद रानी और डोली फिर आती हैं)

डोली : राजा भाई...राजा भाई आप यहाँ बेंच पर पैर फैलाकर बैठे हैं और मोहल्ले के लड़कों ने हमारे साथ शरारत की...मेरी चप्पलें छुपा दी...अब मैं नंगे पैर घूम रही हूँ।

राजा भाई : लड़कों की यह मजाल...अभी देखता हूँ...इन बदमाशों का खाली दिमाग शैतान का घर है...चलो...लो, मैं उठ गया *(अँगड़ाई लेकर)* और तैयार...

(तभी गुड्डू भी आ गया)

रानी : लो गुड्डू यहीं आ गया...शायद पहले से ही पीछे छुपा था...

राजा भाई : क्यों गुड्डू...तुमने चप्पलें छुपाईं डोली की ?

गुड्डू : नहीं, आप चलकर सबसे पूछ लीजिए...

राजा भाई : चलो...*(सबसे)* जानते हो, तुम लोगों की ऐसी ही गन्दी हरकतों के कारण मुझे तुमलोगों से कुट्टी कर लेनी पड़ी थी। अब

हमारी दुश्मनी दिन दूनी रात चौगुनी बढ़ गई है, बोलो लड़कियों की चप्पलें छिपाते हुए शर्म नहीं आती।

राजू : लेकिन भैया, हमने डोली की चप्पलें छुपाई थोड़े ही हैं, वे तो सड़क पर लावारिस पड़ी थी। हमने उन्हें उठाकर अच्छी तरह रख लिया तो इसमें क्या बुरा...

राजा भाई : ठीक है, पर अब तो दे दो चप्पलें...

गुड्डू : यही तो समस्या है भाई साहब, हमने चप्पल मुन्ना के घर सहेजकर रख दीं और वे चप्पलों के ढेर में मिल गईं—इसलिए अब समझ में नहीं आ रहा कि डोली की चप्पलें कौन सी हैं ?

राजा भाई : तो क्या हुआ, अन्दर चलकर डोली खुद देख लेगी अपनी चप्पल।

मिट्टू : यह भी तो एक समस्या है।

राजा भाई : अब क्या समस्या है ?

राजू : यही कि डोली और मुन्ना की कुट्टी है इसलिए वह मुन्ना के घर में नहीं जाएगी।

राजा भाई : तो फिर...

गुड्डू : तो फिर क्या, क्यों नहीं आप ही...

राजा भाई : मैं ।

राजू : हाँ, हाँ आप तो इतने अक्लवाले और महा बुद्धिमान हैं, आपके लिए यह तो चुटकी भर का काम है।

राजा भाई : अब समझा...मेरी परीक्षा ले रहे हो...ठीक है...मैं आता हूँ... *(राजाभाई जाते हैं)*

मिट्टू : *(फुसफुसाकर)* राजा भाई ताव में चले तो गए...पर सही चप्पल खोजेंगे कैसे...देखना नहीं खोज पाएँगे...।

राजू : हाँ, मजा आएगा, जब मुँह लटकाकर लौटेंगे...। *(थोड़ी देर बाद भैया लौट आते हैं)*।

गुड्डू : चुप करो...देखो भैया आ रहे हैं...उनके हाथ में चप्पल भी है...पता नहीं कौन-सी उठा लाए...

डोली : अरे यह तो मेरी ही चप्पल है...सच मेरी हैं...

मिट्टू : ऐ मान गए...भैया तो सही चप्पल ले आए...

राजा भाई : हाँ...मैं सही चप्पल लाया हूँ...जानते हो मैंने सही चप्पल का पता कैसे लगाया ?

सब : कैसे ?

राजाभाई : कुछ देर पहले डोली और रानी बगीचे की हौज पर खेल रही थी...डोली वहाँ से कूदी थी और उसका पैर काँच के एक टूटे गिलास पर पड़ गया था—बस मैंने सोचा कि उस काँच के

कारण डोली की चप्पल के तले पर गोल निशान अवश्य होना चाहिए इससे पता लग गया...देखा इसलिए कहता हूँ...तुम लोग भी जरा अपनी बुद्धि का इस्तेमाल करो...

सब : वाह...

डोली : थैंक्यू भैया...

मिट्टू : डोली, तुम भैया को अभी सिर्फ पचास-परसेंट थैंक्यू दो... क्योंकि तुम्हारी अभी एक ही चप्पल मिली है...जोड़ा नहीं...

डोली : अरे हाँ...दूसरी चप्पल कहाँ है ?

राजू : हमें एक तो मिली थी...दूसरी शायद किसी ने चुरा ली है...आप कहें तो चोर का पता लगा दूँ...लेकिन आठ आने फीस लगेगी।

राजा भाई : वाह, यह अच्छा धन्धा है, प्रतिदिन तीन लड़कियों की चप्पलें छुपाओ तो प्रति चप्पल आठ आने के हिसाब से तीन रुपए की कमाई बुरी नहीं...

राजू : आप तो बेकार ही हम पर शक कर रहे हैं...मैं तो आपके सामने रँगे हाथ चोर को पकड़कर दिखा सकता हूँ, लेकिन डर लगता है...

राजा भाई : डर किस बात का...चोर को चोर कहने में हिचकिचाना कायरता है।

राजू : सच, आपकी बात सुनकर मुझमें हिम्मत आ गई है...तो मैं चोर को पकडूँगा...जरा भैया आप अपने पैरों को देखिए...

राजा भाई : (हड़बड़ाकर) मैं...मैं...अरे यह क्या...मेरे एक पैर में जनाना चप्पल...कहाँ से आ गई...मैं...मैं समझा नहीं।

गुड्डू : हमें क्या पता ? हमें दुख है...शायद यह किसी बुद्धिमान चोर की उल्टी खोपड़ी का कमाल है...भला आप क्यों डोली की चप्पल चुराने लगे ?

राजा भाई : डोली की चप्पल मेरे पैर में...लो भई...डोली अपनी चप्पल...पर यह हुआ कैसे ? (सोचकर) अब समझा...तुम लोगों की साजिश थी यह...जरूर जब मैं बगीचे में बेंच पर चप्पल उताकर बैठा था तब गुड्डू ने पहले मेरे चप्पल बदल दी और मैंने तो ध्यान ही नहीं दिया फौरन चप्पलें पहन ली...

सब ल ; : है न बुद्धि का काम?

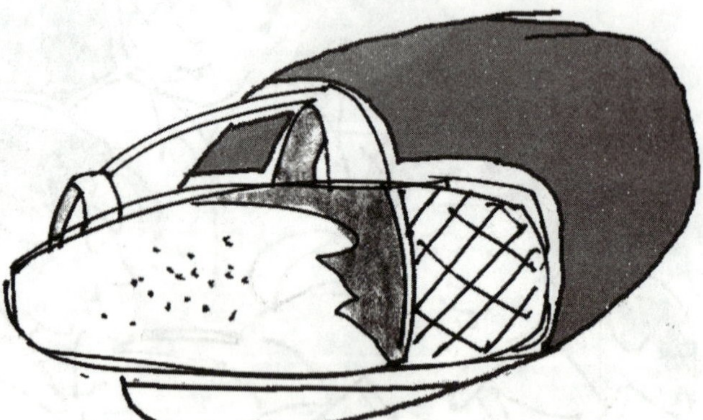

राजा भाई : है तो...पर

राजू : पर क्या हमने वही सिद्ध कर दिया जो आप हमसे चाहते थे। *(फेरीवाला)*

फेरीवाला : पेस्ट्री...केक...बिस्कुटवाला

मिट्ठू : तो भैया...इसी पर ले जाएँ...एक-एक केक...

राजभाई : *(निराशा से)* हाँ...हाँ ले आएँ...

●●●